JN057766

中里見 博

ポルノグラフィと性暴力

新たな法規制を求めて

福島大学叢書新シリーズ5

明石書店

たしかに、ポルノグラフィはプロパガンダである。たしかに、それは男性イデオロギーを表現している。たしかに、それは憎悪を煽動する文献である。たしかに、それは犯罪の記録である。たしかに、それは性的ファシズムを支持するものである。たしかに、それは男性支配の象徴であり、その表象であり、その産物であり、その現われである。……それはまた、しばしば反道徳的で、下品で、醜悪で、うんざりさせる。だが、これらのいずれの要素も、ポルノグラフィをポルノグラフィたらしめる特殊な要素ではないし、それが機能する独自のあり方ではないし、それの特殊に有害な側面でもなければ、私たちがそれをやめさせようとする理由でもない。ホロコーストが悪いのは、それがユダヤ人について**語った**ことを理由にしているのであろうか？

――キャサリン・マッキノン＆アンドレア・ドウォーキン

（出典：キャサリン・マッキノン＆アンドレア・ドウォーキン〔中里見博・森田成也訳〕『ポルノグラフィと性差別』青木書店、二〇〇二年、九一頁〔強調原文〕。訳文は一部変更した。以下同様）

はしがき

ポルノグラフィと法規制――古くて新しい、しかも緊急の検討課題ではあるまいか。本書はこの問題に、ポルノグラフィが現実的かつ具体的にもたらしている広範な性被害の観点からアプローチする。そのことによって、ポルノグラフィの法規制論の土俵を、「表現の自由」から、性被害の救済方法の問題に転換することをめざしている。いいかえると、ポルノグラフィそのものをなくすことよりも、ポルノ被害をなくすことに法規制の目的を変え、そのことをつうじて性的表現物の質的転換をめざすのである。

いま――とくにインターネットの発達にともなって――ポルノグラフィはかつてないほど増殖・流通し、一般メディア（雑誌・広告・テレビ・ゲーム・映画等）さえますますポルノ化し、ポルノグラフィのいわば「社会標準化」が急速に進行している。それとともに、ポルノグラフィの影響を明らかに受けていると思われる性犯罪が激発している――痴漢、強制わいせつ、盗撮、集団強かん、等々。社会を震撼させた凶悪なものを含め、そうした多くの性犯罪の報道を注意してみれば、ポルノグラフィが加害者に与えたであろう影響を明白に知ることができる。また、ポルノグラフィの制作現場では、出演者（圧倒的多くが女性）に、非常に屈辱的で残酷で非人道的な行為が行なわれ、中には組織的・集団的に女性をだましてポルノグラフィを撮影したり、集団で暴行・拷問を加えたりすることが行なわれている。未成年に虐待的性行為を強要してつくられるポルノグラフィも、いまだ多く出回っている。

ところが、ポルノグラフィの現場で生じているこのような深刻な被害事実を伝えるマスメディアの報道はほとんどない。また、ポルノグラフィの社会標準化現象やポルノグラフィが生む深刻な性犯罪について批判的に論じる論説や著作、ポルノグラフィを、それがもたらしている日常的かつ広範囲にわたる深刻な性暴力被害という観点からとらえなおす検討作業は、皆無ではないが驚くほど少ない。ポルノグラフィの深刻な問題性は、多くの人々に潜在的には意識されながらも、大体において見過ごされてきた。その間に、ポルノグラフィの社会標準化は進行する一方であった。セクシュアル・ハラスメントやドメスティック・バイオレンスが次々に新たな性暴力・性犯罪として「発見」され、法的規制を含む社会的取り組みが進展したことと比べると、きわめて対照的である。

ポルノグラフィを性被害の観点からとらえることには、従来から大きく二つの壁が立ち塞がってきた。一つは、ポルノグラフィを見たり読んだりすることと性犯罪を実行することとの間に「科学的」な「因果関係」が立証されていない、とする議論である。逆にポルノグラフィは性犯罪を減少させているのだという主張が根強くある。もう一つは、ポルノグラフィはもっぱら「表現」にすぎず、映像の中で行なわれていることはすべて「バーチャル」な「演技」、男性の「ファンタジー」にすぎない、という通念である。この一般通念は、ポルノグラフィの制作現場で生じている出演女性に対する震撼すべき性暴力を不可視化する社会的圧力となっている。これら二つの壁に新たに加わったのが、「性＝労働（セックスワーク）」論である。本書で紹介しているような深刻な被害が明るみに出ても、それは「セックスという危険な仕事」に伴いがちな例外的現象にすぎず、多くの女性は「辛いけど」「お金のために」「仕事として我慢して」「自分の仕事に誇りを持って」ポルノグラフィに出演していると喧伝される。もしも運悪く、悪徳業者にひどい目に遭わされたとしても、「危険を承知で出てるんでしょう」「自己責任だ」とされる。

本書は、こうした社会状況や一般通念に、批判的な立場から書かれている。まず「第1部　ポルノグラフィの再定義」において、常に論争的なポルノグラフィの定義づけを行ない（第1章）、とくに実写のポルノグラフィを広く売買春と並ぶ性売買（セックス・トラフィッキング）の一形態と位置づける（第2章）。ポルノグラフィをもっぱら「表現」とみるのではなく、性売買行為の一形態とみなすことによって、ポルノグラフィの法規制の新たな視座を獲得するためである。さらにポルノグラフィを含む性売買を批判する論拠を、性差別と人格（尊厳）侵害の二側面から考察する（第3章）。

「第2部　深刻化するポルノ被害」では、ポルノグラフィがもたらす広範かつ膨大な性被害――ポルノ被害――について、具体的な事件や事実に基づいて論じる。まず「ポルノ被害」を類型化して概説したうえで（第4章）、近年発生した二つの凶悪かつ深刻な事件――バッキービジュアルプランニング事件と「関西援交」事件――を紹介する（第5章）。さらにインターネットの普及が、ポルノ消費と供給を未曾有に拡大・増大させ、メーカーとユーザーを一体化させることによってポルノグラフィをいっそう差別的・暴力的にさせている実態について検討する（第6章）。総じて、ポルノグラフィが原因となった、ポルノグラフィの中にいる女性と外にいる女性に生じている性被害が、決して例外的現象ではなく、広範に存在していることを明らかにする。

こうした事実を基礎にして、「第3部　ポルノグラフィの法規制」において、ポルノグラフィの新たな法規制――既存の刑法「わいせつ」物規制に代わる別のアプローチと思想に基づく法規制――を検討する。一つには、一九八〇年代にアメリカの各地方で制定が目指され、実際に地方議会を通過し、住民投票で可決された「反ポルノグラフィ公民権条例」について詳しく検討し、また、カナダの刑法「わいせつ」物頒布罪規定を、アメリカの条例の思想に影響を受けつつ「被害アプローチ」から再解釈したカナダの最高裁判所判決を紹介し、その意義を明らかにする。それらはいずれも、個人的自由・権利に対してポルノグラフィがもたらしている具体的な侵害に、何よりも基礎を据えた規制立法である。

最後に、「第4部　性的人格権の復位」において、性に関する人の基本的な権利――本書はそれを「性的人格権」と呼ぶ――を展開する。ここでは、従来唱えられてきた「性的自由」や「性的自己決定権」が、性売買の文脈において批判的に検討され、それらと本書の提唱する「性的人格権」との関係が明らかにされる。性に関する人権を最後に論じるのは、ポルノグラフィに対する新たな法規制が、何よりも性に関する人権論にしっかりと基礎づけられなければ、それは従来の「わいせつ」物規制とはっきりと訣別することができず、ポルノ規制に批判的な人々が危惧するように、個人の自由と相反する国家主義的で、性道徳主義に基づく規制論に、いつでも変質しかねないからである。

本書が、ポルノグラフィさらには売買春を含む性売買一般に危機感を抱いている人々に、何らかの新たな批判的視点を提供することを願っている。

ポルノグラフィと性暴力——新たな法規制を求めて

目　次

第3部　ポルノグラフィの法規制 —— 117

第8章　アメリカ「反ポルノグラフィ公民権条例」　129

第4部　性的人格権の復位　205

❖ 図表・資料一覧

第1部

ポルノグラフィの再定義

第1章　ポルノグラフィとは何か

ポルノグラフィは常に、その定義自体が論争の対象になってきた。ポルノグラフィ（とくにその規制）をめぐる意見の対立は、しばしばその定義が一致していないために生じる。ポルノグラフィをめぐる問題は、定義に始まって定義に終わるといっても過言ではない。そこでまず、本書の前提として、ポルノグラフィとは何かを考察する。

1　男性支配のエロス化

（1）ポルノグラフィの三つの用法

一般に「ポルノ」ないし「ポルノグラフィ」は、次の二つの意味のどちらかで用いられる。

A　性的に露骨な表現物

B　性的に露骨で、かつ淫らで反道徳的な表現物（＝いわゆる「わいせつ」表現）

「露骨」とは、「隠さずに、ありのまま外に表すこと。また、そのさま。むきだし。あらわ」を意味する。

試しに国語辞書で「ポルノ（グラフィ）」を引くと、次のよう書かれている。「性を主題とし、情事の露骨な描写に力を入れた文学。映画・書画・写真・テープなどについてもいう」(『大辞林』)、「性行為の描写を売り物にした読み物・絵画・写真・映画など」(『大辞泉』)。つまり、基本的に上記Aの意味が書かれている[1]。

これに対して「ポルノ」はBの「性的に露骨で、かつ淫らで反道徳的な表現物」という意味で使われることもある。「いやらしい」性表現のことを指して使われる場合で、いわゆる「わいせつ」表現と同じ意味である。「わいせつ」の辞書的定義は、「1 いやらしいこと。みだらなこと。また、そのさま。2〔法〕いたずらに性欲を興奮・刺激させ、普通人の正常な羞恥心を害し、善良な性的道義観念に反すること。また、そのようなさま」(『大辞林』)となっている。一般的に「ポルノ(グラフィ)」は、AまたはBのどちらかの意味で用いられる。

Aの意味は、性を「隠さずに、ありのまま外に表す」表現物すべてを含むものであり、それ自体は評価の入っていない中立的な言葉であるといえるが、実際には性表現物の規制緩和、解禁を求める人々によって使われることが多い。これに対して、「わいせつ」と置き換えることのできるBの用法では、性を「隠さずに、ありのまま外に表す」こと自体が道徳に反するという、性を忌避する性的道徳主義、保守主義の立場からの価値判断が最初から加えられており、その立場からの性表現規制強化が含意される。

これら二つのポルノグラフィの用法に対して、そのいずれとも異なる第三の用法がある。それは、性暴力と性差別をエロス化する表現に反対する現代フェミニズムが持ち込んだ用法であり、本書もこの第三の意味で用いる。それは、

C　性的に露骨で、かつ女性を従属的・差別的・見世物的に描き、現に女性に被害を与えている表現物

と定義することができる。

反ポルノ派のフェミニズムは、基本的にCの意味において「ポルノグラフィ」を用いている。もっとも、「女性

を従属的・差別的・見世物的に描き」という点は共通しているといってよいが、「現に女性に被害を与えている」という部分は必ずしも一般的とはいえない。後者を加えるこの定義は、本書で後に詳しくみる、アメリカのフェミニスト、キャサリン・マッキノンとアンドレア・ドウォーキンが一九八〇年代初頭に定式化した定義を下敷きにしている。

マッキノンとドウォーキンによるその定義は、ポルノグラフィが、そこに描かれている人々（女性、子ども、そして男性）に、現実かつ具体的な被害（権利侵害）を生じさせていることを、ポルノグラフィ批判の何よりの根拠にしている。それはまた、現実的・具体的権利侵害を問題にすることによって、第一に、ポルノ批判論が、決して性的保守主義・道徳主義に逆流しない地歩を確保した。同時に、民主社会にとって本質的に重要な「表現の自由」が、ポルノ批判に名を借りた道徳主義的な根拠によって制約されないことをも保証しようとした。そうすることによって、ポルノグラフィに対する社会学的・政治学的批判を、ポルノグラフィに対する新たな法規制に接続しうるよう厳密化したといえよう。

いずれにせよ、性差別、性暴力を批判し、両性平等の実現をめざす観点から性表現物を問題にする場合には、Cの意味（あるいはCの系譜）における性表現物こそが批判されなければならない。しかし、Cの意味における性表現物を批判の対象にするにしても、一般的にはAまたはBで定着している「ポルノ（グラフィ）」という言葉をそれに充てる必然性はあるのか、という疑問があるだろう。

「ポルノグラフィ（pornography）」は、語源的にみて、Cの意味で使用するのが正しいことを、アメリカのフェミニスト作家、アンドレア・ドウォーキンは次のように記している。

(1) 児童買春・児童ポルノ禁止法における「児童ポルノ」の定義も、基本的にAの意味で「ポルノ」を使用している。同法二条三項一〜三号参照。

ポルノグラフィ pornographyという言葉は、古代ギリシャ語のporneとgraphosから派生し、「娼婦について書くこと」を意味する。porneは「娼婦」、特にもっぱら最下層の娼婦を意味するが、こうした女は古代ギリシャでは、あらゆる男の市民が利用できる淫売宿専売の売春婦であった。porneは、（文字どおりの意味で）最も安く、最も顧慮されず、奴隷までも含めたあらゆる女の中で最も保護されない存在であった。こうした女は完全かつ明白に性的な奴隷であった。graphosは、「書くこと、エッチングすること、描くこと」を意味する。pornographyという語は、「セックスについて書くこと」「官能的なものの描写」「裸体の描写」「性の表現」、およびそれ以外の婉曲表現されたこの類いのものを意味するのではない。それは、女を卑しい娼婦として生々しく描写することを意味する。(2)

ポルノグラフィをCの意味で使用すべき理由はしかし、単に語源的なことだけではない。現在一般的に「ポルノ」と呼ばれて流通している性表現物のほとんどすべては、AでもBでもなく、実はCの内容のものだという事実が重要である。ドウォーキンは、続けて次のように指摘している。

現代のポルノグラフィは、語源の意味に正確かつ文字どおりに一致している。即ち、卑しい娼婦の生々しい描写、言い換えるなら、助平女、（性的な家畜、性的な動産としての）雌牛、カント〔女性生殖器の蔑称〕としての女の描写である。この言葉は今日まで意味を変えていないし、ポルノグラフィというジャンル名も実態を正確に表現している。この言葉の意味の中に起こった唯一の変化は、後半のgraphosの部分に関してである。現在カメラが存在する――従って今なおポルノ写真、ポルノ映画、ポルノ・ビデオが存在している。視覚的な描写法は数も種類も増加し続けているが、内容は同一、意味も同一、目的も同一、描かれる女の身分も同一、描かれる女の性欲も同一、描かれる女の価値も同一である。(3)

つまりポルノグラフィは、Cの意味で使用されることが現実に見合っているのである。ポルノグラフィは、現実には単に「性的に露骨な表現物」（A）として存在しているのではない。現在流通している「性的に露骨な表現物」は、そのほとんどすべてがCの「女性を従属的・差別的・見世物的に描く」表現物によって占められている。そして人々はそれを「ポルノ」と呼び、かつ「ポルノ」と認識している。

「ポルノ」と人々に呼ばれ、そう認識されている「女性を従属的・差別的・見世物的に描く」表現物は、日本中、いや世界中に溢れている。これだけ世の中に溢れ、社会的に容認され、堂々と流通され、社会のいたるところで消費され、使用され、必要とされている性表現物が「反道徳的」（B）であるはずがない。逆に、「女性を性的に従属的・差別的・見世物的に描く」ことは、今日の支配的な性道徳、性規範そのものであるといわねばならない。にもかかわらず、ポルノグラフィを単に「性的に露骨な表現物」一般（A）、あるいは「性的に露骨で反道徳的な表現物」（B）という意味で使うことは、ポルノグラフィの性差別性、性暴力性に対する認識を曖昧にし、それに対する批判を鈍らせる危険な機能を果たす。

それゆえ、ポルノグラフィを第三の定義で用いることは、現代の性表現の圧倒的部分を占めている「女性を性的に従属的・差別的・見世物的に描く」表現物に名前を付与し、それを概念的に捕捉する積極的な意義を有する。あらゆる差別や暴力についてそうであるように、現在名前のない当該問題に名前を付与しない限り、有効な対応をなしえないからである。そしてその名前は、ポルノグラフィでなければならない。なぜなら、人々はそれを現にポルノと呼び、ポルノと認識しているからである。

（2）アンドレア・ドウォーキン（寺沢みづほ訳）『ポルノグラフィ――女を所有する男たち』青土社、一九九一年、三四九頁。
（3）同前。

（2）男女間ポルノと男性間ポルノ

本書の採用するポルノグラフィの定義は、男性の支配と女性の従属というジェンダーのコード（規範、記号体系）を取り込んでいる。ポルノグラフィが、男性の女性に対する性的支配の手段および結果として歴史的に形成され、今日もまたそのように社会構造化されていることに疑いはない。

しかし、ポルノグラフィの基本形態は男女間ポルノでありながらも、男性間ポルノ、すなわち男性が男性を性的客体物化し、暴力的に支配するポルノグラフィが存在しうるし、現に存在している。ポルノグラフィは、単に女性差別だから問題であるだけではなく、最終的にはそれが個人の人権（人として不可欠な基本的権利）を侵害するから問題なのである。したがって、男性間ポルノにおける男性の被害も、子どもポルノにおける男児の被害も、女性や女児の場合と同様に、当然に救済されるべきものである。

ポルノグラフィのより深いところで生じていることは、本質主義的にヘテロセクシュアルなエロスなるものが権力化することではなく、支配のエロス化、権力のエロス化というべき事態である。それゆえポルノグラフィは、ジェンダーのコードを逆転することもできるし、人種間支配に用いられることもある。

だが、ポルノグラフィがジェンダーのコードから完全に離れて存在するわけではない。ポルノグラフィにおける権力のエロス化は、歴史的・現実的にジェンダー化されて――男性の支配と女性の従属として――形成され構造化されているからである。虐待的な男性間ポルノなど、男性と女性の役割を全部ないし一部逆転したポルノグラフィが存在するのは、男性が女性を、性をとおして支配するという関係が社会構造・規範として存在するからだといえる。そのようにいうのは、観念的な言明ではない。現存する男性間ポルノを見ればわかるように、男性間ポルノにおいて男性が従属させられている方法も記号も、明らかに男女間ポルノにおける女性の従属化のそれと同一なのである。男性間ポルノで虐待されている男性は、ジェンダーのレベルで明らかに「女性化」されている。[4]

それゆえ、男性支配のコードを全部・一部反転したポルノグラフィの存在は、男性支配としてのポルノグラフィの基礎を掘り崩すのではなく、むしろ強化する働きをする。暴力的なヘテロ（男女間）ポルノがより拡大し、社会標準化するにしたがって、暴力的なゲイポルノもまた拡大する傾向があるのである。

本書は以下、ポルノグラフィの基本形態である男女間ポルノに焦点を当てて考察していくが、そこでの分析や法的救済論は、そこに被害がある以上同性間ポルノや男女の役割を逆転させたポルノにも当てはめられるものである。

2　女性の従属

ポルノグラフィはすでにみたように、「性的に露骨で、かつ女性を従属的・差別的・見世物的に描き、現に女性に被害を与えている表現物」と定義できる。これは一般的な定義であり、実際のポルノグラフィには、女性の「従属性」を共通項にしながら、「ソフト」なものから「ハード」なものまで、いわばグラデーションとして存在する。すなわち、一方の極に、女性を性的に従属的な鑑賞物として扱う「ソフト」なものがあり、そこから、女性に従属性を表す衣服を着用させたり服従のポーズを取らせたりするもの、女性を獲物としての動物（ウサギが典型）や食べ物に化すもの、女性を性的な身体の一部（胸・尻・足・生殖器官等）に切り詰めるものなど、段々と差別性・暴力性の強いものがあり、そしてもう一方の極に最も「ハード」なものとして、女性に性的な暴力・虐待・拷問を加えるものが存在する。

ポルノグラフィにおいては、たとえ女性を性的な鑑賞物にする「ソフト」なものであっても、「従属性」を表象する特定の衣服や物を女性に意図的に着用させる場合が非常に多い。その典型例は、鎖（＝隷従）、エプロンや白

（4）このことを明確に表す、男性が男性を性的に陵辱するポルノの販売サイトの一例として、http://www.gay.jp/VJ/label/ids/index.html

衣（＝奉仕）、セーラー服（＝未熟性）である。つまりポルノグラフィにとって、裸体の「露出度」は必ずしも決定的な要素ではなく、その共通項は女性の「従属性」ということができる。もっとも、「性的」でなければポルノグラフィではないので、一定の露出は不可避である。

このように考えると、ポルノグラフィの定義における「性的に露骨」とは、必ずしも生殖器官や性交をあからさまに描くことと同義ではない。それらをあからさまに描くことそれ自体を問題にするのは、「わいせつ」概念である。ポルノグラフィにおける「性的に露骨」とは、そこで描かれる人の「従属性」の程度と結びついた概念と理解することができる。

女性への性的虐待・拷問を売りものにする「ハード」なポルノグラフィ（暴力ポルノ）では、女性に実際に暴行が加えられており、それが堂々と「表」市場で販売されているのが、今日の日本社会である。地下市場では、さらに、女性を略取・監禁して性的に侵害する犯罪や、戦時の集団レイプや性的殺害行為が撮影され、ポルノグラフィとして出回っていることが報告されている。

3　男性の社会化とポルノ使用

男性も女性もポルノ文化、そしてポルノグラフィそのものに囲まれて育つが、男性はとくに継続的かつ反復的にポルノグラフィを使用して社会化する。一〇年以上前の統計だが、一九九四年の総務庁の調査によると、男子高校生の約五人に四人（七七％）がアダルトビデオを「見た経験がある」と答えており、そのうち年間で見た本数は二〇本以上が一〇人に一人（一〇・四％）、一〇本以上だと約五人に一人（一八・三％）である。[5] それから十数年後、インターネットが普及した今日では、この数字はまちがいなく圧倒的に増えているはずである。

一般に男性はポルノグラフィを「見る（観る）」「読む」といわれるが、この表現は婉曲表現であるといわねばならない。なるほど書店や電車、あるいは映画館などの公共の場では男性はポルノを「見る」だけである。だが男性がポルノグラフィを「使用」する主たる場所である自宅の自室では、ポルノグラフィを「見る」だけの男性はほとんどいない。未成年であれ成人であれ、男性がポルノグラフィを「使う」目的は自慰行為を行なうことである。この事実は、ポルノグラフィをめぐる議論で一般に隠されているがゆえに明確にされる必要がある。

男性はポルノグラフィの中で性的に従属化されている女性を単に「見る」のではない。女性の性的従属――ときには女性の性的隷従・女性への虐待・拷問――を性的快楽に変えるのである。女性の性的従属を性的快楽に変える過程は、性的に従属化された女性を積極的に肯定し欲望する精神的作用であり、かつ自慰行為をつうじてその欲望を「身体化」する過程でもある。男性は自慰行為をつうじて女性の性的従属性を、したがって男性の性的支配性を、「からだで覚える」のである。

男性がポルノグラフィを使用する過程は同時に、男性が、すべての性暴力の基礎にある男性的セクシュアリティを形成する過程でもある。すべての性暴力の基礎には、その前提として、女性を性的客体物化する「男性的」な――男性ジェンダー化された――セクシュアリティがある。この男性ジェンダー化されたセクシュアリティは、思想や理論、理屈として学ばれるのではなく、ポルノグラフィを男性が消費する過程で、すなわち女性の性的客体化を男性が精神と身体両方の全身作用で欲望する過程で、身体的に形成される。ポルノグラフィは、すべての性暴力の前提となるセクシュアリティを形成するという点で、あらゆる性暴力にとってきわめて独特の重要な位置を占めている。

男性はまた、女性の性的客体物化をとおして、自ら性的に主体化する。女性を従属化するポルノグラフィは、多くの女性にとって嫌悪、怒り、屈辱、無力感を感じる対象となる。しかし、ポルノグラフィは男性を支配的・権力

(5) 総務庁青少年対策部『青少年とアダルトビデオ等の映像メディアに関する調査研究報告書』一九九四年。

的に描き出すため、多くの男性はポルノグラフィに自我やパワーの増大感や躍動感、慰安感を抱く。男性は、女性を性的客体物化するポルノグラフィを使用することをとおして、自己の性的権力を確認し、性的主体として立ち上げられる。

4　男性の非人間化

ソフトからハードまでグラデーションとして存在するポルノグラフィを共通して貫いている原理は、女性を性的に客体物化する（objectify）ことである。女性の性的客体物化とは、女性を性的な「モノ（object）」にすることである。人を「モノ」にするということは、人格的存在としての人間性を否定すること、つまり女性を非人間化することである。

女性の性的客体物化のソフトな形態は、女性を性的に従属的な鑑賞物、玩弄物にすることにみられる。他方、女性の性的客体物化のハードな形態が、暴行・虐待・拷問によって女性を性的従属化させる「暴力ポルノ」である。ソフトなポルノとハードな暴力ポルノは、女性の性的客体物化を共通原理として持っており、それぞれ別物として存在しているのではない。暴力ポルノはソフトポルノのいわば発展形態であり、かつソフトポルノが広く社会に許容されていることを基礎にして暴力ポルノの存在は可能になっている。

女性の性的客体物化の究極的な形態は、女性の死であるといってよい。つまり、女性の性的客体物化の行き着く果ては、セックス殺人（セックスを目的に女性を殺すこと）である。女性を性的客体物化することを快楽とする男性のセクシュアリティは、究極的にはセックスと死を結びつける――女性の死こそを男性の最大の性的快楽とする――権力にほかならない。つまり、女性を性的客体物化する男性のセクシュアリティそのものが、一つの権力なのである。女性の性的客体物化（sexual objectification）、これがジェンダーとしての男性が女性に行使する共通の性的権力である。

ポルノグラフィを使った性行為をつうじて、男性のセクシュアリティと性行動は「物象化」ないし（より日常用語に近い言葉として）「物質化」する。ここで「物象化」ないし「物質化」とは、性をめぐる人間関係が人格的存在としての人対人ではなく、一方で人格性を備えた人と、他方で人格性を奪われた人——性的客体物と化せられた人——との関係となることを意味する。

女性を性的に客体物化すること、つまり非人間化することを、自らの性的な快楽とするとき、男性もまた非人間化する。男性は、女性の非人間化を快楽とする限りにおいて、人間性を失うのである。ポルノグラフィの使用は、男性の非人間化の過程、すなわち男性が人間性を失う過程にほかならない。

第2章

性売買としてのポルノグラフィ

ポルノグラフィを、それがもたらす被害の観点から考察するためには、考察の障壁となっている二つの問題を乗り越えなければならない。まず、性（セクシュアリティ）にあらかじめ男性の支配と女性の従属が組み込まれており、その結果、性行為（たとえばポルノグラフィにおけるそれ）における差別と暴力が不可視化されている障壁を乗り越えなければならない。そこで、この障壁を克服するために不可欠なジェンダーの視点の意義について考察しておきたい。

第二に乗り越えられるべき障壁は、ポルノグラフィをもっぱら性的な「表現」に還元して理解する一般通念の存在である。この通念は、生身の女性の性を売買する行為という実写ポルノグラフィの持つ本質的性格を認識することを困難にしている。そこで、ポルノグラフィを種々の性売買の一形態として定位しなおすことを行なう。

1　性・ジェンダー・暴力

ジェンダー概念の定義や意義については、その擁護者の間でもさまざまな議論がある。ここでは、ジェンダー概念の意義を、性に基づく差別すなわち性差別の概念枠、その射程範囲を広げるところにあった、ととらえたい。したがってまた、ジェンダー概念のねらいは、性差別をなくすこと、つまり両性平等の概念枠・射程範囲を広げることでもあった。そのことの裏を返せば、ジェンダー以前の性差別および両性平等の概念の枠・範囲は狭すぎた——それらの概念が届かない領域があった——ということである。それらの概念が届かなった範囲とは、「家族」と「性（セクシュアリティ）」の二つの領域であった。(1)

「家族」の中の暴力、とくに夫による妻に対する暴力（ドメスティック・バイオレンス、DV）は、長らく犯罪ではなかった。つい一〇年前まで、DVは「個人的な問題」、公的な関心・介入・支援が排斥されるべき「私的（プライベート）な問題」であって、男女の間のあからさまな暴力的で支配的な行為の一形態とはみなされていなかった。ある社会学者は、DVのまかり通ってきた家族を「無法地帯」(2)と表現したが、家族は、個人の自由と平等に基礎づけられた市民法秩序の範囲外にあった。もっともそれは社会の実態を表しているのであり、法規範上は、日本国憲法二四条二項に示されているように、「個人の尊厳」と「両性の本質的平等」に反する家族内慣行は法によって除去されるべきものであったが、(3)実態はそうでなかった。企業内で労働者に不当な人権侵害が横行している実態を指弾して、「民主主義は工場の前で立ち止まる」というスローガンが唱えられてきたが、これをもじっていえば、「男女平等は家族の前で立ち止まる」のが実態であった。

「家族」と並び、両性平等の到達しない関係領域が「性（セクシュアリティ）」であった。性をめぐる男女の不平等関係——すなわち性をつうじた男性の支配行為——もまた、「個人的な問題」「私的な問題」「当事者の問題」として、長らく放置されてきた。その典型的な例としてセクシュアル・ハラスメントがある。セクシュアル・ハラスメントは、職場や学校などの「公的」な場で生じているにもかかわらず、それが「性的」であるがゆえに「個人的」「私的」問題とされ、公にされることなく内々に処理されてきた。

DVやセクシュアル・ハラスメントという「言葉」が生まれ、DV防止法の制定（二〇〇一年、二〇〇四年改正）や雇用機会均等法改正（二一条、一九九七年、二〇〇六年改正）によって、それらが法の規制対象となったということは、ジェンダー以前には〝無法地帯〟であった家族と性の二つの領域にも、個人の自由ないし両性平等の光を当てることを意味する。DVとセクシュアル・ハラスメントの違法化は、ジェンダー以後、性差別および両性平等概念の射程範囲が、それまでは私的で個人的であった「家族」と「性（セクシュアリティ）」にまで広がったことを示す典型的な例である。

しかし、「家族」と「性」の領域が隈なく両性平等の光に照らし出されるようになったかといえば、そうではない。「家族」については家族内労働の男女不平等が、「性」については女性の性売買が、いまだに「私的・個人的問題」「当事者の問題」として維持・継続されていることに留意しなければならない[4]。たしかにジェンダー概念提唱のはるか以前から、女性の性売買（人身売買や管理売春）の「廃止」を求める運動が世界的にあり、日本でもすでに五〇年前に売春防止法が制定されている。だが、性売買に反対する運動のすべてが、また日本の売春防止法という法律が、女性の人権や両性平等の実現という立場に十全なかたちで基づいていたということはできない。とりわけ、性の平等や人権の観点からポルノグラフィを批判的に検討することは非常に遅れている。

だが、男女の平等を「性」の領域にまで広げる――つまり男女の「性的平等（sexual equality）」を求める――

(1) この観点から性的平等の法理論を探求したものとして、中里見博「ジェンダー法学のジェンダー分析――支配アプローチに向けた序論的考察」『名古屋大学法政論集』二一三号、二〇〇六年。
(2) 上野千鶴子「『プライバシー』の解体――私的暴力と公的暴力の共依存をめぐって」『アディクションと家族』一七巻四号、二〇〇〇年。
(3) 憲法二四条二項「配偶者の選択……離婚並びに婚姻及び家族に関するその他の事項に関しては、法律は、個人の尊厳と両性の本質的平等に立脚して制定されなければならない」。
(4) ただし、男女共同参画社会基本法六条が男女ともの家庭生活と職業活動等との両立を定めたことによって、家族内労働の性別分業は法原則的には否定されたと評価すべきである。「男女共同参画社会の形成は、家族を構成する男女が……家庭生活における活動について……役割を円滑に果たし、かつ、当該活動以外の活動を行うことができるようにすることを旨として、行われなければならない」。

ジェンダーの視座に立てば、女性の性売買が重大な性的不平等（sexual inequality）であることが見えてくる。さらに、性売買の中でこそ女性および男性が最もジェンダー化されるため、性売買は性差別（gender discrimination）を再生産する巨大な社会制度であるととらえられるだろう。女性の性売買が性的不平等と性差別の一大システムであるならば、女性への暴力（gender-based violence＝ジェンダーに基づく暴力）が今日跡を絶たない、唯一のではないが最も深刻な原因の一つとして、女性の性売買が社会的に許容されていることがあると疑うことには、十分に合理性がある。

2　性売買の概念区分

「性売買」とは、身体の性的な使用を目的とした人の権利・自由の売買であり、売り手の動機は経済的利益、買い手の動機は他人の性的使用をつうじた支配欲の充足である。[5] 売買される人の性別は主として女性であり、その中で最も重んじられるのは身体的には性的に成熟しているが「未使用」の年齢の女性で、法定成人年齢の違いによって異なるが、しばしば未成年である。性的に成熟していない女児も多く売買の対象にされる。男性もまた売買の対象とされるが、その多くは男児である。

広義の性売買は、売買される人の権利・自由の違いによって、「人身売買」[6]と「（狭義の）性売買」とに分けられる。一般に両者は、各々に随伴する手段や行為の態様――人身売買は略取・誘拐、明白な欺罔（ぎもう）、明白な物理的・経済的強制などの違法行為を伴うのに対して、狭義の性売買は〝合法的〟手段による（いいかえると当事者の外形的・形式的「同意」に基づいている）こと――の違いによって区別される。だが実態としては、人身売買では、人の身体の処分権そのものが売買されるのに対して、狭義の性売買では、身体に対する一時的かつ部分的な性的使用権が売買されるにすぎない、という違いがある[7]（以下、単に性売買という場合は、人身売買を含まない狭義のそれを意味する）。

ただし、これは概念上の区別であり、実態においては、両者はまさに連続的である。性搾取目的の人身売買は、売買した先で性売買を行なうためになされるからである。人身売買されてきた女性は、性売買において使用されるのが通常である。また性売買は長い家父長制の歴史のもとで実質的に人身売買と区別がつかなった。それが、西欧の経済的富裕層の男性を中心にした「人権」思想が女性等にも認められ「普遍性」を獲得するにつれ、しだいに当事者の外形的・形式的「同意」の調達を必要とする性売買へと――少なくとも「先進国」内部の国籍によって保護された女性については――移行してきたといえるだろう。

性売買には、さらに「売買春」と「ポルノグラフィ（実写）」の両方が含まれる。売買春は、狭義の売買春――「性交」を伴うもの――のみならず、広義の売買春――「性交類似行為」が行なわれるもの――をも含む。他者の

（5）買い手の動機を「支配欲」の充足とのみとらえることには異論がある。例えば「風俗嬢として働いた経験」から、男性の動機を「社会が男性に科す（ママ）抑圧によって生じるさまざまな感情を解き放つため」と提起した鈴木水南子「男性はなぜ買春するのか――社会的抑圧が性欲に集約される構造に目を」『季刊女子教育もんだい』七四号、一九九八年を参照。鈴木への批判として杉田聡『男権主義的セクシュアリティ――ポルノ・買売春擁護論批判』青木書店、一九九九年、一五二頁以下。

（6）人身売買については、人身売買禁止ネットワーク・お茶の水女子大学二一世紀COEプログラム「ジェンダー研究のフロンティア」『「日本における人身売買の被害に関する調査研究」報告書』二〇〇五年、日本弁護士連合会両性の平等に関する委員会『シンポジウム報告書「人身売買受入大国ニッポンの責任」――被害者保護支援の施策と被害者保護』二〇〇五年、吉田容子監修・JNATIP編『人身売買をなくすために――受入大国日本の課題』明石書店、二〇〇四年。

（7）「人身売買議定書」（二〇〇〇年国連総会採択）では、人身売買は「売春させて搾取する」等の「搾取」を目的とした暴行・脅迫・詐欺・欺罔等の手段を伴う売買・移送・運搬等の行為によって成立し（議定書三条(a)）、人の処分権の移転を要しない。だがこの定義は、目的・手段において違法な「強制売春」とそうではない合法な「自由売春」の区別につながるおそれがあるため、本書では異なる定義を与えた。

【図１】性売買の概念区分

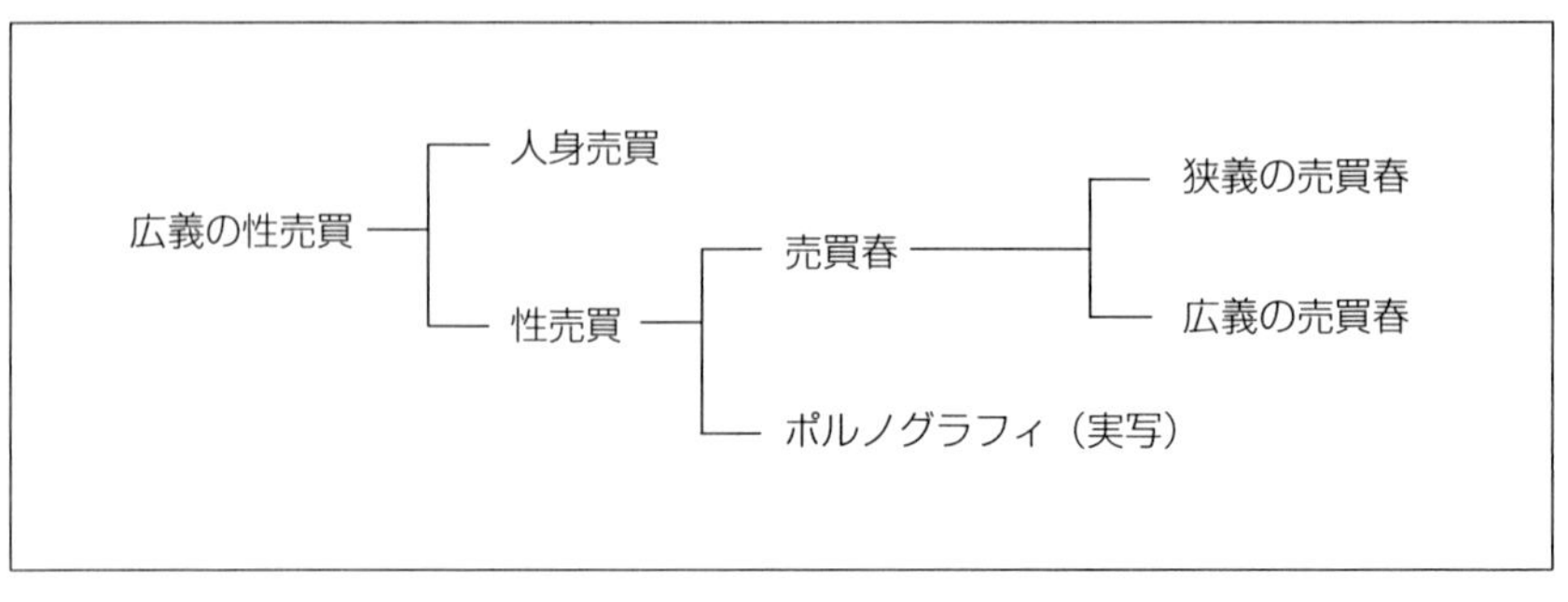

性的使用を目的とする性売買において、性交を伴うかどうかは、理論的にみて重要ではあるが決定的な差異ではないからである[8]。

性売買において重要なことは、ポルノグラフィを売買春と並んで性売買の中に含めていることである（【図１】参照）。その理由は後に詳述するが、ここでは次の点だけを指摘しておきたい。すなわち、現在のポルノグラフィの主要な形態は、生身の女性を使う実写によるものであり、生身の女性を使う実写ポルノもまた性売買の一形態である、ということである。なぜなら生きた女性を使う実写のポルノグラフィは、それ自体金銭によって女性の身体の性的使用権を買い取る行為だからである。

以上のような概念的区別をへたうえで、以下本書では、性売買つまりポルノグラフィと売買春（ただし、売買春については必要な範囲で）、それも成人女性を対象にするものに絞って検討していく。その理由には二つある。

一つには、成人女性を対象にしたポルノ・売買春は、今日の日本社会で最も大量に行なわれており、最も普遍的な形態であるにもかかわらず、（性交を伴う狭義の売買春を除いて）手を付けられることなく依然として継続されているからである。それに対して、人身売買が、売買される人に対する許しがたい人権侵害であることに関しては、社会的合意がある。ただこれまで日本では人身売買は深刻な規模では生じていないとみなされてきただけであり、その誤謬が明白になると早々と刑法が改正され、新たに人身売買罪が設けられた[9]。また、子どもの性売買が深刻な子どもの権利侵害であることにも社会的合意があり、「児童買春・児童ポルノ処罰法」(一九九九年)によって処罰の対象とされている。つまり、成人女性の性売買といういわば「まん中」の部分を残し、人身売買と子どもの性売買という「両はじ」の規制はすでに現実のものなのである。

それに加えて重要な理由として、成人女性の性売買を承認している限り、人身売買も子どもの性売買も決して根絶されえないであろう、ということがある。子どもの性売買は、成人女性の性売買の特殊で極端な形態として、プレミアム付きで行なわれ続けるであろう。また、人身売買と性売買の連続性を指摘したように、成人女性の性売買が合法的に行なわれ続ける限り、売買される女性の自由を完全に否定し搾取し尽くすことを可能にする人身売買への動機づけが、業者には常に働く。人身売買と子どもの性売買の根絶という観点からもまた、成人女性の性売買の是非をめぐって議論がなされなければならない。

3 売買春

(1) 三者構造

売買春とは、歴史的にも現実においても、一群の男性(売春業者)が、別の一群の男性(買春者)に、女性の身

(8) さらにいえば、性交を伴うか否かで売買春を区別して法的に異なった対応をすることは政策的にも成功しない。日本は現在、前者を売春防止法によって禁止し、後者を風俗営業等適正化法によって合法化しているが、性風俗営業(広義の売買春)において、性交を伴う(狭義の)売買春が行なわれていることは公然たる事実である。

(9)「①人を買い受けた者は、三月以上五年以下の懲役に処する。②未成年者を買い受けた者は、三月以上七年以下の懲役に処する。③営利、わいせつ、結婚又は生命若しくは身体に対する加害の目的で、人を買い受けた者は、一年以上一〇年以下の懲役に処する。④人を売り渡した者も、前項と同様とする。⑤所在国外に移送する目的で、人を売買した者は、二年以上の有期懲役に処する」(刑法第二二六条の二、二〇〇五年改正)。

体の性的使用権を売って利益を上げる行為であり、産業である。

この定義から導かれる重要な視点は、売買春は〈売春業者―女性―買春男性〉の三者構造としてとらえられなければならない、ということである。しかし売買春は、売春防止法がそうであるように、長い間、単に「売春」といわれてきた。そこでは「売春」とは、金品と引き換えに性行為を行なうことであり、「売る」主体は女性（売春女性）とみなされる。すなわち、「売り手」の売春女性が「買い手」の男性に「春＝性行為」を売る、という二者構造（いわゆる単純売春）が売買春の一般形態として前提されている。その結果、現実には常に産業として存在してきた売買春に付き物の売春業者は、売春女性と買い手の男性とを仲立ちする、単なる二次的な周旋・仲介業者とみなされる。

女性を売春する「主体」とみなす一般的意識では、暴力や脅迫等によるあからさまな強制がない限り、売春する女性は「自由意思」に基づく「自己決定」によって「合意」しているとみなされ、多少不本意なことがあっても「自己責任」（「自業自得」）とされる風潮がある。こうした「自己決定」論が、〃売買春やポルノは当事者の問題で社会の問題ではない〃という社会的無関心の口実ともなっている。

（2）売春から買春へ

一九五七年に売春防止法が施行されて「性交」を伴う狭義の売買春が国内で禁止され、他方で経済力をつけた日本の男性は、アジアの諸国に出向いて売買春を継続した。その日本人男性の姿は、戦前の日本軍による侵略の記憶と重なり、その暴力性がいっそう鮮明なものになった。買う男性の暴力性を指弾する意味を込めて、「買春（かいしゅん）」という言葉が使われ始めた[10]。「買春」という語は、「売春」に比べて、「売る女性」ではなく「買う男性」に焦点を当てる。それは、「買う男性の存在（需要）があるからこそ、売る女性（供給）が生まれる」「売る女性への注目や非難の鉾先は、むしろ買う男性に向けるべき」という問題意識に基づいている。そして、売春防止法で売春女性の「相手方とな〔る〕」（四条）と表現され、きわめて受動的・消極的な位置づけしか与えられていない買い手の男性を、買春する主体として浮かび上がらせることに成功した。買春は、今日では児童買春・児童ポルノ処罰法において法律用語として採用されるにいたっている。

さらに、「買う男性が先にありき」という意味で、「買売春」という言葉が流通するようになった。しかしここで注意すべきは、「買売春」という言葉もまた、そこでの「売春」が売春女性の行為を意味する限り、売買春を「買い手の男性vs.売り手の女性」という二者構造でとらえており、売春業者の存在を見えなくしていることである。だが売買春において、最大の権力を握っているのは業者であることを忘れてはなるまい。業者は、一方で女性を合法・非合法の手段を使って調達し、暴力・脅迫や薬物を使うなどして女性を支配し使用し続け、他方で常に買春男性の欲望を喚起し、需要を煽り、市場の拡大を目指して活動する。このこと自体は、産業として売買春が存在する以上、古今東西変わりはない。たしかに携帯電話やインターネットなどの通信技術の展開によって、業者を介さないケースが増えてはいるが、しかしその場合でも「出会い系サイト」を開設・運営し、そこから利益を上げている業者は存在している。また業者を介さない場合、女性は直接的に買春男性からの性暴力に晒される危険性が増大するため、多くの女性は「安全」を求めて店舗型を選ぶ。通信技術の展開が女性と買春男性を直接結びつける可能性が現れたにもかかわらず、業者の存在はいまだ不可欠であり続けており、今後もそうであり続けるであろう。

こうした歴史的・現実的実態からすれば、売買春における「売り手」は、女性ではなく売春業者ととらえられる

(10)「七三年から始まった韓国と日本の女性たちによるセックス・ツアー反対運動のなかで、同年、高橋喜久江……と松井やより……によって〝買春〟……ということばが最初に使用された」「買売春」（ゆのまえ知子執筆）井上輝子他編『岩波女性学事典』岩波書店、二〇〇二年、三七四頁。当初は「バイシュン」と発音されたのが「カイシュン」へ変化したという。

べきである。「買い手」は買春男性を意味する。したがって本書で売買春とは、基本的に「売春業者」が「買春者」に（主として）女性の性的使用権を販売する産業のことを指すが、単純売春のケースや売春防止法上の用語、「性＝労働」論における用語を用いるときには、「売春」を、金銭を受けて性行為を行なう女性の行為を指して使わざるをえないこともある。

（3）女性の位置づけ

では、性売買つまりポルノ・売買春の性売買の中にいる女性にはいかなる位置づけが与えられるべきであろうか。「身体の処分権」が売買される人身売買では、女性は、文字どおり業者に「売られる客体」となる。だが、一時的・部分的な性的使用権が売買されるにすぎず、かつ外形的・形式的な女性の「同意」調達を必要条件として成立している狭義の性売買においてまで、女性をもっぱら業者によって売られる客体ととらえることは、理論的に難がある。また、社会的・文化的・経済的誘導が顕著で、精神医学的な意味での性暴力関係の再演強迫がみられる厳しい状況の中で、限定的にすぎないとはいえ「主体性」を発揮し「選択」して性売買の中に入っていく女性の現状（感覚）に必ずしも合致しない。性売買の中にいる女性をもっぱら売られる客体とみる見方は、きわめて限定的とはいえ発揮されている女性の主体性を全否定してしまい、それ自体パターナリスティックな眼差しに陥る傾向がある。

つまり、一方で、すでに批判的にみたように、自由意思→自己決定→自己責任（自業自得）→社会的無関心に連なる女性の「全き主体化」ではなく、他方で、主体性の否定→犠牲者化（victimization）→無力化につながる女性の「全き客体化」でもない、その双方を排した別の位置づけを、性売買の中にいる女性に与える必要がある。それは、最も過酷な性差別・性暴力の制度といいうる性売買産業の中に[11]、性差別社会の構造的暴力をつうじて日常的に身を置きながら、そこを生き抜いているサバイバーとしての女性、という位置づけである。性売買のサバイバーとしての女性は、性的自己決定権の行使主体として尊重されると同時に、性売買を選択したことによっていかなる法的・社会的制裁（ペナルティ）をも科せられない権利主体として尊重される。ここでは、そのような意味を込めて、可能な限り「売買春（ないしポルノグラフィ）の中にいる女性」という表現を用いる。

4　ポルノグラフィ

(1) 基礎にある売買春

現在のポルノグラフィの大部分を占めるのは、生身の女性を使う実写ポルノである。すでに述べたように、生身の女性を使う実写ポルノと売買春とは、ともに金銭によって女性の身体の性的使用権を買い取る性売買であり、両者を概念的に截然と区別することはできない。

そのことを示す最もわかりやすい例は、いわゆる単純売春と「はめ撮り」と呼ばれるポルノグラフィを比較してみることである。【図2】は単純売春を表している。買春男性が女性に金を払い、女性と性行為を行なうことによって成立する。【図3】で示しているのは、単純売春における買春男性が、自らカメラを回し、自分と女性の性行為を撮影してポルノグラフィを制作するケースである。そうして制作されたポルノグラフィは、一般に「はめ撮り」と呼ばれ、現代ポルノの一大ジャンルを形成している。「はめ撮り」ポルノにおいては、ポルノ制作自体が

(11) Melissa Farley, ed., *Prostitution, Trafficking, and Traumatic Stress*, Haworth Maltreatment & Trauma Press, 2003. 第三章では、九ヵ国八五四人の売買春の中の女性が調査され、全体の七一％の女性が売買春の中で身体的襲撃を受け、六三％が暴力的に強かんされ、七五％がPTSDの症状を発症していたこと等が報告されている。ファーレイは序文で、売買春の中にいる女性の体験が戦時下の性暴力被害者の体験と類似していると指摘している。

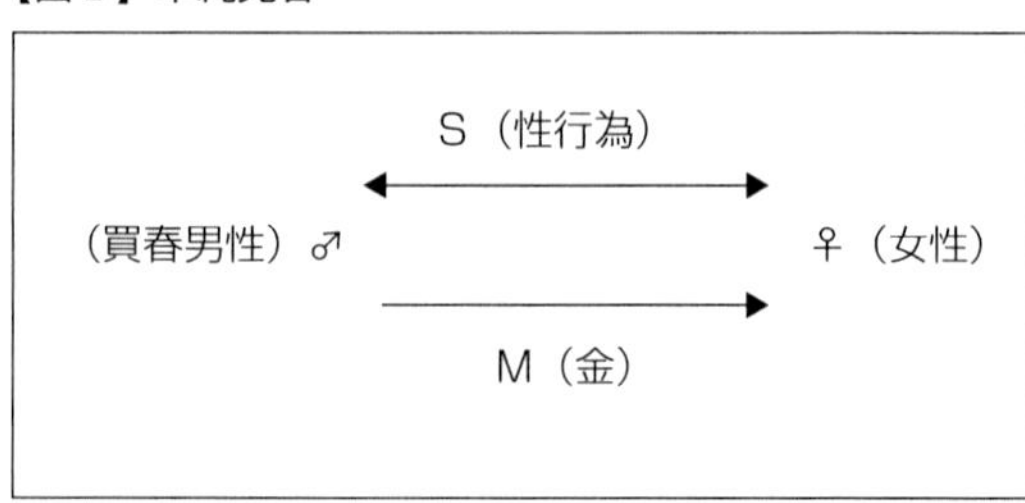

【図2】単純売春

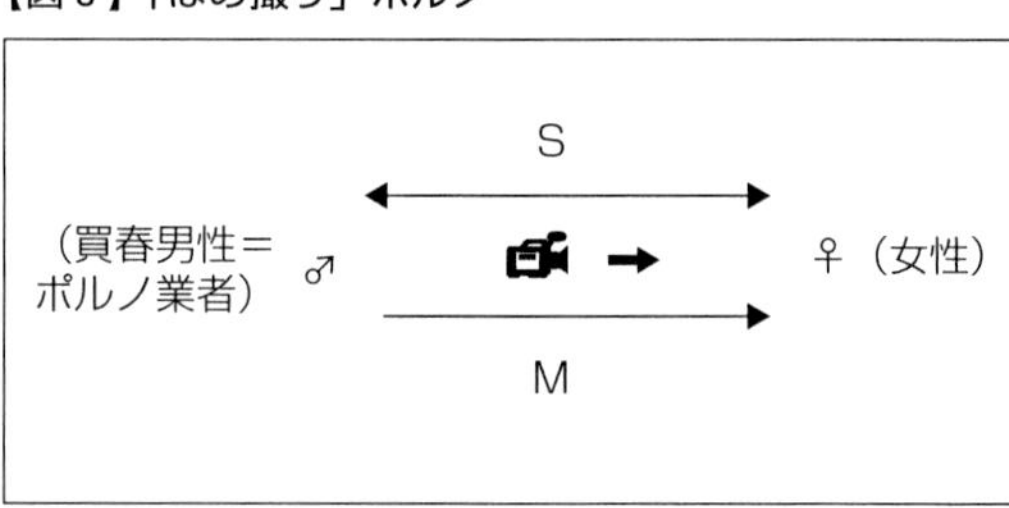

【図3】「はめ撮り」ポルノ

「売買春」によって成り立っていることが明確に理解できよう。

今日でも支配的形態である業者による売買春とポルノグラフィについてはどうであろうか。【図4】が業者による売買春を示している。そこでは、買春男性は、女性にではなく売春業者に金を払い、業者が管理している女性と性行為を行なう。女性は、買春男性と性行為を行ない、売春業者に利益を差し引かれた金銭を受け取る。

これに対して【図5】が実写ポルノの制作を表している。ポルノ業界では一般に、女性は「プロダクション」と呼ばれる会社に所属し、プロダクションが女性をポルノ制作会社（メーカー、販売も兼ねる）に売り込む。メーカーの撮影スタッフは女性と性行為を行ない、その行為を撮影してポルノグラフィを制作する。メーカーは、女性に直接にではなく、プロダクションに制作協力費といった名目の対価を支払い、そこからプロダクションが女性に報酬を支払うという構造になっている。「男優」は女性のようにプロダクション所属ではなく、むしろフリーの存在だが、実態は撮影スタッフとともに、あるいはその一員としてメーカーと深く結びついた存在である。[12]

売買春と異なるのは、女性と性行為を行なう男性たち（撮影スタッフ）の背後にさらに一群の男性すなわちポルノ消費者が存在し、無数のポルノ消費男性たちが撮影スタッフに資金を供給することである。ポルノ消費男性は、女性と〝直接〟性行為を行なうのではなく、ポルノ映像の中の女性（の性行為）を見ながら自ら〝間接〟的に性行

【図4】業者による売買春

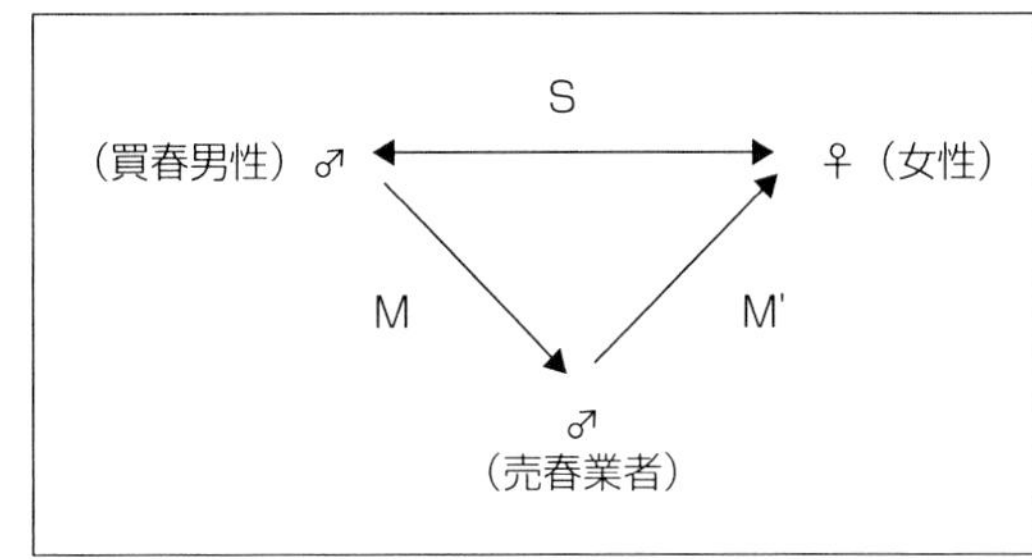

【図5】実写のポルノグラフィ

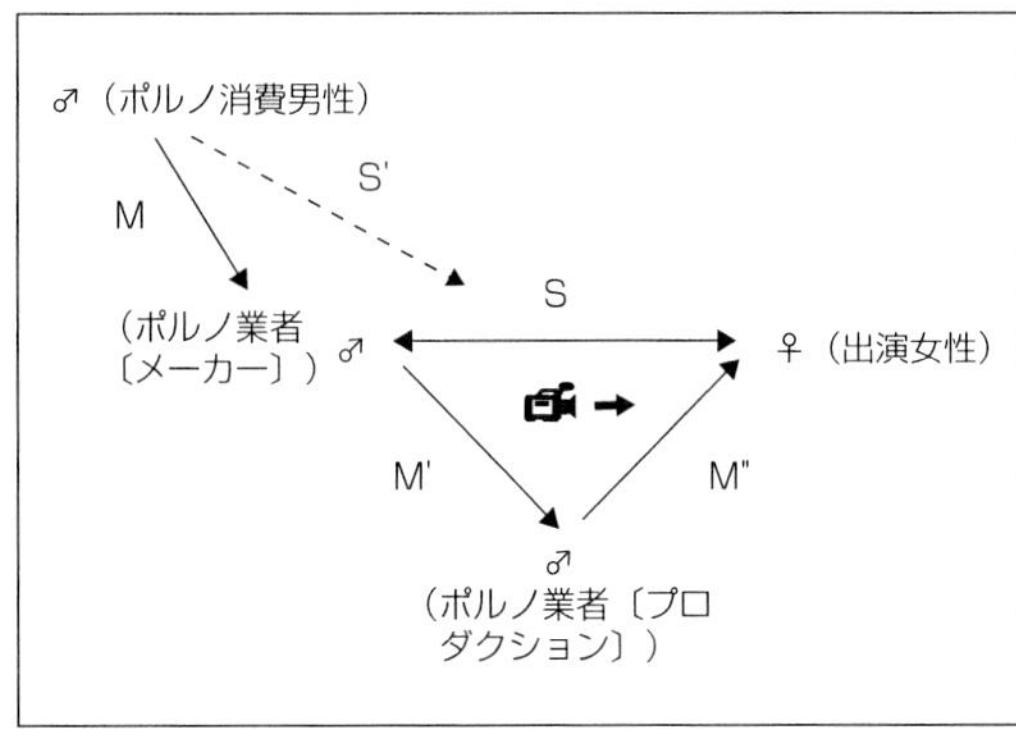

為（自慰行為）――すでに述べたようにそれも歴とした一つの性行為である――を行ない、そのために金を払う。このようにポルノグラフィにおいては、性行為に金銭を支払う男性の構造が二重化している。

だが、そうした違いにもかかわらず、売買春とポルノグラフィにおいて本質的な違いはない。いずれの場合においても、買春男性およびポルノ業者（メーカー）は金銭によって女性の身体を性的に使用し、女性は金銭を受けることを目的に、現に金銭を受け（または受ける約束で）性行為を行なうのであり、そ

（12）筆者自身、プロダクション関係者の話を聞くまでこうした構造を詳しく認識していなかったため、以前は「ポルノ業者（メーカー）」のところを「男優」、「ポルノ業者（プロダクション）」のところを単に「ポルノ業者」ととらえて考察していた。中里見博「ポスト・ジェンダー期の女性の性売買――性に関する人権の再定義」『社会科学研究』五八巻二号、二〇〇七年。だが以前の把握の仕方では、ポルノ制作においてプロダクションが、ちょうど売買春における売春業者と同じような現代の女衒としての役割を果たしている点、男優を含む撮影スタッフ全体が、売買春における買春男性のように女性の性的使用権を金銭で買い取っている点が判然とせず、逆に男優を撮影スタッフと切り離し女性と並列の存在に置いてしまうという問題性をはらんでいた。プロダクション関係者からの聞き取り内容は、ポルノ・買春問題研究会「論文・資料集」第八号、二〇〇七年近刊に収録予定。

のことによって売買春もポルノグラフィも成立するからである。

では、ポルノグラフィの制作は、売春防止法における「売春」に該当するであろうか。売春防止法は、「この法律で『売春』とは、対償を受け、又は受ける約束で、不特定の相手方と性交することをいう」（二条）と定める。「対償を受け……性交すること」という要件に限っていえば、「薄消し」ないし「裏流出」の激しい今日、実写ポルノの通常の形態となった性交の行なわれるポルノではまさに「売春」が行なわれていることになる。ただ、ポルノ制作では「性交」の「相手方」が〝男優〟であり「不特定の相手方」ではない点で、売春防止法のいう「売春」であることを辛うじて免れている。では、現代ポルノの一ジャンルである、多数（ときには数十人）の〝素人〟男性が応募して参加するポルノグラフィはどうか。そこでは、出演男性は事実上「不特定」と化していると考えられる。そこにおいては、売春防止法のきわめて限定的な定義のそれにさえ該当する「売春」が行なわれ、ポルノグラフィが制作されているといえるだろう。

（2）被害の可視化

ポルノグラフィを、売買春と並ぶ性売買の一形態として把握し、ポルノグラフィと売買春の概念的な不可分性を強調することの意義は何だろうか。まず、今日のポルノグラフィの支配的形態である実写ポルノに対するとらえ方そのものに変化をもたらしうる意義がある。ポルノグラフィが売買春を基盤に制作されている以上、ポルノグラフィが「表現」であることは事実だが、それは単なる、あるいは純粋な「表現」としてのみ扱われるべきではない。性売買としてのポルノグラフィという視点は、「表現」という神秘的なベールをポルノグラフィから剥ぎ取る。そうすることによって、ポルノグラフィを性差別と性暴力の制度的実践としてとらえ、ポルノグラフィによる被害（権利侵害）を可視化し、その新たな規制を可能にしうる視点を提供することになる。ポルノグラフィをもっぱら「表現の自由」の問題としてとらえることに自足するのではなく、その被害を可視化し、被害の救済・権利の回復という観点から法規制の問題を刷新しようという本書にとっては、この意義がとくに重要となる。

性売買としてのポルノグラフィという理解はまた、ポルノグラフィが正統な「表現」として社会的に承認され続ける以上、売買春のみを規制しても売買春は決してなくならないだろうという認識を導く。なぜなら、ポルノグラフィそれ自体が売買春によって成立している以上、ポルノグラフィの存在自体が常に売買春に正統性を付与する働きをするからである。

第3章　性売買批判の論拠

1　二重の論拠

強かん、セクシュアル・ハラスメント、ドメスティック・バイオレンスについては、それが性差別意識に根ざした女性への暴力的支配行為であることに関して、今日争いはない。だが、主として男性が女性を売買の対象とするポルノグラフィ・売買春すなわち性売買が、性差別の制度であるかどうか、男性による女性への暴力の一形態であるかどうかについての、明確な社会的合意はない。

日本においても一九八〇年代末以降、まずセクシュアル・ハラスメントが、次にドメスティック・バイオレンスが、ジェンダーに基づく、男性による女性への暴力であるとの認識が急速に広がり、法規制がなされるようになった。しかし、そうした動きとは裏腹に、とりわけ一九九〇年代半ば以降から、性売買が爆発的に市場を拡大し、社会的に黙認され、称揚されもしてきた。少女買春が「援助交際」という婉曲表現によって煽られ、テレクラ、ケータイ、出会い系サイトなどによって広がり、ポルノグラフィは、インターネットの普及に伴ってパソコン端末のあるあらゆる場所に遍在し、供給が圧倒的に増え、需要が著しく喚起され、未成年も容易かつ日常的にポルノ消費者となる社会が到来したのである。たしかに政府の男女共同参画政策は、売買春を「女性に対する暴力」の一つと認めている。しかし、売春防止法を下敷きにした政府の売買春の把握・理解の仕方には根本的な問題があり、売買春への有効な施策は行なわれていない。ポルノグラフィにいたっては男女共同参画社会実現の阻害要因とすら認識されていない。

こうした一般的・支配的認識に対して、本書は、ポルノグラフィと売買春の両方を意味する性売買は次の二点において重大な問題をはらんでいると考える。第一に、性売買は女性差別の組織的・系統的実践であること、第二に、性売買は性の支配をつうじて人の人格（尊厳）を侵害することである。

2　性差別としての性売買

（1）実質的意味の性差別

性売買が女性に対する組織的・系統的差別の実践であるというとき、「差別」の概念は、機会の不平等という形式的意味においてではなく、権利侵害の実態に基づく社会的劣位の配当という意味で実質的にとらえられている。すなわち性売買の女性差別性は、①ポルノ・売買春の中と外の女性に、具体的・現実的な権利侵害の被害を生じさせている、②女性の社会文化的劣位と男性の社会文化的優位すなわちジェンダーを再生産する、③すべての性暴力（gender-based violence）に共通する男性の暴力的なセクシュアリティ、および女性の受動的・消極的セクシュアリティ――ジェンダー化されたセクシュアリティ――を形成する、という三つの実質を備える。この場合、性売買による女性差別を解消する方法は、性売買そのものの廃止に向けた実践的努力をすることになる。

ポルノグラフィによる被害は次章で独自に分類するが、ここではポルノ・売買春両方を意味する性売買について、四つの具体的被害を類型化したい。[1]

（ⅰ）性売買の強制

第一に、一定の強制力によって性売買が強要される被害である。夫・恋人、親族、知人等による強制、家出少女に対する欺罔（ぎもう）等の直接的な強制力の行使によってしばしば女性が調達されることは、今日でも決して珍しくない。しかし、外形的・形式的な女性の「同意」を必要条件として成立する性売買は、女性に対する略取・誘拐等が組織的に行なわれることによって維持・継続されているわけではない。

今日における強制の支配的形態は、借金苦による「選択」、性暴力体験の克服行動としての「再演」[2]等々、間接的強制力によるものである。最も広い意味で「強制」をとらえれば、さらに広い意味での経済的誘導、社会文化的誘導による「強制」を考えることができる。すなわち、一方で、いまだ広範な職種・職場から実質的に排除され、平均賃金が男性の半分程度に抑えられ、経済的自立が困難な労働市場があり、他方で、何らかのかたちで性を売ることがほとんど唯一男性よりも高い収入を得られる場として用意されている中で、女性は性売買の中へと経済的に誘導されている。また、女性を性的商品価値において評価し序列化する男性の視線とメディアの繰り出す情報の中で、女性は自らの性を経済手段化することに価値を見出すべく社会・文化的に誘導されている。

多くの女性がこれらの間接的強制、制度的・文化的誘導によって、性売買の中へ「自ら」入っていく。[3]社会の一

（1）森田成也「日本における女性の人権と売買春・ポルノグラフィ」ポルノ・買春問題研究会「論文・資料集」第三号、二〇〇二年（後に、ポルノ・買春問題研究会編訳『キャサリン・マッキノンと語る――ポルノグラフィと売買春』不磨書房、二〇〇三年に収録）一〇頁以下の分類に基づく。

（2）売買春、ポルノグラフィの中にいる女性は、そうではない女性よりも幼少期に性的被害経験を受けた割合が高いことが知られている。性暴力の被害がさらに、次なる性差別の制度へと女性を誘導する悪循環がある。被虐待児の「再演」につき、ジュディス・ハーマン（中井久夫訳）『心的外傷と回復』みすず書房、一九九六年、一七二頁以下を参照。

般通念は、これら一切の強制的契機を無視して、「女性の自己決定」とみなす。

（ⅱ）性売買の現場で被る被害

次に、性売買の現場で、業者や買春客によって事前の合意を超えた行為や著しく非人間的な行為を強要されたり、非衛生的でリスクの高い環境のもとで性行為を強要されたりする被害がある。ポルノグラフィの制作現場で、犯罪的で非人道的な残虐行為の強要が多発していることは、第2部「深刻化するポルノ被害」で詳述するとおりであるが、中には女性や関係者を長期間（三日間や一週間）監禁して撮影したり、女性の生殖器官に食物その他のさまざまな物を挿入したり、避妊具をつけずに性交したりするなど、著しく非衛生的で反人道的なことが行なわれている。ポルノグラフィの制作現場でこうした残虐行為が頻発している理由には、それが「表現」という外形を取り「表現の自由」により保護されていること、「前衛的芸術」という粉飾等を施しやすいこと、したがって虐待を正当化する口実が成り立ちやすいこと、ポルノ製品として販売することでより簡単に多額の利益を上げやすいこと等が考えられる。買春客による屈辱的行為の強要の例としては、「池袋事件」（後述二一八頁）の事例が有名である。

ポルノ業者および買春者は、一時的かつ一定の範囲内で、女性の身体の性的使用権を購入するが、彼らには、購入した範囲を超えて性的使用権を行使する動機がしばしば働く。性差別社会における女性の身体の性的な使用 use は、常に濫用 ab-use ＝ abuse つまり虐待への契機を内包させているからである。

二〇〇一年九月に新宿歌舞伎町の雑居ビル火災で、「キャバクラ」で働く女性と客の男性計四四人が死亡した事件が、性産業に従事する女性の置かれている劣悪な状況を悲劇的なかたちで示したことは、記憶に新しい。厚生省（当時）による二〇〇〇年のＨＩＶ／エイズに関する調査では、性風俗店でコンドームを使用することが「基本的にできない」ところが六一％、「完全にできる」はわずか約七％にすぎなかった。(4)

(ⅲ) 性売買の外にいる女性の被る被害

第三は、性売買の経験をつうじて、男性のセクシュアリティと性行動が物象化ないし物質化し、非人間化し、暴力化することによって、性売買の外にいる女性が性暴力を受ける被害である。セクシュアリティの「物象化」ないし「物質化」とは、すでに述べたように(二七頁)、性をめぐる人間関係が人格的存在としての人対人ではなく、人格性を備えた人と、人格性を奪われた人――性的客体物と化せられた人――との関係となることを意味する。「人格性を備えている」とは、人としてふさわしい敬意を払われる状態、とくに意思と主体性を尊重されるという意味で尊厳を認められている状態のことである。そのような意味で、セクシュアリティや性行動が「物象化する」ことは「非人間化」することと同義である。

性売買をつうじて、男性のセクシュアリティと性行動が物象化・物質化するのは、性売買における性行為そのものが物象化・物質化しているからである。なぜなら、性売買において男性は、一定の範囲内での女性の身体の性的使用、つまり女性の身体への性的接近・接触・利用を行なう。そこでは、女性の性的な意思と主体性はあらかじめ金銭によって買い取られており、その限りで消し去られている。たとえ一部であれ相手の意思と主体性を消去することは、相手の人格と尊厳の否定であり、人としての対等・平等性の毀棄である。

相手の客体物化、人格・尊厳の否定、対等性・平等性の否定は、あらゆる暴力の前提条件であると同時に、暴力の誘因である。その意味で性売買における性行為は、その本来的性質からして暴力的な性行為である。女性を性的

(3) 当事者の貴重な語りとして、「よい思い出が何もない、と気づいたとき、薬をやめようと思った。――幸田智恵さんのお話を聴く」坂上香・アミティを学ぶ会編『アミティ・「脱暴力」への挑戦』日本評論社、二〇〇二年、「売春のサバイバーの声」男性と買春を考える会『買春に対する男性意識調査』一九九八年。

(4) 森田「日本における女性の人権と売買春・ポルノグラフィ」前掲注(1)、一一頁。

に客体物化する男性の視線、それを生み出す男性的セクシュアリティは、それ自体で権力なのである。物象的・物質的・暴力的なセクシュアリティと性行動が、性売買の実践（ポルノグラフィの使用や売買春の利用）をつうじて男性に――比喩的意味でも現実的意味でも――身体化され、血肉化される。

物象化・物質化したセクシュアリティを持つ男性にとって、女性は暴力を行使しうる対象たる性的客体物である。そのような男性にとって、性売買の中にいる女性は金銭という経済的権力を使ってアクセスする対象、性売買の外にいる女性は他の権力手段を使用してアクセスする対象となる。職場の部下や学校の生徒には、上司や教師としての地位や権威や権力を使用して接近する（セクシュアル・ハラスメント）。妻や娘等には夫や親や親戚としての権威や権力を利用する（ドメスティック・バイオレンス、インセスト）。いずれの権力関係も利用できない場合には、剥き出しの物理的暴力と脅迫を利用する（強かん、強制わいせつ）。その他、あらゆる何らかの逃れられない状況を利用して性的にアクセスする（痴漢行為等）。

（ⅳ）女性差別の再生産と女性の地位低下（二級市民化）

性売買すなわちポルノ・売買春は、女性を、その性的使用権を売買する対象、その意味での性的商品として扱う。性売買が蔓延することによって、女性は性的な使用価値において評価され、序列化される。性差別社会において、性的使用上の女性の第一義的な価値は、未使用性（若年性）、受動性、消極性、依存性、奉仕性等――すなわち女性に割り当てられたジェンダー――である。換言すれば、性売買は女性の社会文化的劣位を維持・強化する。

女性の従属的価値が第一義性を持つがゆえに、あるいはその第一義性を転覆しない限りで、逆の性質（SMにみられる女性の加虐性等）にも逆説的に価値が生じる。その意味で、女性が加虐者になるプレイの存在は、売買春が女性の従属性を範型・原動力としていることとの矛盾ではない。

また、性売買の蔓延によって女性が性的使用価値によって評価され序列化されるからといって、性売買の中にいる女性の社会的評価が高まり、上位に位置することはない。女性の性的使用価値に配当されている従属的性質や、すべての男性の性的使用対象に付される点で、性売買の中にいる女性はむしろ社会的蔑視の対象となる。性売買の中にいる女性の性的無権利状態が、逆に性売買の外にいる女性の性的権利の価値を切り下げる働きをもする。また、女性全体の性的使用対象としての価値の高さは、女性の労働としての価値の低さと表裏の関係に立つ。男性への性的依存性・奉仕性に価値を付与されるべき女性が、男性に対して公的に権力を持ち、行使することは社会的にみて難しくなる。女性の雇用差別や政治的代表からの排除といった女性の二級市民化が、性売買の蔓延によって維持され、強化される。

（2）形式的平等論からの批判

以上述べてきた性売買を女性差別の組織的・系統的実践ととらえる理解に対しては、差別を機会の不平等ととらえる形式的平等論の立場からの批判が対置される。形式的平等論の立場からは、性売買が性差別であることの意味はまったく別の意味で理解される。すなわち、性売買が性差別であることの意味は、性売買でもっぱら女性が売買されていること、いいかえると売買される男性が少ないこととなる。よって現在の性売買は、女性差別ではなく男性差別であると理解される。「現在の売買春はほとんど女性しか雇わないし、ポルノでは男優よりも女優のギャラのほうが高いので、男性差別である」という主張である。

形式的平等論の立場からは、性売買における性差別は、売買される男性の数を増やすことによって解消されることになる。どうやって売買される男性の数を増やすのかという問題があるが、もし売買される男性の数が少ないことが差別だとするなら、男性が性売買の対象となる機会を促進する——男女雇用機会均等法ならぬ——「男女性売買機会均等法」等によって、性売買機会の女性との均等を男性に保障することとなるだろう。

このアナロジーに示されるように、売買される男性が少ないことを性売買における差別ととらえる形式的平等論は、性の売買を正統な（雇用）労働の一形態として承認するという前提がある。したがって性売買批判に対する形式的平等論からの反批判は、次にみる「セックスワーク（性＝労働）」論の立場と実質的に同じ立場である。

3 「性＝労働」論をめぐって

性売買批判の第二として挙げた、性売買は性の支配をつうじて人の人格（尊厳）を侵害するという主張は、性（セクシュアリティ）と人格の結びつきに対する積極的な評価を前提にしている。人にとって性が人格と深いところで結びついている事実を直視し、人の尊厳を尊重し保護するには、性を労働と同等に扱うのではなく、労働以上に篤く保護する必要があると考える立場である。これに対しては、性売買を「セックスワーク（性＝労働）」として社会的に承認すべきである、という「性＝労働」論からの批判がある。

「性＝労働」論の大前提は、性売買において行なわれる性行為を労働と等値することにある。その前提に立ったうえで、性売買を正統かつ合法的な職業・営業活動の一種に含めるべきことが求められる。すなわち、売買春においては買春客相手に「性的サービス」労働が提供され、ポルノグラフィにおいては性行為そのものが「演技」として行なわれるとみなし、前者は「サービス労働」の一種、後者は「女優（俳優）業」の一種とされる。

売買春・ポルノの性売買が、性行為を労働として行なう職業・営業活動である以上、第一に、それらは他のあらゆるサービス労働や俳優業と区別されるべきではなく、したがって第二に、政府が性売買を禁止することや、それに過度の規制を加えることは、職業・営業の自由に対する不当な侵害にあたり許されない、ということになる。さらに、売春や買春や関連業者の行為の非処罰化が要求されるにとどまらず、さらに進んでそれらの合法化が追求される。したがって、現行の売春防止法――それは売春や買春行為を違法化し、関連業者の諸行為を「売春を助長する行為」として処罰の対象にしている――の廃止が求められることになる。

他方で、「性＝労働」論は、児童労働が一般的に禁止されているように子どもの性売買も当然に否定されるとする。また脅迫や暴力や賃金不払い等は、あらゆる契約行為において違法とされているように性売買においても禁止されるべきだと説く(5)。

このような「性＝労働」論に対する最初でかつ最大の疑問は、売買春・ポルノにおいて「性的サービス」労働ないし「演技」行為が売買されている、という前提そのものにある。もし本当に売買春・ポルノにおいて「性的サービス」という労働ないし「演技」が売買されているのであれば、「性労働」市場において最も高く買われる人は、「性的サービス」または「演技」に最も熟達した人でなければならない。ところが、現実の「性労働」市場では、身体的・性的に成熟すらしておらず、性に関してほとんど無知な子どもが、性的な「サービス」を何ら提供することなく、あるいは性的な「演技」を行なうことなく、完全に受動的に、何もせずに横たえられ、性的使用に供されるままにされることで高額に取り引きされている。あまつさえ縛られ、拘束され、磔（はりつけ）にされ、まったく「サービス」も「演技」もできない状態に女性が置かれることに対して、金銭が支払われる。性売買では性的サービス労働や演技が売買されているとみなす「性＝労働」論は、このような事態を説明することができない。

「そういった状態に置かれ、性的使用に供されることがサービスや演技の内容なのだ」ということはできる。だがそれはいいかえると、虐待を受け入れることを「サービス」ないし「演技」と称して、金の力で強要することを

(5)「性＝労働」論については、田崎英明編著『売る身体・買う身体――セックスワーク論の射程』青弓社、一九九七年、宮台真司他『〈性の自己決定〉原論』紀伊國屋書店、一九九八年、松沢呉一＆スタジオ・ポット編『売る売らないはワタシが決める　売春肯定宣言』ポット出版、二〇〇〇年、水島希「セックスワーカーの運動――それでも現場はまわっている」姫岡とし子他編『労働のジェンダー化――ゆらぐ労働とアイデンティティ』平凡社、二〇〇五年、青山薫「『セックスワーカー』と『性奴隷』のはざまで暮らす、普通の女たち」『女性学』第一三号、二〇〇五年、等。

正統化することにほかならない[6]。虐待の売買行為のごときは、個人の尊厳と両性の平等、奴隷的拘束の禁止（一八条）を謳う憲法原理を頂点とする法秩序に反する違法行為との評価を、少なくとも免れえない。

いずれにしても、売買春・ポルノにおいて売買されるものをもっぱら性的「サービス労働」「演技」とみなすことで成立し、女性の身体の性的使用＝虐待に正統性を付与することを目指す「性＝労働」説は、前提においてすでに誤りであると評価せざるをえない。

現代の性売買営業において提供される性的「サービス」や「演技」の多くに、労働力の使用・消費という意味での労働を伴う多種多様な性行為が含まれることは事実である。しかし、そのなかには女性が従属的・奴隷的拘束状態に置かれることによって労働力の使用・消費という意味での労働の提供も、性的「サービス」の提供も、性的「演技」を行なうこともほとんどできないものもある。労働も「サービス」も「演技」も提供されなくても――むしろそれらを提供しない子どもや奴隷的拘束に対してより高額の――対価が支払われる事実からは、労働や性的「サービス」「演技」が売買されることが性売買の必要条件ではなく、その本質的要素でもないことがわかる。

性売買の現実をみれば、そこで常に売買されているのは労働でも性的「サービス」「演技」でもなく、それらに名を借りた、一定の範囲における、女性の身体の性的使用権である。業者に管理された売買春で買春者が購入する女性の身体の性的使用権や、プロダクションに管理されたポルノ「女優」をポルノ・メーカーが性的に使用する権利は、無制限ではなく、むしろ厳しくその内容を限定されているのが通常である。だが性差別社会にあり、かつ性差別社会の構成要素である売買春・ポルノにおいて、売買される女性の身体の性的使用権（sexual right to use women's bodies）は、女性の身体の性的濫用＝虐待権（sexual right to abuse women's bodies）と実態的に区別がつかない。

（6）角田由紀子の次の指摘も参照。「そもそも、そこ〔性産業〕で行われる行為は『労働』なのかという疑問がある。性産業では、子どもが幼いほど高い値段がつけられる実態に照らせば、それは『労働』ではなく、『虐待行為』と見るほうが正しい。大人の場合も同じことがいえる」角田由紀子「売買春と女性の人権を法律はどのように扱っているか」『ジェンダーと法』第二号、二〇〇五年、八二頁。

第2部

深刻化するポルノ被害

第4章　ポルノ被害とは何か

ポルノグラフィをなぜ法的問題にしなければならないか。それは、ポルノグラフィが現実に、法によって保護された諸個人の権利利益の侵害を広範かつ具体的に生じさせているからである。一般には、ポルノグラフィには被害者がいないといわれてきた。刑法の「わいせつ物頒布罪」は、「被害者なき犯罪」などともいわれる。しかし、ポルノグラフィは、その中いる女性と外にいる女性の両方に、深刻な被害をもたらしている事実がある。その具体例をみる前に、ポルノ被害の全体像をつかんでおきたい。

1　ポルノ被害の類型

ポルノグラフィにはこれまで、「わいせつ」という筋違いな定義が付与され、社会の健全な性道徳や性秩序の維持という観点から法規制が行なわれてきた。そこでは、個人的な法益としては、せいぜい意図せずそれを目にする者の「不快感（offense）」が考えられているだけであり、より明確な権利の侵害という意味での「被害（harm）」は考えられてこなかった。しかし、現実には、ポルノグラフィの内と外で深刻な被害（権利侵害）が生じている。

では、ポルノグラフィの被害とは何か。それには、三つの類型が考えられる。すなわち、⑴ポルノグラフィの中の女性が受ける被害（ポルノ制作過程で生じるため「制作被害」）、⑵ポルノグラフィの外の女性が受ける被害（ポル

【表１】ポルノ被害の類型

(1)ポルノグラフィの中の女性が受ける被害	制作被害	個人的被害	一次被害
(2)ポルノグラフィの外の女性が受ける被害	消費被害		二次被害
(3)ジェンダーとしての女性が集団として受ける被害	—	集団的被害	社会的被害

ノ消費の結果生じるため「消費被害」)、(3)ジェンダーとしての女性が集団として受ける被害、の三類型である。

ポルノグラフィの制作被害とは、出演者を強制や脅迫、欺罔によってポルノグラフィに出演させたり、演技させたりすることによる被害である。ポルノグラフィの消費被害とは、男性の性的支配と女性の性的従属を性的快楽にするポルノグラフィを継続的・反復的に使用した結果、セクシュアリティや女性観がポルノグラフィの中のそれと一体化した男性によって、ポルノグラフィの外にいる女性が受ける性暴力被害のことである。ジェンダーとしての女性が受ける被害とは、ポルノグラフィが社会に蔓延する結果生じる集団としての女性に対する蔑視、地位の低下(二級市民化)である。

2　制作被害

「ポルノグラフィの最初の被害は、ポルノグラフィの中にいる人々である」[1]。このようにいわれるとき、「ポルノグラフィ」の意味は、定義のところで述べた第三の意味でいわれていることに注意してほしいが、単純にポルノグラフィに出ているすべての女性がその意に反して出演や演技を強制されているといわれているのではない。しかし、一般に市販されているポルノグラフィにさえ、女性が組織的・系統的に騙され、脅迫され、暴行され、虐待されて制作され、それが性的娯楽品として男性に提供されている事例が含まれている事実がある。

ポルノグラフィの制作被害には、次の五つのパターンが考えられる。

①出演者が略取誘拐されて制作される場合
②出演者は加害者と性行為をすることには同意したが、ポルノ撮影には同意していないにもかかわらず撮影される場合
③出演者はポルノ以外の撮影に同意したにもかかわらず、強制的にポルノ撮影が行なわれる場合
④出演者はポルノ出演に同意したものの、撮影現場で同意を超えた性行為等を強制される場合
⑤第三者から盗撮される場合

①は、いかなる正当化も不可能な凶悪な犯罪行為であるため、犯罪行為が露見しないよう被害者には完全な口封じが行なわれる。最悪の場合、被害者は殺されるであろう。身元不明の女性の遺体が発見されたという記事が新聞の片隅に掲載されることがあるが、殺される以前にその女性を使ってポルノ撮影が行なわれていないと信じる合理的理由はない。

②は、買春現場で行なわれることが多い。「関西援交」シリーズでは、性行為には応じたが、撮影されることを知らなかった被害者もいた。また、販売目的ではなく個人使用目的で買春者が強制撮影した場合には、有名な「池袋事件」があるし、「援助交際」に同意した女子中学生が手錠をかけられる等の扱いを受けたため移動中の車から飛び降りて中国自動車道で後続車に轢殺された事件がそうであった（もっとも個人使用目的のものが後に販売がされない保証はない）。また、②の被害は、買春のケース以外にも、夫婦や恋人間等においても生じる。夫や恋人が強制的に、あるいは密かに妻・恋人との性行為を撮影する場合である。

（1）キャサリン・マッキノン＆アンドレア・ドウォーキン（中里見博・森田成也訳）『ポルノグラフィと性差別』青木書店、二〇〇二年、五八頁、二二八頁。

【資料1】被害者の元恋人の話

直前にお財布を落として困っていた彼女は、看護師の格好をして写真を撮るバイトを紹介されました。どこかのマンションの一室に連れて行かれた。男は、部屋に入ると、「写真じゃなくてアダルトビデオを撮る」と言い出す。そして突然、どこかに潜んでいたたくさんの男たちが現れたんです。最初は、「顔は撮らないから」などとなだめたりすかしたりする。それでも彼女が絶対いやだと言うと、鼠蹊部（腿の付け根）にナイフをあてて「これで切ったらどうなると思うんだ」と脅し、「言うことをきかなければ殺す」という状況まで追いつめるんです。彼女は、「殺される、という恐怖を味わったことがある？その恐怖感は口では言えない」と何度も何度も言っていました。それで逃げられなかった。

〔そして〕午後五時くらいから夜一一時くらいまで数時間にわたって暴行されたんです。縛られて何人もの男に強かんされて、排泄行為をさせられて、肛門にも手を入れられてものすごい悲鳴をあげたそうです。解放するときには、「今日のことを誰かに話したら、今日の写真をお前の職場に撒く」と脅して、一〇万円くらい払ったそうです。それを彼女は一応受け取ったけれど、「怖ろしいから捨てて帰ってきた」と言っていました。どう言えば女性がどういう行動を取るかを知り尽くしているんです。本当に卑怯だ。

被害直後の彼女は、見た目には静かでした（が）、本人は興奮していて何日も眠れない状態でした。そして事件から三ヵ月くらい経ってからだんだんと精神状態がひどくなって、行動も明らかにおかしくなってきました。お酒も尋常ではない量を飲み、過食症にもなり、精神安定剤を飲んでもぜんぜん効果なし。話をしていると、突然目つきが変わって、「あなたもあの人たちと同じよ」と言い出したり。そんな状態の人間をそれまで見たことがなかったから本当に怖ろしかった。半年後、病院の精神科に入院しました。入院中、鼠蹊部を自分で切り、「あのとき、殺される恐怖感で言いなりになってしまったけど、いまとなっては死んでしまった方がよかった」と言っていました。

僕は本当は警察につれていきたかったんです。本人も初めは「警察に行ったほうがいいかな」と言っていたのに、日に日に恐怖感が募るのか、もうあんな人たちとかかわりたくないと〔言って〕どうしても嫌がったから、告発できませんでした。僕はどういう人間が、どういう目的でこんなことをしたのかはっきりさせたかった。ビデオもさんざん探しましたが、わからないままです。どう考えても手口がプロだし、本人が知らないうちに撮影して売るという話は結構聞くから、きっとどこかで流通しているんでしょうね。

ビデオというのは、撮って公開することで犯罪性が隠蔽されてしまう。見るほうは、「本当にこんなひどいことをするわけないからきっとこれは演技なんだろう」と思うわけで、そこを巧みに利用している。彼女みたいに本当にレイプされているところを撮ったビデオがアングラじゃなくて一般に売られている。被害者がいかにひどい傷を負い、それを修復するのにどれだけ時間がかかり、人生を大きく狂わせるか。当人だけでなく周囲の人の人生も狂わす。家族や友人や恋人も一緒にレイプされているようなもの。そういう犯罪が現実にこの日本で行なわれているということを知ってほしいと思います。

（出典：『週刊金曜日』五四五号、二〇〇五年二月一八日）

③の類型も、少なからず生じていると思われる。頻繁に生じているパターンは、水着や下着姿の撮影や制服・コスプレ撮影と称して騙して、撮影現場で暴行・脅迫によってポルノ撮影に切り替えるものである。『週刊金曜日』のポルノ被害特集記事「富を生む人権侵害　暴力ポルノ」に掲載された、ある被害者の元恋人による貴重な証言を右に引用しておく（引用は記事を半分程度に要約してある）。

④のパターンが、ポルノ産業内部の制作現場で最も頻繁に生じている被害であり、「暴力ポルノ」の典型的な制作方式である。そのきわめて深刻な実態は、次章で紹介するバッキービジュアルプランニング事件や「関西援交」シリーズ事件が雄弁に語っている。ポルノ業界では、意図的かつ組織的に女性を騙して暴行を加える手法が、一九九〇年代初頭に『女犯』シリーズで確立した（後述九五頁参照）。しかし、④の類型の被害は、それをいわば専門特化した『女犯』シリーズやバッキービジュアルプランニング社の撮影だけで生じているわけではない。そのほかのAV制作現場でも想像以上に頻発していると考えられる。たとえば、企画AVモデル二〇人へのインタビュー集では、二人の女性が明白な被害を受けた様が、次のように赤裸々に描写されている。[2]

白鳥あいは二回目のAV撮影の話をした途端、大粒の涙を溜め泣きだしてしまう。……彼女が思い出すだけで泣いてしまった問題の撮影は、シンプルSANOが監督する『口唇犯』（V&R）という作品である。脱ぎ以外NGの白鳥あいを騙して撮影現場に呼んで、暴行の挙げ句に強制フェラチオさせるという人権無視か人権蹂躙の酷い内容で、シンプルSANOは彼女のことを三〇発近く本気で殴り脅している。「悲惨だった。思い出したくもない。撮影のあと、三日くらい震えが止まらなくて、外に出れなかったのね。ホント誰とも話せなかった。前の事務所なんだけど、イメージビデオっていうのね。すぐに終わる楽な撮影だからって。そしたら

（2）中村淳彦『名前のない女たち』宝島社文庫、二〇〇四年、二八五～二八八頁、三四八～三五五頁。

ね……。変なボスみたいな人がね、殴るの。わたし絡みは絶対にヤラないって言ってたのに、男のモノをしゃぶれって……。顔が腫れるくらい何発も何発も殴ってきて。……」。白鳥あいは男優……に大声で恫喝され、小便まで飲まされている。シンプルSANOが文句を言いそうにない事務所と組んでという裏事情だろう。事務所はまったく金になりそうにないNGだらけの白鳥あいを騙し、捨てるつもりで送り込んだ。……「最後にね、ホント酷いことされて。男二人におしっこ飲まされたのね……。……男の人ばかりで恐かったし、我慢しなきゃよかったなぁ。警察にね、行ったのね。交番の前まで行ったの、訴えようと思って。けど友達にも親にも言ってないんだし、バレるのが恐くなって……。でもやっぱり訴えたい。仕返しをしたいっていうか、そういうことが許せない。騙して殴るなんて最低だよぉ……。あんな人たちがいっぱいいるってことは、私と同じ目に遭ってる女のコだって、いっぱいいるわけでしょ。なんでみんな訴えないの、信じられない」。

次に、もう一人の被害事例である。

「もうウンザリ！　辞めてやるから!!」……一昨日の撮影で、彼女〔麻保子〕は聞いていないプレイを強要され、怒っているようだった。……今までいくつか撮影は経験してきたけれど、朝から雰囲気がなんとなくシリアスで、重苦しい空気に嫌な予感がしていた。……取りあえず無事に終わった……と彼女が肩の力を抜いて、顔に付着した精液を拭おうとしたとき、監督がドカドカと近づいてきた。……男優の名前を呼んでいる。……呼ばれた男は仁王立ちになって……監督は威圧的に「小便を飲むんだよ……口を開けろ！」と、訳のわからないことを怒鳴っている。……信じられないほど不味い液体が、口の中に充満して、排泄物の毒素が全身に広がっていくようで気持ち悪かった。小便をした男は鬼のような目でビンタしてきて、「貴様、一滴ももらすんじゃねえぞ！」なんて怒鳴っている。……飲まないとまた殴られるだろうという恐怖心、まわりにいる何人もの鬼のような目をした男たちの視線に耐えられなくて、目をつむって息を止めて一気に飲んだ。……気持ち悪くて胃が痙攣して……トイレに駆け込んで、胃にあるものすべてを吐いた。……麻縄を持った男が現れ、全身をキツく縛ってくる。……激痛が走った。……誰も助けてくれない。激痛を訴えると喜び、我慢するとプレイが過剰になっていく。……パニック状態に陥っている麻保子は、天井に吊りあげられた。生涯で味わったことのない、精神と肉体がイカレてしまいそうな苦痛。……「やめてぇぇ〜！」と絶叫していた。声の続く限り何百回も叫んだら、陵辱は終わった。……もう拒絶する力もなく、逃げることしかできなかった。……太い手を思いっきり振り払って、トイレに籠城した。逃げるようにしてスタジオを出た。……指先が震えてきて、だんだんと全身が痙攣してくる。……苦痛で涙が出てきて、ずっと止まらなかった。

最初のケースは、「脱ぎ以外NG」という女性が、「イメージビデオ」との約束でのぞんだ撮影での被害であり、③の類型との境界事例である。これらの明白な被害事例のほかにも、テレビドラマ出演や写真集モデルと騙された例や、暴虐・拷問の限りを尽くされ必死に耐えたり、耐えきれず引退したりする事例が他に四例も登場する[3]。

これらの事例が収められた書物は、AVの制作被害を告発する意図をもって書かれたものではない。にもかかわらず、このような被害実態が現われた一つの大きな理由は、この書物の取材対象が「企画AVモデル」であったことである。同書「まえがき」が説明するように、企画AVモデルとは、「いわゆる単体AV女優と呼ばれるグラビアを単体で飾る女のコとは、別世界で生きている。名前さえ紹介されることなく、媒体の企画にあわせて女子校生、時には人妻に変身する彼女らは日当ギャラの契約などとは無縁の世界でセックスを売り歩き、現場から現場を駆けずり回る生活をしている[4]」。

（3）同前、二〇頁、一七六頁、三三二頁、四三五頁。

「暴力ポルノ」の制作のために被害を受ける女性のほとんどは、この「企画ＡＶモデル」と呼ばれる、無名で、権利を奪われた、使い捨ての女性たちである。ＡＶ業界の人権侵害を告発していた元男優Ｋ氏は、二〇〇〇年のインタビューで次のように話している。[5]

〔暴力的なＡＶ制作で有名な〕シネマジックとかＶ＆Ｒとかだと、事務所のほうも、そこに女優を出しちゃったらやめちゃう場合が多いんで、他全部出て、最後にまわして、他に出るところがなくなったら、そこに送り込まれることが多いんですよね。それで、「ＡＶ界の墓場」って言われている。

――「ＡＶ界の墓場」？

ええ、「ＡＶ界の墓場」。つまり、そこに出ると、もうそれで終わっちゃう。他のプロダクションだと、ＡＶ女優がちやほやされるところもあるんですよ。でも、シネマジックとかＶ＆Ｒに先に出したら女優生命がすぐに終わってしまって、プロダクションとしても儲けになんないんで、最後にそこにもっていくっていう。だからやくざっぽいですよね。

――そういうひどさというのは、どれくらい女優さん自身は知っているんでしょうか？

よく知らなかったりしますよね。

このやり取りから、モデルプロダクションから通称「つぶし女優」としてメーカーに紹介される女性が暴力ＡＶに使われていること、そしてＡＶ業界ではこの方法が遅くとも一九九〇年代末には確立されていたことがわかる。摘発されたバッキービジュアルプランニングが暴力ポルノ制作に使った女性も、まさにこの方法によるものであったことを、同社の監督の一人が法廷で大要次のように証言している。[6]

すなわち、『強制子宮破壊』シリーズ等の暴力ポルノに出演する女性として制作サイドがプロダクションに出す条件は、「ガチンコ」（ヤラセなしで過激であること）、「中出し」（女性の膣内で射精すること）、そして「女優がとんでしまう〔AV出演をやめてしまう〕可能性がある（がそれでもよい）」ことだったという。つまり撮影での想像を絶する虐待によって、女性が二度とAVに出演しない（できない）ことになるかもしれないが、それでもよい女性を出せ、ということである。さらにその証言によれば、プロダクションの方にも、「引退一ヵ月前にハードな仕事をさせる悪しき習慣」がある。なぜならプロダクションは「お金がほしいから」、つまり暴力ポルノの場合には、メーカーからプロダクションに破格のギャラが支払われるからである。[7]

そして重大なことは、バッキービジュアルプランニングは、プロダクションには「ハードな内容」であることを知らせるが（しかし「水責め」などの具体的な虐待方法については知らせていないという）、虐待を受ける当の女性への説明はすべてプロダクションに任せていた、ということである。プロダクションとしては、詳しい説明をして女性に出演を拒否されれば儲ける機会を失うわけであるから、女性への説明が不十分となることは自明であろう。このようにして、暴力ポルノの被害者は、メーカーとプロダクションの共犯関係によって、意図的かつ組織的に生み出され続けているのである。

（4）同前、「まえがき」。
（5）「元AV男優K氏へのインタビュー」ポルノ・買春問題研究会『映像と暴力——アダルトビデオと人権をめぐって』（同「論文・資料集」第二号）二〇〇一年、一一四頁。
（6）強姦致傷、傷害の罪に問われた『強制子宮破壊』シリーズのプロデューサー濱田太平洋およびバッキービジュアルプランニング会長栗山龍両被告人の裁判における中村件臣被告人に対する証人尋問（二〇〇六年九月一一日東京地裁）。
（7）あるAVライターの証言によると、通常企画AVモデルのギャラは三〜三〇万円だが、暴力ポルノの場合は一〇〇万円が支払われ、そのうち八〇万円がモデルプロダクションに入るという。ポルノ・買春問題研究会「論文・資料集」第七号、二〇〇七年。

それでは、このような明白な犯罪である暴力ポルノ撮影がなぜこれまで刑事裁判に発展しなかったのであろうか。[8]「あんな人たちがいっぱいいるってことは、私と同じ目に遭ってる女のコだって、いっぱいいるわけでしょ。なんでみんな訴えないの、信じられない」という被害者の談を先に引用した。被害者が訴え（られ）ない最大の理由は、暴力被害そのものにあるだろう。元男優K氏は、SMポルノの虐待者が「半端な虐待だと告訴されかねないから、もう本人が怖くて告訴できなくなるまで虐待やるって……言っていたんですよね」[9]と伝える。

そのような残虐な暴行・虐待を組織的に遂行する集団に歯向かったときの報復への恐怖。そして、虐待被害による心身の衰弱も激しいに違いない。現に撮影によって再起不能に陥らされた被害者がいることを、摘発されたバッキービジュアルプランニングの関係者が示唆している（一〇七頁）。また、撮影そのものには同意したという負い目もあろうし、ギャラを受け取ったことも不利に働くだろう。何よりも、自分が性的に虐待されているところの実録映像が、きれいにパッケージされ商品として全国に売り出され、多くの男性たちに性的娯楽として愉しまれているという事実、そこからくる無力感、孤立感があるだろう。これこそが、〝ポルノグラフィの蔓延が女性を沈黙させる〟といわれることの一つの重要な意味である。性犯罪が娯楽として消費されている社会で、性犯罪を娯楽として消費している側にいる人々が法を執行する地位（警察官等）に就いているときに、性犯罪被害者が被害を申告することはきわめて困難である。

そして、先の被害者自身、交番の前まで行きながら、「友達にも親にも言ってないんだし、バレるのが恐くなって」、被害の申告を断念している。業界の確信犯グループは、そういった女性の不利な立場に付け込むだけ付け込む。暴力AV監督バクシーシ山下は、女性の弱みを逆手にとって、「AVギャルたちは……一人の人間として認めてほしくなんかないのだ」「自分の『人権』なんて必要ないと思っている。……自分の『人権』を心配してくれるのは大きなお世話でしかない」と暴論を吐き、自分たちの行なう人権侵害行為を何としても正当化しようと試みている。[10]

最後に、⑤の第三者による盗撮がある。この例としては、ラブホテルなどに盗撮カメラが仕掛けられ、客の性行為が盗撮されて販売される場合がある。暴行や脅迫といった手段は伴わないものの、これもまた、出演者の同意なくしてポルノグラフィが制作される制作被害の一類型である。(11)

3 消費被害

ポルノグラフィの消費被害については、ポルノ・買春問題研究会が二〇〇二年に行なった「ポルノに関連した被害についてのアンケート」調査がその実態の一端を伝えるため、この調査結果をデータとして使用する。(12) また、ポルノグラフィの消費被害については、必ずポルノの消費・使用と性犯罪・性暴力の「因果関係」が問題とされるため、その点について検討する。

---

(8) 被害者による告訴がまったくなかったわけではないようである。「元AV男優K氏へのインタビュー」前掲注(5)、一〇八頁で、『水戸拷問』(V&Rプランニング、一九九二年)の撮影で平野勝之監督が被害者に告訴されたとされている。

(9) 同前、一一八頁。

(10) バクシーシ山下「AVギャルは人権なんて欲しくない」『Ronza』一九九七年二月号、一一六頁。このような暴論を無批判に掲載する「朝日新聞系メディア」の記事を引き、「朝日新聞の体質的な問題もあるのだろうか」と指摘するものに、浅野千恵「暴力的アダルトビデオをめぐる日本の現状」ポルノ・買春問題研究会『映像と暴力』前掲注(5)、一三頁。

(11) 盗撮の現状について詳しくは、ポルノ・買春問題研究会『ポルノ被害としての盗撮』(同「論文・資料集」第六号)二〇〇五年参照。

(12) ポルノ・買春問題研究会『ポルノ被害の実態と分析――「ポルノに関連した被害についてのアンケート」』(同「論文・資料集」第四号)二〇〇三年参照。

（1）「ポルノに関連した被害についてのアンケート」調査結果

まず「ポルノに関連した被害についてのアンケート」調査であるが、その調査対象は、全国の女性弁護士（一部男性含む）、婦人相談員、フェミニスト・カウンセラーの約二五〇〇人であり、三二一人から回答を得た。ポルノ被害について相談を受けたことがあると答えたのは、一六七人（五四％）、相談件数では延べ二四六件であった。そして、研究会が想定した八つの被害類型すべてについて、専門機関への被害相談があることがわかった。被害の八つの類型とは次のものである。

①ポルノ視聴の強制：夫や恋人、友人、上司などから、見たくないポルノグラフィを見せられること
②ポルノ模倣行為の強要：夫や恋人などから、ポルノグラフィに描かれているような性的行為を強要されること
③ポルノ・コラージュ：本人と特定できる顔ないし身体の一部、名前や特徴が、ポルノ画像と結合され、またはポルノ描写（文書を含む）に使用され、第三者に公表されること
④盗撮・裸体写真のポルノ利用：自分の性行為あるいは裸体を撮影ないし盗撮され、意に反してポルノ映像として利用されること
⑤スカウト：街頭などでアダルトビデオ・雑誌などのモデルに執拗にスカウトされ、不愉快な気持ちや恐怖心を抱かされること
⑥強制・だましによる出演：暴力や脅迫を受けたり、だまされたりして、ポルノグラフィへ出演させられること
⑦契約外の行為の強制：ポルノグラフィの撮影時に、契約にない行為や望まない行為を強制されること
⑧ポルノに影響を受けた性犯罪：ポルノグラフィが引き金になったり、ポルノグラフィに影響されたりした性犯罪を受けること

【グラフ1】ポルノ被害の種類と件数

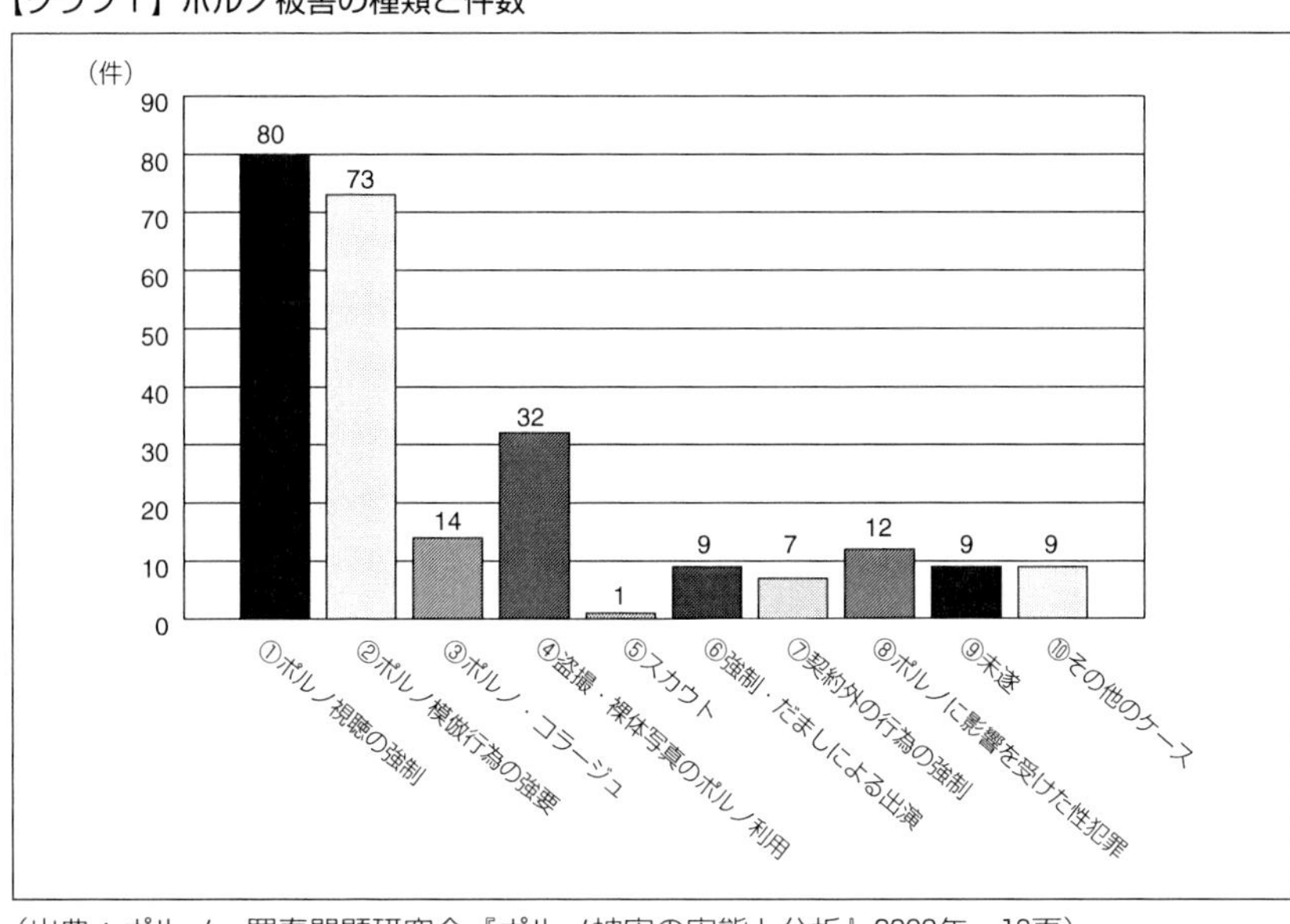

（出典：ポルノ・買春問題研究会『ポルノ被害の実態と分析』2003年、18頁）

「アンケート調査」が想定した以上の八つのポルノ被害のうち、「ポルノ視聴の強制」「ポルノ模倣行為の強要」「ポルノに影響を受けた性犯罪」の三つが、ポルノグラフィの消費被害に該当する。後二者の境界は、厳密にいえばあいまいであるが、「ポルノ模倣行為の強要」は主に夫婦や恋人や親子などの親密な関係における被害が、「ポルノに影響を受けた性犯罪」は夫や恋人や親に限らず広く会社の上司や教師、まったくの他人による被害が想定されていた。

さて、被害事例二四六件の過半数（六二・二％）を占めたのが、「ポルノ視聴の強制」と「ポルノ模倣行為の強要」であった。しかも、これらの行為の加害者は圧倒的に夫や恋人で、被害者はその妻や恋人であった。すなわち「ポルノ視聴の強制」では八三・四％、「ポルノ模倣行為の強要」では七五％が夫婦ないし恋人間で生じていた。また、父娘の間でも生じており、「視聴の強制」の被害者の三・三％、「ポルノと同じ行為の強制」の三・七％が子どもであった。ＤＶや子ども虐待の手段として、加害者がポルノグラフィを使用していることがわかる。ＤＶの被害調査には必ず「見たくないポルノを見せられる」といった項目があるが、それをポルノ被害という観点からとらえなおしたことになる。

「ポルノ模倣行為の強要」の被害において、妻や恋人、子どもにどのような性行為が強制されているかをアンケートの記述から記せば、それは次のような行為である。[13]

「SM行為」「縛られて強姦」「ビデオと同様、両手を縛られたり、いやがると、殴られたりしてアザを作ることもある」「革ベルトでたたかれる」「木製ペニスを挿入され、そこを蹴られる」「こぶしの挿入」「顔面への射精」「外を裸で歩くように強要」「夫の目の前で尿をする行動を強要」「『ミルクかけごはん』と称して、ごはんに精液をかけてかきまぜたものを食べるよう強要」「複数の男性との性行為の強要」等

すぐに気づくことは、これらの暴力的虐待的性行為のすべてが、まさに市販されているポルノグラフィの主要なテーマ・内容にほかならないことである。とくに注目されるのが、とりわけ「異常」「非日常的」と思われるであろう行為――「こぶしの挿入」「顔面への射精」「外を裸で歩くように強要」「夫の目の前で尿をする行動を強要」「ごはんに精液をかけてかきまぜたものを食べるよう強要」――ほど、ポルノグラフィの中では陳腐であること、その意味で「正常」「現実」にほかならないことである。これらの内容が当然のように行なわれるポルノグラフィを使用・消費＝全身で肯定した男性が、生身の女性にもやってみたいと思ったとき、自分が性的に支配していると考える妻や恋人や子どもに行なっているのである。

「ポルノに影響を受けた性犯罪」も一二件明らかになった。具体的な被害は次のようなものである。[14]

「モデル（二一歳）が、モデル会社の社長から裸体の撮影を迫られたり、胸をさわられる」「強制わいせつ致

傷。父と入浴中、父の性器をにぎる、なめる、足を開いてポーズをとる等の行為を強制され、性器に父の指を入れられた（子ども〔四歳〕の話ではっきりしないが、強姦未遂の可能性あり）」「性交時の写真をバラまくと脅され交際を続行させられ、性行為を強要された」「成人男性と高校生と思われる少女が性交しているビデオを視聴させられた上で、ビデオの少女の真似（裸でベッドの上で両足を開いてポーズをつくってみせる。自分の指や物を性器に入れて声をあげてみせる）をさせられた（被害者一二歳、加害者：父親）」「殺人ポルノなどの残虐なポルノを視聴させられた上で、強姦され、致傷（被害者三六歳、加害者：同居人）」「抗拒不能にされて強姦およびわいせつ行為をされた（被害者一八歳、加害者：職場の上司または学校の教師）」等

被害者と加害者の関係は、夫婦、親子関係を含む多岐にわたった。また、加害者が「ポルノの影響を受けていた」ことを被害者が知った理由（複数回答可）であるが、「ポルノを直接見せられたから」が一二件中七件あった。また「ポルノの内容をまねるようはっきり要求されたから」が六件、「加害者が日ごろからポルノを愛好しているのを知っていたから」が四件であり、そのほかに「ポルノの内容の話を聞かされたから」「あとで警察やマスコミ報道で知ったから」が二件ずつであった。[15]

（2）ポルノグラフィと性犯罪の「因果関係」

以上、「ポルノに関連した被害についてのアンケート」調査に現われた三つのタイプの消費被害の実例を紹介し

（13）同前、二二頁、三〇頁。
（14）同前、四八頁。
（15）同前、五〇頁。

できた。「ポルノ視聴の強制」「ポルノ模倣行為の強要」においてはポルノグラフィと性暴力の直接的関係性は自明であるが、三つ目の「ポルノに影響を受けた性犯罪」においても、被害者は、加害者が特定しうるポルノグラフィの非常に直接的な影響を受けて性犯罪行為を行なったことを明確につかんでいた。つまり、上記の三つのタイプの消費被害では、いずれもポルノグラフィが直接的な原因となって女性や子どもに性的被害が生じていた。これらの例においては、ポルノグラフィの使用・消費と性犯罪・性暴力の「因果関係」の存在は明らかであるといえる。

しかし、ポルノグラフィの消費被害をめぐっては、必ず、ある男性がポルノグラフィを買って見たり読んだりすることと、その男性が性犯罪を犯すこととの間の一般的な「因果関係」が「科学的」に証明されていない、という批判が出される。この批判の立場に立てば、上記の少なくない事例も、「たまたま」生じたにすぎない事例、偶然的ないし特殊的な挿話的出来事であって、そのことからポルノを見たり読んだりすることと性犯罪の実行の間の一般的な因果関係を推定することはできない、といわれるであろう。だがこの批判には、ポルノグラフィの「購読」「性犯罪」「因果関係」のそれぞれをめぐって問題がある。

（i）ポルノグラフィの「購読」と「使用」の本質的相違

本書は、ポルノグラフィを「使用」するとか「消費」するという、一般的にはあまりされないいい方をしているが、それには理由がある。

通常ポルノグラフィは「見る」とか「読む」といわれるが、それは、偉大な文学作品の中の露骨な性描写についてはあてはまっても、今日の主流のポルノグラフィの使われ方の実態には適合しない。すでに「男性の社会化とポルノ使用」で述べたように、ポルノグラフィを「見る」「読む」という表現は婉曲表現、さらにいえば現実隠蔽の虚偽表現である。ポルノ消費者である男性は、ポルノ映像を見ながら自慰行為――それも歴とした一つの性行為である――をするために金を払うのである。

したがってまた、文学作品を読むことをイメージしてポルノグラフィを「見る」「読む」ことと、あらゆるタイプの男性が、自慰行為を目的にしてポルノグラフィを「使用」することには大きな違いがある。前者には、読者の側に批判的・批評的な態度や視点が伴うことが多い。しかし、後者の自慰行為を目的としたポルノ使用においては、通常批判や批評の態度・視点はまったくない。そこにあるのは、ポルノグラフィの中に描かれた性行為（そこでのジェンダー化された男・女のあり方や関係）を、精神的、身体的、生理的作用の全体をつうじて肯定し、欲望することである。ポルノグラフィの内容は、性的快感と生理的反応をつうじて全身で肯定されることによって、その男性に文字どおり身体化され、血肉化される。

この事実を踏まえたうえで、なお一部の論者のいうように、「ポルノグラフィの使用が性犯罪を減らす」というとしたら、その論者はこういわねばならない。ドメスティック・バイオレンスを減らしたければ、妻を殴り、虐待し、拷問することを娯楽に仕立てる本やビデオや映画を社会に大量に流通させ、世の夫全員が妻の虐待映像を自らの身体的・心理的快楽として消費するようにすればよい、と。また子ども虐待を減らしたければ、子ども虐待を娯楽にする商品を社会に溢れさせて親がそれを好んで使うようにし、外国人差別をなくしたければ、当該外国人を拷問するビデオを人々の楽しみにすればよい、と。「ポルノグラフィの使用が性犯罪を減らす」という議論が、いかに逆立ちした議論かがわかるはずである。

実際には、だれであれ、一方でポルノグラフィを性的快楽として全身で肯定しながら、他方でそれを両性の平等に反する等の理由で否定することは非常に難しい。そして、ポルノグラフィの使用をつうじて身体化され生理化されたセクシュアリティや女性観が、生身の女性との性関係においてまったく現われないと考えることも、非常に困難である。

（ii）「性犯罪」概念の狭さ

ポルノグラフィと性犯罪の因果関係を否定する主張は、ポルノグラフィの購読者・流通部数と性犯罪の発生件数とのアンバランスを指摘する。強かん・強制わいせつの警察の年間認知件数は一万一〇〇〇件程度である（二〇〇五年度は一万八二七件）。警察に申告する被害者は一〇人に一人程度とされているので、暗数を含めても推定で約一〇万件である。しかしポルノグラフィは、雑誌・ビデオ・ゲーム・映画・本・アニメ・写真集という媒体で無数に流通しており、すでに指摘したようにインターネット上にはすでに三億ページのポルノサイトがあり、毎日三〇万ページずつ（一年で約一億ページ）が増殖しているという。[16] ポルノグラフィが性犯罪を誘発するならば、明らかに性犯罪の発生件数が少なすぎるのである。

だがこの議論は、「性犯罪」概念が強かん・強制わいせつに限定されているという不十分さがある。もし「性犯罪」に公然わいせつ、痴漢行為、セクシュアル・ハラスメント等を含めると、件数は数倍になるであろう。しかし、それでもまだ不十分である。そこには通常、妻や恋人、さらには子どもへの性暴力・虐待が含まれていないからである。

夫から身体的暴力を受けている女性は、数百万人の規模で存在する。専門家によれば、DVにおける身体的暴力は、ほとんどの場合に性的暴力を伴うという。だが、はたして夫から受ける性暴力（強制的性行為）を警察に届ける女性がどれだけいるであろうか。父親や大人、年長者による子どもの性虐待にいたっては、どれくらいの数で生じているかほとんど把握できていない。[17]

ポルノグラフィに影響されて女性に一方的に性行為を強制したいと思った男性は、一般にそれをどのような手段で、だれを対象に行なうであろうか。見ず知らずの女性を夜道で襲って行なうというのはまったく非現実的である（いわゆる「強かん神話」）。男性は、自らの行為が発覚して咎められたり警察に届けられたりするのを恐れて、可能なかぎり他人に知られない方法・相手を選ぶにちがいない。その点、子どもは最も都合のよい標的にされるであろう。次に、恋人、妻である。さらには、自分の権力下にある生徒や部下の女性を脅して行なうであろう。そのいずれも不可能な場合は、売買春の中にいる女性を使うであろう[18]。

しかし、以上のいずれも、一般的に強かん・強制わいせつを想定して「ポルノグラフィと性犯罪の因果関係」が議論されているときの「性犯罪」には含まれていないのである。もしもこれらすべての性暴力が「性犯罪」に含まれたなら、そしてそれらの性暴力とポルノグラフィの使用との関係が明らかにされたなら、ポルノグラフィと性犯罪の因果関係論はすっかり書き換えられることになるであろう。

(iii) 原子論的「因果関係」論の問題性

ポルノ消費と性暴力の関係性を否定する立場の想定する「ポルノグラフィと性暴力の間の因果関係」なるものは、いかなるものであろうか。それは、①あるポルノグラフィの消費者すべてが性暴力を実行に移すこと、②そのポルノグラフィを消費したことが、その性暴力の唯一の原因となっていること、という二点を暗黙に想定しているかのようである。その二点が同時に、あるいは少なくとも一方が証明されなければ、ポルノ消費とその後に続く性暴力

(16)『北海道新聞』二〇〇四年一一月二六日夕刊。
(17) 神奈川県中央児童相談所が二〇〇〇年から二〇〇三年に行なった調査では、「相談を受けた子どもへの性虐待〔三六件〕の六割もが父親からという現実が顕在化した」。また全国八ヵ所の児童相談所が二〇〇一年に扱った一六六件の性虐待事例のうち四一・六%が父親によるものだったという。柴田朋「メディアと司法のタブー　実父による娘への性虐待」『週刊金曜日』六一九号、一九頁、二〇〇六年八月二五日。
(18) その意味で売買春の中にいる女性が男性の性的侵犯のはけ口として利用されていることは事実であろう。しかし売買春を利用する男性は性差別意識と暴力的セクシュアリティをいっそうエスカレートさせ、売買春の外にいる女性に対しても性暴力的になる結果、売買春の存在は決して性暴力の緩衝材に止まることなく、その促進・拡大要因でもある。

との間に「因果関係」はない、そして「因果関係」が存在しない以上、**ポルノグラフィは存続しなければならない**、というように。

しかし、この原因－結果関係論はあまりにも厳格にすぎる。上記のような因果関係が立証されれば、そのような商品・製造物を社会に流通させることは危険すぎるため直ちに禁止されるであろうが、現在の公害責任や製造物責任はそのように厳密な原因と結果（損害）の関係性の立証を要求していない。ポルノグラフィという「製品」は「表現」にかかわることだからという一点だけでは、そのように厳格な因果関係の要求を正当化できないであろう。

また機械論的で原子論的な因果関係論は、ポルノグラフィに影響を受けた性犯罪・暴力の、集合的で文脈依存的な発生法則を説明するのに不適切である。この点をキャサリン・マッキノンは次のように指摘する。

> 個人単位にされた、原子論的な、直線的な、孤立した、直接的不法行為を問題にするときのような――ひとことで言えば実証主義的な――被害のとらえ方の問題点は、ポルノグラフィが女性を虐待や差別のターゲットとして扱い定義するときに起こるのはそのようなことではない、ということにある。それは個々人を傷つけるのだが、一度に一人を傷つけるという意味での個人としてではなく、「女性」という集団の一員として傷つけるのだ。被害は、他の女性ではなく、一人の個人としての女性に対して引き起こされるのだが、本質的にルーレットで特定のナンバーが決められるようなやり方で、その女性に引き起こされる。女性としての集団的な基盤の上でその女性が選ばれるプロセスは、完全に選択的であり、かつシステマティックである。その因果関係は、本質的に、集合的、全体的、文脈依存的だ。原子論的な直線的因果関係を被害の必須条件であると改めて主張すること、つまりそのような因果関係論からみて被害を受けたといえるのでなければ被害を受けたことにならないとすることは、先に述べたような特別な種類の被害の本質に応えるのを拒否することにほかならない。[19]

アメリカでは、一九七〇年代末から、ポルノグラフィが消費者に与える影響についての膨大な研究が蓄積されている。その研究には、①被験者を用いた実験研究、②性犯罪加害者の聞き取り、③サバイバー（性暴力被害者）の証言・体験談、がある。

①の実験研究の結論は、概ね次のようなものである。すなわち、暴力的なポルノグラフィの視聴によって視聴者は、女性への攻撃的な態度の増大を引き起こす。女性への攻撃的態度は、女性への性的暴力行為の増大を引き起こす。一九八六年の「ポルノグラフィに関する司法長官委員会」の最終報告書は、アメリカで盛んな臨床的・実験的実証研究を網羅的に検証した結果、よりはっきりと次のように結論づけた。「本委員会は、全員一致でかつ確信をもって次のような結論に達した。すなわち、入手可能な証拠によれば、ここで述べたきたような性的に暴力的なポルノグラフィに相当程度晒されることと、反社会的な性的暴力行為との間に因果関係が存在し、また一部の人々が性犯罪を引き起こすことと因果関係が存在するという仮説を強く支持している、ということである」[20]。

③のサバイバーの証言は、第3部で紹介する反ポルノグラフィ公民権条例の制定過程で開催された公聴会において、初めて公的に聴かれた。性暴力被害のサバイバーが多数、自分の受けた性暴力とポルノグラフィとの関係について証言したのである[21]。日本でも、これまで紹介してきたポルノ・買春問題研究会による「アンケート調査」によって、間接的にではあるが、ポルノの消費被害を受けたサバイバーの証言が明らかになった。実験的証拠や既存

(19) キャサリン・マッキノン（奥田暁子他訳）『フェミニズムと表現の自由』明石書店、一九九三年、二六二～二六三頁。
(20) *Final Report of the Attorney General's Commission on Pornography*, Rutledge Hill Press, 1986, p.40.
(21) Catharine MacKinnon & Andrea Dworkin, *In Harm's Way: The Pornography Civil Rights Hearings*, Harvard University Press, 1997. これは、ミネアポリス、インディアナポリス、ロサンジェルス、マサチューセッツ州で行なわれた公聴会での証言の記録である。

研究は、女性への暴力を性的娯楽にするポルノグラフィが、その一定のユーザーによる性暴力を生じさせることを認めている。そしてポルノグラフィの使用・消費が直接的な原因となった性犯罪・性暴力のサバイバーの証言が、多数存在している。問題は、ポルノグラフィが性暴力の原因となっているかどうかではなく、なぜそれを認めることに抵抗が生じるのか、である。

現実には、社会で生じるあらゆる女性に対する性暴力の加害者は、ポルノグラフィの影響を多かれ少なかれ受けている。ほとんどすべての男性は少年のころからポルノグラフィを継続的に使用しながらセクシュアリティを形成し、女性観を育み、社会化する（これは疑いようもない事実だ。そうでなければ売れない商品があらゆるところに流通しているという資本主義の経済法則に反する事態が生じていることになる）。しかし一般的に男性は、ポルノグラフィの影響を非常に強く深く受けすぎているため、自分のセクシュアリティがポルノグラフィによって形成されていることに自覚すら失っている。そして逆にポルノグラフィによってつくられたセクシュアリティを「自然」なものと錯覚し、「自然」なセクシュアリティの反映としてポルノグラフィが存在すると考える。「自然」なセクシュアリティの反映である以上、ポルノグラフィが悪であるはずがない。なぜなら、ポルノグラフィを悪とすることは、セクシュアリティの「自然」を悪とすることにほかならないからである。

また、ほとんどの女性はポルノグラフィを視聴せず、社会にポルノグラフィが蔓延している事実を知っているにもかかわらず、自分の家族や友人、ましてや夫や恋人がポルノグラフィの日常的ユーザーであるとはなかなか信じることができない（実際多くの男性は家族や妻や恋人に隠れてポルノグラフィを使用する）。そのため、やはり男性に対するポルノグラフィの影響を軽視しがちである。仮に夫や恋人からポルノグラフィを使った性暴力を受けても、今度は逆に夫や恋人を特殊な存在とみなして、しばしば「合理化」することが生じてしまう。

ポルノ使用と性暴力の関係を認めることに抵抗が生じる最大の理由は、しかし、現に男性の大多数がポルノグラフィを快楽として使用しており、ポルノグラフィを必要としていること、そしてそのような男性たちが社会に流通させることのできる言語を支配しているからではないか――マスメディアや研究機関、法・政策決定機関、法執行機関の大部分を男性が占めることによって。そうだとするなら、ポルノグラフィの被害を認めさせることは、時間が経過すれば自然に達成されるようなものではなく、必然的に「知」をめぐるヘゲモニー闘争、すなわち言説による／言説をめぐる政治闘争になるであろう。

第5章 二つの凶悪事件

本章では、ポルノグラフィによる被害（制作被害）の具体的な実例として、近年発生した二つの凶悪な性犯罪事件を紹介する。

1 バッキービジュアルプランニング事件

二〇〇四年一二月、「バッキービジュアルプランニング事件」が発覚した。強かんの実録、つまり犯罪を犯してアダルトビデオ（AV）を制作したと自ら宣伝する、暴力ポルノ制作・販売会社のバッキービジュアルプランニングが警察に摘発されたのである[1]。

逮捕された関係者八人の容疑は「強制わいせつ致傷」で、『セックスオンザドラッグ』というアダルトビデオの撮影のさい、出演女性に成分不明の白い粉末を吸わせ、意識が朦朧とした女性を撮影関係者が押さえつけてわいせ

（1） ポルノ・買春問題研究会「暴力AVの何が裁かれるのか」同『ポルノ被害としての盗撮』（同「論文・資料集」第六号）二〇〇五年が、同事件の経過を簡潔に伝える。以下の記述の多くをこの文献に負い、一部記述が重なるところもある。

つ行為を繰り返し、そのうえ肛門に浣腸器具を挿入して破裂させ、女性に全治四ヵ月の重傷を負わせた疑いであった。結局この逮捕では容疑者は起訴されず、処分保留で釈放された。しかし、この逮捕が週刊誌等でセンセーショナルに取り上げられたため、それまで主に業界関係者や暴力ポルノ・ユーザーのみが知るバッキービジュアルプランニングの問題が、多くの人の知るところとなった。

それから約三ヵ月後、再び同社の関係者が別のアダルトビデオの撮影に関して逮捕された。今度は、同社のAV『水地獄一丁目』の撮影で、被害女性が「水責め」と呼ばれる拷問・虐待を九時間にわたって延々と受け続け、全身打撲と頸椎捻挫の傷害を負わされたという事件であった。この事件で監督、俳優、カメラマン等が「傷害」容疑で続々と逮捕され、今度は合計七人が起訴された。

しかし、バッキービジュアルプランニングの暴力ポルノを象徴する存在は、ほかにあった。その名称がすでに女性への憎悪を剥き出しにしたシリーズ『問答無用　強制子宮破壊』である。このシリーズは、一人の女性を集団(ときに数十人)の男性が、ありとあらゆる手法を用いて性的に虐待し尽くすことを目的としたものであり、虐待・拷問による女性の被害があまりにも深刻で、発売できないものすらあるとされている。このシリーズが販売され始めたのは二〇〇三年三月からで、その後二〇ヵ月でシリーズ17を数えており、月一本に近いペースで制作・販売されていたことがわかる。このシリーズでは、シリーズ13と14について「強かん致傷」の容疑で撮影関係者が起訴された。

同社の宣伝担当からの誘いで、シリーズ14の撮影現場に取材目的でいあわせた女性のAVライターは、目前で繰り広げられた集団虐待・拷問に大きな衝撃を受け、他にも少なくない被害女性が警察に届けるよう支援している(【資料3】参照)。

【資料2】バッキービジュアルプランニング事件概要

①『セックスオンザドラッグ』事件

アダルトビデオ（AV）に出演した女優に何らかの薬物を吸わせ、意識がもうろうとなったところで、無理やりわいせつな行為をした上、重傷を負わせたとして、警視庁池袋署は一六日までに、強制わいせつ致傷の疑いで、ビデオ製作会社「バッキービジュアルプランニング」代表の栗山龍容疑者（四〇）を含む監督、スタッフら男女八人を逮捕した。調べでは、栗山容疑者らは六月下旬、東京都豊島区の飲食店でAV出演する二〇代の女優に、正体不明の白い粉を吸わせ、意識が薄れた段階で、同区西池袋のマンションに連れ込んだ。複数で女優の体を押さえつけて、わいせつ行為を繰り返した。その際、女優は直腸穿孔（穴が開くこと）や肛門裂傷などを負った。全治四カ月の入院〔を〕することになり、退院後に被害届を池袋署に提出。池袋署によると「処置が遅ければ死亡していたかもしれない傷の深さで、犯行は悪質」という。逮捕された八人のうち、七人が容疑を否認し、栗山容疑者も「現場にはいなかった」と供述しているという。栗山容疑者はAV業界では有名人で昨年一一月に賞金総額六〇〇〇万円という「国民的AV女優コンテスト」を開き、審査員長も務めた。札束をわしづかみにする決めポーズで「AVの虎」の異名をとっていた（『日刊九州ドットコム』二〇〇四年一二月一七日）。

②『水地獄』シリーズ事件

その第一回目（「水地獄一丁目」）の撮影は、〇四年九月に埼玉県三郷のスタジオでおこなわれた。被害女性は、午後一時から九時にわたって延々と暴行を受け、呼吸困難となり、全身打撲と頸椎捻挫（加療二週間）のけがを負う。「被害者は白目をむく状態になってもなお暴行を加えられ、生命の危険さえあった。事件後、被害者は外出できない状態となり、『誰かが殺しに来るのではないか』と神経過敏になり、大声を聞くだけでも呼吸困難になって、極度の人間不信に陥った」（「論告求刑」『ESPIO!』二〇〇五年六月一四日）。

この事件では被害者が訴えたことにより、翌〇五年三月三一日、監督・俳優・カメラマン等四人が逮捕されたのを皮切りに同年八月までに合計七人が起訴・逮捕されることになった。

「水地獄」シリーズの二回目の撮影がおこなわれたのは、第一回目の二カ月後の一一月上旬。六月に「成分不明の白い粉末」を飲まされ暴行された女性が、ようやく四カ月後に退院し、池袋署に被害届を出した翌月のことだった（『週刊アサヒ芸能』二〇〇五年一月一三日）。

このとき被害女性は、撮影前に二〇人の男優と八〇回セックスするか、「水責め」のどちらがいいか、と選択を迫られ、その際「水責めと言っても苦しければ撮影はストップするしまてやけがをすることは絶対ない」と言われ、「水責め」を選んだ。ところが実際は暴力の手加減が一切なかった。殺されるという恐怖心から監督に撮影の中断を懇願しても聞き入れられず、プールで溺死寸前まで沈められ、密閉された箱に押し込められ水を注がれ、逆さづりにされ水の入った大きなバケツに頭から落とされるなど、窒息を繰り返した。女性が金はいらないから帰らせてほしいと言うと、加害者に「お前はカネで買われた女だ、お前には死ぬ権利すらないんだよ」と言われている。最後は風呂場で強姦されているときに頭に鏡を打ち付けられ、それが足首をざっくり切り、救急車を呼ぶ事態となった。彼女は大量出血の大けがを「不幸中の幸い」と言う。なぜならそのけがによってようやく撮影が終わったからである。朝八時半から午後九時まで一二時間以上虐待は続いた。被害者は右足割創、ムチウチ、全身打撲と診断され、その後車いす生活を余儀なくされ、また以来水が怖くなり風呂にさえ恐怖心を持つようになった（『週刊ポスト』二〇〇五年一月一四日）。

③『問答無用 強制子宮破壊』シリーズ事件

シリーズ13の場合：撮影は二〇〇四年四月。出演女性は、撮影当時一九歳だった。所属する事務所からは「集団レイプだけど、女の子を壊すのが目的じゃないし、限界だったら止めてくれるから」と説明され、避妊措置なしでの挿入や口内発射・顔面発射をNGとして、しない約束をしていた。その約束は撮影が始まると「すっ飛ばされて」、いきなり多数の男たちに囲まれ挿入され、精液や唾液を飲むことを強制され、さらに水責めを受け、窒息寸前になった。最後はゴミ置き場に捨てられ、撮影現場の撤収が始まったときは「これで本当に終わりだと思ったら、ふるえが止まらなくなりました」という。左腕が筋肉損傷で動かなくなり、性病に感染していることもわかった。個人情報もパッケージに印刷され、名前がネットで流れるという被害も受けている。フラッシュバックが続き、しばらくは水が怖くて湯船にも浸かれず、いまだにトラウマが残っていると語っている（『別冊宝島』Real064「実録！ 平成日本タブー大全」二〇〇五年六月二六日）。

シリーズ14の場合：撮影は二〇〇四年九月におこなわれた。「汁男優」と呼ばれる射精専門の男性の他に素人の男性数十人に囲まれたセックスシーンの撮影から始まり、風呂場での「水責め」、さらに肌寒いのに屋上で何度も無理矢理水槽の水に顔をつけ、女性が「助けて」と言っても無視して暴行は続行した。殴る蹴る、鞭で打つ、また飲酒責めといって、無理矢理ワインやビールを飲ませ、こぼすと殴り、ろうとを使ってまで飲酒を強制した。陰毛にライターで火をつけ、トイレで尿を飲ませた。こういった暴行は一一時から夜九時まで延々と続いた。女性は殺されると思い「これはスナッフビデオ（殺してゆく様を撮影したビデオ）なの？」と弱々しく聞き、最後に恋人にメールさせてほしいと頼んでも「おまえにそんな権利はない。金で買われたんだ」と暴行の手がゆるめられることはなかった（『ふぇみん』二〇〇五年五月二五日）。

（出典：ポルノ・買春問題研究会『暴力AVの何が裁かれるのか』五二〜五五頁）

【資料3】「撮影現場にショック　暴力は許さない」

(郵可)　ふぇみん　2005年5月25日（水曜日）

ネット掲示板で暴力の内容相談
あふれる女性への憎悪

中里見　博

AV撮影現場で女性への暴力

「バッキービジュアルプランニング」（代表・栗山龍）というポルノ制作販売会社の関係者8人が、2004年暮れ、強制わいせつ致傷の容疑で逮捕された。アダルトビデオ（AV）撮影のため、薬品で意識を失わせた女性に性的暴力をふるい、全治4カ月の重症を負わせたという事件であった。ポルノ撮影に名を借りた暴力が行われていたのだ。この問題の背景を「ポルノ・買春問題研究会」の中里見博さんがさぐり、また実際にバッキーの撮影現場に立ち会った女性に話を聞いた。

この事件は、いまAV制作の現場で頻発している性犯罪・性暴力の実態を示している。しかし、それはほんの氷山の一角にすぎない。

にわかには信じられないであろうが、いま日本のポルノ業界では、さまざまな手法でだましたり、薬品を使ったりして、女性を集団で暴行、強かんし、その模様を撮影した映像を「レイプもの」作品として販売している実態がある。そこに共通しているのは、撮影過程で被害女性を性的に徹底的に虐待することである。中途半端な虐待だと、逆に被害者に訴えられる危険があるからだという。

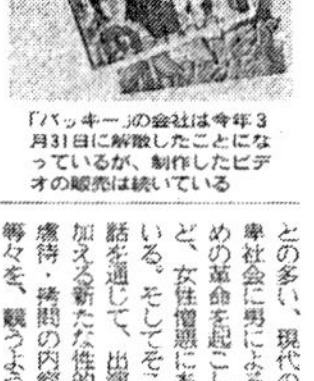

「バッキー」の会社は今年3月31日に解散したことになっているが、制作したビデオの販売は続いている

そうした"犯罪実録"型暴力AVは、90年代から存在した。しかし近年、インターネットの普及に伴い、それは内容をますますエスカレートさせている。掲示板での書き込みは、「やっぱ鬼畜の悲鳴は最高！」「女なんて所詮ただの性欲処理用の穴」「男が不遇を被ることの多い、現代の女尊男卑社会に男による男のための革命を起こして」など、女性憎悪にあふれている。そしてそこでの会話を通じて、出演女性に加える新たな性的暴力・虐待・拷問の内容や方法等々を、競うように提案し合い、決定し、実行しているのである。

こうしたポルノ制作に伴う性犯罪、人権侵害は、しかし、被害を受けた女性が訴え出ないかぎり捜査も開始されないという現実がある。今回の逮捕事件は、被害女性が勇気をもって立ち上がり、加害者を告訴した結果である。ところが、驚くべきことに逮捕された者たちは、「証拠不十分で」結局裁判にかけられることなく無罪放免となった。被害女性の無念さは想像するに余りある。

明白なだましや薬物利用による性的暴力であるから「お金で了解していた」という口実は成り立たない。だが「だまされた方にも落ち度がある」という意見も一般にはあるだろう。しかし、悪いのは、だましてまで強かんし、その記録映像を商品にして利益を上げている男たちである。そしてそれをあおり立て、娯楽にしている人々である。

だが、私たちにも責任はある。それは社会が「レイプもの」ビデオの存在を見て見ぬふりし、女性を性的に侵犯することを、男性の性的な娯楽にすることを許しているからこそ生じている被害だからである。男性の暴力的セクシュアリティー、女性蔑視を許し、それをあおる商売を娯楽として認めている以上、今回のような事件は、構造的に生みだされ続けるであろう。

私たちは、すべての性暴力被害者に対してと同様、ポルノを通じた性被害者に対しても、被害者への責任転嫁と偏見から脱し、少なくとも被害の声を上げることができる社会、被害の声を受け止めることができる運動を一刻も早くつくる必要がある。（福島大学教員）

50人前後の男たちが集まり、撮影に名を借りた暴行に加わった。中央でセックスシーンを撮影している現場（提供　宮永さくら）

撮影現場にショック　暴力は許さない

『強制子宮破壊14』の撮影を04年9月に取材に行ったAVライターのさくらさんに話を聞いた。さくらさんはポルノの紹介の仕事をしている。バッキーの宣伝担当から声がかかって取材に行ったのだが、撮影現場にショックを受け暴力は許せないと本紙の取材にも応じてくれた。

通常、レイプポルノは、やらせでそう見えるような演出がされているのだとさくらさんは言う。ところが、バッキーの撮影現場は違った。

「汁男優」といわれる射精専門の男性以外に、素人の男性が参加、50人前後の男が来ていた。彼らが囲んでセックスシーンから撮影が始まった。女優さんはアナルセックスも強要された。

風呂場で水責めが始まって、女優さんは本当に怖がりだした。さらに肌寒いのに、屋上で苦しがる女優を何度も無理矢理水槽の水に顔をつける。女優さんが「助けて」と訴えても無視する。

殴る蹴る、むちで打つも行われた。撮影の通常の現場では、あざができることはあり得ず、メークで作り込むのが普通なのに、女優さんのからだにあざができていった。

さらに飲酒責め。通常は、色水なのに、ほんとうにワインやビールを飲ませ、女優がこぼすと殴り、ろうとで苦しがる女優さんののどに流し込んだ。また陰毛にライターで火をつけ、トイレで尿を飲ませた。

撮影時間は11時から夜の9時まで。この間、騒ぎを聞きつけたのか警察が来たから様子をみようと休憩をとった30分以外はまったく休憩なしだったという。

さくらさんが撮影したビデオ映像を見た。恐怖でひきつった女優さんが殺されると思い「これはスナッフビデオ（殺しのビデオ）なの？」と弱々しく聞き、「彼に最後にメールさせて」と頼んでも「おまえにそんな権利はない。金で買われたんだ」と水に押し込む撮影現場の男たち（一人は女性）。ニタニタと喜ぶ男性たちによる集団での暴力に、なんと言っていいか分からない衝撃を受けた。

さくらさんは、現場にいながら、何もできず、暴力の現場を「取材」してしまったことでその後仕事の取材にも行けず、このときのことを忘れようとした。しかし、04年12月の別のバッキーの撮影でスタッフが逮捕される事件が起き「ポルノ撮影を隠れみのにした暴力は許せない」と思い始め、被害者が被害届を出すのを手伝おうと、同じ思いの人と情報交換してきた。

今年に入り、被害者の何人かが告訴し、バッキーのスタッフのかなりが逮捕され公判も始まっている。（赤石千衣子）

（出典：『ふぇみん』二七五九号、二〇〇五年五月二五日）

2 「関西援交」シリーズ事件

バッキービジュアルプランニング事件は、成人女性を犠牲者にしたものだった。それに対して、未成年を標的にして生じたきわめて悪質なポルノ被害事件が、二〇〇四年に発覚し、二〇〇五年三月に犯行グループが逮捕された「関西援交」シリーズ事件である。

「関西援交」シリーズとは、少女を買春（いわゆる援助交際）し、性行為の場面を撮影することによって制作された子どもポルノであり、関西地方でつくられていたためその名がある。つまり制作者グループは、未成年を買春し、性行為をし、子どもポルノを製造して提供するという、いずれも法で禁止され処罰の対象となる三重の犯罪行為を行なって利益を上げていた（児童福祉法三四条一項六号「児童に淫行をさせる行為」、児童買春・児童ポルノ処罰法四条「児童買春」、同法七条「児童ポルノ頒布」にそれぞれ違反）。その後、京都援交、広島援交、千葉援交など類似のシリーズが大量に出回るようになった。

「援交」と名が付くものの、「関西援交」シリーズで行なわれた性行為は、単なる大人と子どもの性行為ではなかった。それはきわめて暴力的、虐待的であり、一人ないし二人の少女に対して犯行グループの三人が、避妊をせずの性交のみならず、手錠や縄、責めぐつわ、諸器具を使った加虐行為、口内への射精、肛門性交、異物挿入[2]、等を行なうものであった。

新聞報道によると[3]、シリーズは一五七巻つくられ、一本五〇〇〇円で販売された。押収されたテープに映っていた少女は計九五人。七九人が一八歳未満と推測され、一〇歳、一一歳の被害者に関しては、犯人らは一三歳未満に適用される法定強姦罪・強制わいせつ罪（刑法一七七条後段・一七六条後段）で追起訴されている。無修正で、かつ子どもが相手という二重の意味での違法ビデオであり、複製・転売を防ぐために画面には製造番号が入れられていた。

主犯の元JR西日本契約社員は、高校卒業後、転職を重ね、経済的に苦しい生活を送るなか、「わいせつビデオを見てストレスを解消していたが、『自分で売れば収入にもなる』と思い」[4]、一九九九年から逮捕される二〇〇五年まで六年にわたって買春行為をしてはビデオの製造・販売を繰り返し、その相手は一二〇人にも及ぶという。犯行グループは、主にインターネットの出会い系サイトで「モデル募集」と呼びかけ少女の募集をしていたほか、出演した少女が友だちを紹介するケースもあった。少女には通常五～一〇万円の金銭が渡されていたという。主犯の男性には、強姦罪、児童ポルノ禁止法違反等で懲役八年と罰金六〇〇万円および児童福祉法違反で懲役七年の判決が、男優Aには強姦罪で懲役三年、児童福祉法違反で懲役四年の判決が、男優Bには強制わいせつ罪で懲役二年、児童福祉法違反で懲役四年の判決がそれぞれ言い渡されている。

「関西援交」事件をめぐる逮捕者は、直接的な制作者グループだけにとどまらない。捜査はある被害者の通う高校のホームページへの情報提供を受けて始まったが、捜査の発端となったインターネット上の当シリーズ販売サイトは、制作者グループの運営するものではなかった。それは横浜のインターネット関連会社によって運営され、同社の社長と社員が一体となって大量に複製・販売を繰り返し、巨額（約二億円）の売上げを上げていた。児童ポルノ禁止法違反で逮捕された同社の社員は二五人にのぼり、社長には懲役三年（執行猶予五年）の刑が確定した。さ

（2）異物の挿入はとくに酷く、各種の野菜やソーセージ、卵、瓶のほか、携帯電話を挿入して作動させる、打ち上げ花火を挿入して火をつけるといった行為が行なわれており、被害少女を徹底的に性虐待の玩弄物にしている。ただし、これらの虐待行為がこの犯行グループによる創作ではなく、一八歳以上の女性を使うポルノグラフィではまったく珍しくないという事実は忘れられてはならない。

（3）「児童ポルノとネット社会」『毎日新聞』（大阪本社）二〇〇五年一一月一〇日。

（4）「魂の殺人　児童ポルノとネット社会／上」『毎日新聞』（東京本社）二〇〇五年一一月三日。

らに複製・販売していた富山県の暴力団員が逮捕されたほか、一五歳の高等専修学校生の少女が、友だちの女子中学生らを犯行グループに紹介したとして児童福祉法違反等で逮捕されている[5]。

主犯の男性は、法廷で「少女が幼ければ幼いほど売れた[6]」と供述している。捜査本部は、転売（児童ポルノ処罰法違反）した客を探すため、突き止めた一六八名の顧客を取り調べた。顧客の大半は二〇～三〇代の会社員だったが、医師、国会議員秘書、教師等が含まれていたという（教師だけで一〇人近くいたとされる）。購買者の一人は、「女優の演技ではない、素人っぽさがいい」と言ったと伝えられる。一〇〇巻を超えるシリーズのほとんどすべてを買いそろえ、自宅倉庫に並べていた中学教師は、「教壇に立つものがこんなものを見ていいのか」という捜査員に、「仕事と趣味は別だ」と話したとされる[7]。

捜査員の「見る」という表現は、顧客の行為の現実的意味合いを隠蔽する婉曲表現である。客の行為は、第一に、明白な犯罪行為によって制作された子どもポルノを購入することでその犯罪行為に資金を提供することであり、第二に、性虐待を娯楽の対象として消費する行為――性的虐待を受ける少女を、精神と身体の全身で肯定し、それに欲情し、それを享受する行為――だからである。それを「趣味」というのはあまりにも生易しい。

しかし、明白な性犯罪・子どもの虐待行為に資金を提供し、それを全身で肯定した大人たちの行為は、子どもポルノの（「提供」目的の所持ではないという意味で）「単純所持」という、本質を見誤らせる言葉を付与され、「別件逮捕などの濫用を防ぐ」等の非合理な理由で合法にされている。そのため、これらの顧客たちは何らの責任も問われていない。

一〇代の子どもたちが負った心身の傷は深い。被害を受けた後、リストカットを繰り返す少女や、心療内科に通う少女がいると伝えられる。別の報道によれば、「全国に顔が広がったため自殺した少女もいた[8]」とされる。ほとんどは少女自らが「出会い系サイト」等をつうじて応募したとされるが、親に売られた子どももいた。また母親に叱責されて「もうどうでもいいと思った。前のお父さんにもされていたから[9]」と打ち明けた被害者についても伝えられている。性暴力の救いがたい悪循環がそこにはある。

数ある子どもポルノ事件の中で、とくにこの事件が注目を浴びた理由は、それが偽りなく未成年の子どもを使っていたこと、とりわけそこに映し出された性行為が暴力的で残虐であったこと、そしてその数の多さのゆえであろう。前の二つの理由はまた、このシリーズが多くの顧客を引きつけた理由でもある。大人と子どものあいだの性行為は元来、両者が性的、身体的、精神的、そして社会的な諸力において不平等であるがゆえに――ひとことでいえば男性の支配欲を充足できるがゆえに――、そして男性の性的欲望が女性に対する支配（力の行使）として社会的に構築されているがゆえに、それを嗜好する大人の男性たちにとって魅力的だからである。

この事件はまた、インターネットやデジタル映像・機器の普及した現代的特質を如実に示したものであったことも注目に値する。まず、犯行グループが暴力団その他の犯罪集団ではなく、一般会社員（ＪＲ西日本契約社員、大手清酒会社課長、車両輸送会社社員）であったことである。裏社会の犯罪者ネットワークを持たない一般会社員に犯行を可能にした条件として、インターネットの普及があったと考えられる。さらに、別のグループがそれを大量に複製しインターネットをつうじて売りさばき、巨額の売上げを上げていたこともインターネット時代ならではのことであろう。

（5）事件の経過をまとめたサイトが存在する。「児童ポルノ　関西援交シリーズ制作者逮捕　まとめ＆考察」（最終更新日二〇〇六年一月一四日）http://members.jcom.home.ne.jp/d-pre/ken/060107kan-en.htm#kanen-20

（6）「魂の殺人　児童ポルノとネット社会／上」『毎日新聞』（東京本社）二〇〇五年一一月三日。

（7）「魂の殺人　児童ポルノとネット社会／中」『毎日新聞』（東京本社）二〇〇五年一一月四日。

（8）「ニュース・インサイド　児童ポルノ氾濫」『西日本新聞』二〇〇五年七月二四日。

（9）「魂の殺人　児童ポルノとネット社会／上」『毎日新聞』（東京本社）二〇〇五年一一月三日。

【資料4】「児童ポルノとネット社会」

通信の自由 捜査に壁

“法の盲点”容疑者特定阻む

児童ポルノとネット社会

インターネット上で「関西援交シリーズ」と名づけられた児童ポルノ。奈良家裁で今月2日に開かれた児童福祉法違反の法廷に、その「製作者」がいた。「出所したらおわびの手紙を書き、働いて被害を弁済したい」。涙をぬぐった遊佐隆被告(42)に、検察側は懲役7年を求刑した。

「おたくの生徒がビデオに出ている」。昨年7月、奈良県内の高校のホームページへの書き込みが端緒となり、奈良など6府県警の合同捜査で事件が摘発された。生徒に出演料が振り込まれた銀行の防犯カメラから浮かんだのが遊佐被告だった。

JR西日本の契約社員。大阪の京橋駅でラッシュアワーのアナウンスを担当した。勤務は午前中だけで月給は約5万円。昼、同僚を誘って立ち食いそばを食べ、一人でインターネットカフェへ。販売サイトに作品紹介を書き込み、注文を受けたビデオやDVDの発送を郵便局で済ませ、外車に妻と幼い息子を乗せてファミリーレストランで夕食をとる。そんな日常だった。

高校卒業後、コンビニ店員などを転々。わいせつビデオを見てストレスを解消していたが、「自分で売れば収入にもなる」と思い、6年前から携帯電話の出会い系サイトでモデルを募集した。男優役は大手運送会社課長(53)や車両輸送会社社員(31)。いずれも独身。強制わいせつなどの容疑で逮捕された。

ばらまかれた少女の画像

シリーズは計15本製作され、1本5000円で販売された。逮捕された男はみな、ネット上で知り合った「素人」だった。客の大半は20～30代の会社員。大手コンピューター会社に勤めていた男性は仕事がきつくて長期欠勤した末に解雇され、部屋にこもってビデオを見ていた。

押収したテープに映っていた少女は計85人。79人が18歳未満と推測された。画像に映っていた計算ドリルや制服などをもとに、捜査本部は約10府県に住む28人を割り出す。「うちの子を撮って」と娘を売った母親もいた。大半は普通の家庭に暮らし、援助交際、リストカットを繰り返すような子もいる。10代前半の少女は母親に問い詰められ「もうどうでもいいと思った。前のお父さんにもされていたから」と打ち明けた。

被害は大量に出回った。転売した客を探すため、捜査本部は判明した顧客168人を捜査した。医師、国会議員の秘書、会社員。教師だけで10人近くいた。佐賀県の中学教師はシリーズのほとんどを買いそろえ、自宅倉庫に並べていた。捜査員に「仕事と趣味は別ですから」と話したという。

顧客は教師や医師「仕事と趣味は別」

購入申込者へのメールの発信元をたどると、横浜市の繁華街にあるインターネットカフェにたどり着く。ビデオが発送されている郵便局では、ゆうパックを頻繁に発送する男が浮かんだ。市内のインターネット関連会社の社員だった。この会社の社長(38)は経営に行き詰まり、3年前から児童ポルノを販売。児童買春・ポルノ禁止法違反の罪で有罪が確定した。

ダビング工場は市内のマンションの一室。8畳1間に30台のビデオデッキを並べ、「現役時代の生活水準を下げたくなかった」という元プロ野球選手が複製作業を仕切った。ネットカフェで同社サイトの評判を書き込む「さくら」のアルバイトもいた。逮捕・書類送検された社員らは25人。1年2カ月で6000人以上に売り、2億円近くを荒稼ぎしていた。

警察や行政の浄化キャンペーンで裏ビデオ店はほとんど姿を消したが、アダルトビデオ関係者は言う。「児童性愛者は確実に増えている。助長しているのがネット。店は減っても画像はネット上でばらまかれている」

児童買春・児童ポルノ禁止法は昨年の改正で、18歳未満のわいせつ画像を送信した場合も処罰対象となったが、個人で見るだけの「単純所持」への適用は見送られた。各都道府県警はパソコンの「児童ポルノ自動検索システム」を使い、チェックしている。今年は上半期だけで13件を見つけたが、システム導入からの3年間で、容疑者を特定し立件できたのは1件だけだ。

警察庁少年課は「画像を交換している疑いのあるネットワークを見つけても、侵入を強行して児童ポルノが発見できなければ、警察が不正アクセスで通信の自由を侵したことになる」とサイバー捜査の難しさを打ち明ける。【磯崎由美、青木絵美、矢島弓枝】

製造元の摘発後もネット上に出回る児童ポルノ。少女たちの実名など冒涜した書き込みも後を絶たない

ご意見、ご感想をお寄せ下さい。手紙(〒530―8251 住所不要)かファクス(06・6346・8187)、Eメール(o.shakaibu@mbx.mainichi.co.jp)で、毎日新聞社会部へ。

(出典:『毎日新聞』(大阪本社)二〇〇五年一一月一〇日)

第6章

インターネット時代の暴力ポルノ

ポルノグラフィの制作過程、制作現場で発生している被害事例として、バッキービジュアルプランニングと「関西援交」事件という凶悪なポルノ被害事件を紹介した。「関西援交」シリーズは、少女を徹底的に性的玩弄物として弄ぶところに重きがあった。それに対して、バッキービジュアルプランニングのAVでは、「女性の身体と精神を破壊する」（『強制子宮破壊』シリーズの制作者と参加者たちが集団で気勢をあげるシーンのセリフ）という点に重きが置かれ、女性への憎悪が剥き出しにされ、より徹底した暴力、拷問、虐待が行なわれていた。

これらの事件を初めて知る読者は、きわめて特殊な事件をことさら大げさに取り上げていると思われるかもしれない。しかし、「暴力ポルノ」の問題は、決してバッキービジュアルプランニングだけによって発生しているわけでも、それが最初であったわけでもない。そこで、「暴力ポルノ」の今日の実態の一端およびその歴史、そしてインターネットの発達が暴力ポルノに及ぼした影響について考察する。

なお、本書において「暴力ポルノ」とは、単に暴力「的」なポルノグラフィ一般のことではなく、それ自体暴行罪を構成するような明白な有形力の行使が行なわれているポルノグラフィのことを指している。出演者の側の「合意」の有無は（ちょうど暴行罪の成否に関係ないように）暴力ポルノかどうかには関係はない。非人道的な虐待・拷問（たとえば糞尿にまみれさせたり、過度に飲食させたり、虫を食べさせたり、精液を飲ませたり、数十人の男性の精液を顔に浴びせたり、縛り上げて吊るしたりする行為）が行なわれているだけでは「暴力ポルノ」とはここでは呼ばない。

しかし通常「暴力ポルノ」ではそういった虐待・拷問が不可分に行なわれている。

1　暴力ポルノの現状と歴史

（1）数多いメーカー

バッキービジュアルプランニング社は二〇〇二年四月に設立され、翌二〇〇三年から、やらせではなく実際に女性に暴行を加えているところを撮影し、それを「ガチンコ」と称して売り物にするスタイルを確立していく。関係者が逮捕・起訴された上記の商品以外にも、同社には『ガチ拉致』シリーズ（1、2）、『露出バカ一代』シリーズ（1～17、スペシャル1～4）、『ウンコ大作戦』シリーズ（1～4、スペシャル1）などがある。『ガチ拉致1』のDVDジャケットにはこう書かれている。「緊迫のレイプ映像　総勢二〇人以上のハメ撮り映像も収録　ヤラセ発覚なら全額ご返金！　プロローグ！　狂気の拉致強姦映像　美女に、不幸は突然訪れた　理不尽な連れ去り、不合理な性交　車中での無慈悲な暴行劇　決して真似はしないでください」。また『露出バカ一代』シリーズは、女性に繁華街や駅前、コンビニその他あらゆる場所で人前に裸体をさらさせるものである。中には性交させるものもあり、撮影監督が公然わいせつ罪で逮捕されたこともあるという。

バッキービジュアルプランニングが、最も悪質な集団であったことに疑いはない。だからこそ多数の逮捕者を出したといえる。しかし、いうまでもなく暴力ポルノの制作・販売会社は同社が唯一ではない。また、被告人の弁護人が主張するように、「本件は特殊な性的嗜好である、いわゆるSM行為がエスカレートして生じた」ごとき偶然的・突発的な事件なのでもない。それは周到に計画され、組織的に遂行されるものである。

現在、女性に暴虐を加えるきわめて悪質な暴力ポルノ制作・販売会社は、バッキービジュアルプランニング以外にも多数存在している。次にみるように、女性の背中にジッポーオイルをかけて火をつけ、大火傷を負わせるビデオを制作したメーカーもある（メーカーは女性は無傷だと主張している）。にもかかわらず、バッキービジュアルプランニング以外の暴力ポルノ会社は、いまだどれ一つとして摘発されることなく、暴力映像を制作・販売することを許されている。

AV業界では出演女性に大怪我を負わせることが一般的である、とまではいえない。しかし、バッキービジュアルプランニング事件がまったくの例外的現象だとも決していえない。むしろ「例外的」だったといえるのは、バッキービジュアルプランニングの撮影に関してだけ、警察が動き裁判になったこと、そのことである。実は一連の逮捕劇は、『セックスオンザドラッグ』の撮影で大怪我を負わされた被害女性が――結局加害者は不起訴処分になったとはいえ――最初に警察に被害を届けたことによって可能になった。いいかえると、他の暴力ポルノの制作に関しては、被害者が泣き寝入りを強いられる状況が続いているがゆえに、事件化されないのである。

（2）一九九〇年代から存在

女性に著しい暴虐を加えるバッキービジュアルプランニングに連なる暴力AVには、すでに二〇年近い歴史がある。一九八〇年代にホームビデオが普及したことにより、ポルノ映像の主流は劇場の「ピンク映画」から家庭で視聴されるAVへと移った。その結果、視聴の場が劇場という「公的」場から、家庭という「私的」場に移行して社会の監視から閉ざされ、制作主体も大手の寡占的映画会社から、小規模でより競争的なAV制作会社に変わった。それらの要因が、ポルノ映像における性差別性と暴力性の深化に拍車をかけたといえよう。

こうして暴力ポルノの制作・販売は、一九八〇年代の末には始まり、一九九〇年代初めには確立していた――『女犯』（1～6、V&Rプランニング）というシリーズがそれである。犯罪性のきわめて高い暴力AVに共通する基本的な制作手法が、この『女犯』シリーズにおいて確立されたといってよい。すなわち、出演女性に詳しい撮影内容を知らせることなく撮影に入り、複数の男性（撮影スタッフを入れると一〇人前後）が取り囲み、しだいに暴行・

脅迫をエスカレートさせ、監禁状態にしたうえで暴行と強制的性行為を続け、女性が抵抗し撮影を拒んでいるにもかかわらず延々とカメラを回し続け、一部始終を撮影するという手法である。

このシリーズの監督自身、女性を騙す手法について、著書で得々と語っている。すなわち、ほとんど経験のない女性や、精神疾患や薬物中毒をかかえた女性、プロダクションの一存で送り込まれた女性などを標的にしたり、女性の嫌がる男性を起用したり、いじめや暴行や脅迫をエスカレートして、女性が撮影拒否をしているところを数人の男性で囲んで集団レイプする、と[1]。ただし、制作者は、出演女性の「合意」にまだこだわっており、「事前に、何をするかということや筋書きを教えていた」「女性を騙してはいない」という弁明を繰り返していた[2]。そうした弁明をしなければならない何らかの社会的歯止めが、当時はまだ機能していたことを示している。しかし二〇〇〇年代に入ると、そのような歯止めはもはや失われた。

2　インターネットの影響

一九九〇年代に制作・販売された『女犯』シリーズと、二〇〇〇年代のバッキービジュアルプランニング事件との間には、インターネットの普及という「IT（情報技術）革命」が横たわっている。それと並行して、映像のデジタル化が生じた。これらの変化は、劇場映画からホームビデオへの変化以上に大きな影響――それこそ「革命」的変化――をポルノグラフィの供給および消費にもたらした。その結果、ポルノ市場は未曾有に増大し、ポルノグラフィはいっそう暴力的・差別的になり、社会はポルノグラフィに文字どおり溢れ返り、ポルノグラフィの「社会標準化」が進んでいる[3]。

(1) 消費の拡大

まず、ポルノグラフィの消費について生じた変化として、消費における場所的・金銭的制約が大幅に取り除かれたこと、そしてその結果、ポルノグラフィへのアクセスに関する年齢的制約がほぼ無に帰したことがある。

インターネットの普及によって、インターネット接続が可能なパソコンのあるところであれば社会のあらゆる場所——学校や図書館、オフィスといった公的な場所から家庭の机の上まで文字どおり社会のいたるところ——でポルノ閲覧が可能となった。こうして社会のポルノ化が画期的に進んだ。またインターネット上には、無料のポルノ画像・動画が大量に配信されており、無料ページを含めて日々更新されている。

さらに、インターネット上では、未成年の閲覧を規制するための年齢審査が事実上まったく機能していないため、上記の場所的・金銭的制約の撤廃と相まって、従来アクセスが制約されていた子どもが、容易かつ日常的・継続的にポルノを消費できるようになった。こうして消費者側の需要が、これまでになく極大化する条件が生まれた。

(2) 供給の増大

次に、ポルノグラフィの供給について生じた変化として、ポルノグラフィの制作と販売に以前のような人材・器材・資本・店舗等が必ずしも必要でなくなったことがある。現在のデジタル撮影機材とインターネット技術を利用

(1) バクシーシ山下『セックス障害者たち』太田出版、一九九五年。九〇年代の暴力ポルノの批判的分析は、ポルノ・買春問題研究会『映像と暴力——アダルトビデオと人権をめぐって』(同「論文・資料集」第二号)二〇〇一年所収論文を参照のこと。

(2) バクシーシ山下『セックス障害者たち』前掲注(1)、一二頁、二一頁。

(3) 以下の記述は、森田成也・山本有紀乃「インターネット時代の暴力ポルノ」ポルノ・買春問題研究会『インターネット時代の暴力ポルノ』(同「論文・資料集」第五号)二〇〇四年に多くを負っている。

すれば、個人や少人数でも低コストで容易にポルノ映像を撮影することができ、しかもインターネット上にその映像を載せれば、すぐに全国（いや全世界）市場の大海原に向けて流通させることができる。

その結果、従来のポルノ業者に加えて個人もポルノグラフィの供給者となり、ポルノグラフィの供給量が絶対的に増えた。二〇〇四年一一月に、インターネット上には三億ページ以上の有料・無料のポルノサイトがあり、一日に三〇万ページずつ、一年に約一億ページのスピードで増殖していると報じられている。[4] こうしてポルノグラフィの供給が未曾有に増え、それがまた需要を限りなく喚起している。

（3）メーカーとユーザーの一体化

インターネットによって生じた最大の変化といえることは、すでに上記の変化にも現われているが、ポルノグラフィの提供者と消費者（ユーザー）の間にあった垣根が著しく低くなり、相互乗り入れ現象が生じていることである。まず、だれもが、個人または少人数の集団で、ポルノグラフィの供給者になれるようになった。また、インターネット上の「掲示板」機能を使うことによって、ポルノグラフィの制作者と無数のユーザーとが、地理的・時間的懸隔を越えてリアルタイムで結びつけられることとなった。

その結果また、だれもが容易にポルノ加害者・被害者になりうるという状況が生み出されたといえる。インターネット上には、（「業」として行なうのではない）素人によるポルノ映像投稿サイトやポルノ関連ブログ（「エログ」）が無数にある。そこには、妻や恋人、他人を撮影（盗撮）したポルノ画像が溢れている。またデジタルカメラや携帯電話の撮影機能を使って自分の身体の一部や裸体を撮り、ポルノサイトに送信するアルバイトが普及している。これらのバイトでは画像の無断転用やバイト料金の不払いなどの被害が、とくに未成年の少女を中心に生じている。

とりわけ注目すべきは、暴力ポルノ制作会社のホームページ上の掲示板を舞台に、多数のユーザーと制作者がほぼリアルタイムに会話をすることによって、暴力ポルノがつくり上げられている事態である。そこでは、ユーザーが、暴力ポルノの企画そのものやタイトル、内容のみならず、どうやって女性を虐待するかの具体的な方法を提案し、制作者がそうした要望に応じて内容をますますエスカレートさせている。まさに、「制作者が視聴者との共同作業によって暴力ポルノを作り上げて」[5]いるのである。

さらにまた、ホームページが、出演女性に集団暴行する素人男性の参加者を募集する手段としても使われている。バッキービジュアルプランニング社の「監禁友の会」のように、出演女性を暴行するために素人男性を集める「会」さえ結成されていた。暴行集団の組織化までインターネットが担っていたのである。

（4）溢れる女性嫌悪の言説

以下、暴力ポルノ制作会社のホームページ掲示板（ＢＢＳ）への書き込みをとおして、その実態をみていく[6]。まず、一般ユーザーの書き込んだ要望から暴力ポルノ企画が持ち上がり、しかも出演女性に加えられる暴虐がエスカレートしていった例として、『激姦　ヤマンババスターズ　生きる価値のないメス共に制裁を』（忠実堂、二〇〇四年）のケースをみる。『ヤマンババスターズ』のＤＶＤパッケージには次のように書かれている。

ヤマンバをイジメ倒してほしい……。一通の依頼が二〇〇三年某日、忠実堂ＨＰのＢＢＳに書き込まれた。その記事に同感したインジャン古河とばば★ザ★ばびぃが日々増え続ける同じ思いを募らせた男達の熱い要望

（4）『北海道新聞』二〇〇四年一一月二六日夕刊。
（5）森田・山本「インターネット時代の暴力ポルノ」前掲注（3）、六頁。
（6）以下の掲示板への書き込みその他は、ポルノ・買春問題研究会『インターネット時代の暴力ポルノ』前掲注（3）、二〇～四五頁に完全な形で収録されている。

に答えるべく立ち上がる！　自己中心極まりない今や化石になりつつある渋谷の汚物「ヤマンバ」を散々殴打した挙句、中出し輪姦。さらに最後は強烈「火あぶり」。ＢＢＳの内容を遙かに凌ぐ壮絶映像の数々！「みんなこの作品で今までのうっぷんを存分に晴らしてくれ」

「一通の依頼」で始まったとされる「ヤマンバ企画」のスレッドには一二四三通も投稿があり、新しいスレッドが立てられてからも書き込みが続けられた。ここでは新しいスレッドから引用するが、そこでは一般ユーザーが次のようにタイトルの提案も書き込んでいる。(7)

・題して「激姦！　ヤマンババスターズ～生きる価値のない女（メス）どもに制裁を！」いかがです？(^^)（ikozi 2003/11/29）

この投稿に対して、すぐさま多くの一般ユーザーが書き込みを始める。たとえば次のようである。

・いい感じっすね。∨〝メス〟のところは〝♀〟ってことにして、それを上下にぶったぎって〝○〟と〝×〟を並べる、とか。（つゆだく 2003/11/30）
・僕もタイトル案考えました！「復活！　現代のゴミ・燃えるヤマンバ娘！　～東京革命12・13～ chujitudo makes. a revolution. series 1 なんてどうですか？　僕もグラフィックデザイン職なので、なんかこの作品には思い入れもあるし、こだわって欲しいです～！（カール 2003/12/14）
・「ヤマンバハンター～男をなめきったばか女どもにチンポの制裁を！～」てのはどうでしょう？（ヤマンバ命 2004/1/8）

・おれは「復活ヤマンバ　激・生・爆」がいいです　笑（漸化式 2004/1/10）

「ヤマンバ企画」が確定し、撮影が決定すると、一般ユーザーは「ヤマンバ」と呼ばれる女性を撮影で徹底的に虐待することを求める書き込みを行なう。以下はその一部である。

・われらの期待をのせてやってくれぃ！　インジャン監督！　顔にM男のゲロをかけてあげてください（aaa 2003/12/5）

・インジャン監督　そのヤマ娘の身柄を拘束したあかつきには、殺す前に、ギッチギチに責め抜いて、それを映像にしてくださいよ！（つゆだく 2003/12/6）

・目隠しをして、東京都指定ゴミ袋を頭からかぶせ。大人数で体を触ったり叩いたりしてください。もちろん、ののしりながらです。そして、足元でバクチクを鳴らし下さい。見えないところでの爆発音。恐怖心をあおります。（aaa 2003/12/7）

制作者の書き込みから、出演女性がいったん逃亡したことがうかがわれるが、女性が「見つけ出」されたとの書き込みに、即座にユーザーがエールを送っている。

・ビンゴ！！！！！！！　先週飛んだヤマンバを見つけ出してやったぜ！　プロダクションに家まで行かせて張らせた甲斐があったよ！　場所や時間などが分かり次第ここにアップします！　暴行に参加したいヤツって

（7）http://www.rdi.ne.jp/cgi-bin/ibbs/ibbs.cgi?page=10。現在はＨＰもＢＢＳも閉鎖されている。

いるかい？（インジャン 2003/12/11）

・インジャンさん　歴史に残る名作を期待してます。男が不遇を被ることの多い、現代の女尊男卑社会に男による男のための革命を起こしてください。妥協を許さないインジャンさんのアートディレクション本当に尊敬します。参加したかったですが、なにぶん素人なので。では、また報告楽しみにしてます。（カール 2003/12/12）

こうして撮影が行なわれ、制作者がその報告を書き込むが、制作者は次のように出演女性に火をつけて大火傷を負わせ、「現在大変なコトになって」いると述べた。これに対して一般ユーザーが、熱烈な支持と歓迎の書き込みを行なっている。その一部を引用する（内容一部省略）。

・結果報告。無事撮影は終了しました。。。が……皆さんの熱い期待を背負い過ぎていたボクとばびぃがヤバイ事になってしまいました。例の飛んだヤマンバ、約束に一時間程度遅れて到着。とりあえず無気力極まるヤマンバを公衆便所で普通にハメてみました。が、案の定反応最悪。別スタジオで待っているばびぃ軍団と合流。天誅を加えてやりました。とにかく気力が無くなるまで張り倒し、涙で厚化粧がすっぴんになるまでぶっ飛ばし続け……輪姦から大量中出し。。。随分臭くなったので布団圧縮袋で密封窒息。。。と、楽しい時間が過ぎたのですが。。。それでも抵抗するバカ女。ムカついたボクとばびぃは全身にジッポーオイルをかけて火をつけて燃やしてしまいました。。。えぇ……ヤマンバを燃やしました……現在大変なコトになっています。特に背中部分の火傷が酷く訴えられるかもしれません。や、やりすぎたかなぁ～（インジャン 2003/12/14）

・すごっっっっ！　てか、おそろしくやばいっすね。でも、それだけ作品にする努力が伝わります。おつかれさまです。絶対買います。（漸化式 2003/12/14）

・すごすぎます。まさに撮影への情熱です。訴えられることのないように祈ってます。そして、その壮絶なシーンがカットなく発売されることを期待してます。もちろん、買いますよ。ヤマンバお前の今までの私生活が訴えられるべきだ！（aaa 2003/12/14）

・さすがインジャン監督！　期待していましたが、遥かに想像をこえた内容です。忠実堂万歳！！！！（ケン 2003/12/14）

その後、制作者からの書き込みがほぼ途絶えるが、約一月たって次のように書き込まれた。そこでは、女性を燃やすシーンが「メデ倫」ことメディア倫理協会[8]の審査でいったん削除を要請されたことが伝えられている。

・噂のヤマンバビデオですが、とりあえず撮影&編集終了。女優の火傷は★ばびぃが揉消してくれました。よかった。しかしながら問題はメデ倫ですね。とりあえず「最後の残酷シーンはカットもしくは前面ボカシ」という審査結果。。「はいそーですか」って訳にはいかねえんで、ボクとばびぃで猛烈に抗議！。。。おめでとう！見れますよ～！　ヤマンバが燃える様を！（インジャン 2004/1/13）

結局『ヤマンバスターズ』は、二〇〇四年二月五日に発売されたが、五日後に突然販売が中止された。忠実堂が二月一〇日にホームページにアップした説明によると、販売中止の理由は、「社会的道徳から大きく逸脱しているという点で特に『女性に火をつける』シーンがフィクションであっても残虐すぎるという見解で発売を自粛させて頂くというのが主な内容です」ということであった。

（8）メディア倫理協会とは、インディーズ系ポルノ制作販売会社でつくる自主規制団体で、二〇〇五年八月から、コンテンツ・ソフト協同組合 http://www.contents-soft.or.jp/ となった。

次に、出演女性へのさまざまな虐待方法を、BBSへの書き込みをつうじて一般ユーザーが提案しているバッキービジュアルプランニングの『強制子宮破壊』シリーズについてみる。[9] そこでは、出演女性に対するテロルの方法について、メーカーとユーザーとの間のやり取りが延々と続いている。ここではごく一部を引用する（内容一部省略）。

・スタンガンつかって下さい。のた打ち回る姿がみたいです。今までの人生や身内を完全に否定するように、徹底的な言葉攻めで人格崩壊してください。（マサチューセッツ 2004/3/12）

・風呂場での水責めなのですが、少し嗜好を変えて、水を飲ませる水責めをリクエストしたいです。ホースで水を大量に飲ませて、腹がパンパンに膨らませて苦しめて、その後は地獄のイラマチオでゲロを吐かせまくるのはどうですか？　西洋の魔女裁判の水責めの様な拷問シーンをお願いしたいです。浴槽に沈める窒息責めより、更に鬼畜度がアップすると思いますが如何ですか？（イルリー 2004/8/21）

・水責め、最近他のメーカーでもよく見るようになった。バッキーの水責め、回を重ねるごとに、甘くなった感がする。ホースから出る水をアナルにぶち込んで、ホース浣腸するくらいの、ハードな責めがほしい。水に漬けて、水面から顔を出したら、口の中にホースをねじ込んで更に苦しめるくらいしてほしい。（名無しさん 2004/8/31）

・シリーズ中、女にコンビニ弁当を食べさせるシーンがありますが、迫力不足に見える……。もっと、妙なものを大量に食べさせて苛めて欲しいです。例えば、生卵を二〇個位飲ませるとか、マヨネーズを一キログラム飲ませるとか、醤油やソースを一気飲みさせるとか、ドックフードや猫缶を腹いっぱい食わせるとかして欲しいです。大量に摂取するとヤバイものがあるので、水を大量に飲ませて吐かせるを繰り返すという、胃洗浄をしてあげて下さい。それはそれで、かなり苦しいので（胃洗浄）女を苛めるという事に拍車が掛かり素晴らしい

映像が撮れると思いますが、いかがですか？（イルリー 2004/9/2）

・子宮破壊っていうならベイビーの女体研究所みたいに電気ドリル改造してバイブをつくって子宮を徹底的に破壊してくれませんか？（問答無用 2004/9/6）

・ビールを瓶ごとアナルに突っ込んで、瓶を振ると勢い良くどんどんアナルに入っていくよ。ビール浣腸になりますがね。上の口からも飲ませて、モデルをビール腹にさせて苦しめてください。（名無しさん 2004/10/10）

・腹パンチ希望。みぞおちを踏みつけたり、蹴りをいれたり、女の腹を責めてほしい。（名無しさん 2004/10/20）

二〇〇四年三月から半年以上にわたる書き込みから引用したが、その時期はまさにバッキー社が『強制子宮破壊』シリーズを毎月のように制作・撮影していた時期である。書き込み内容からわかるように、テロルをあおっているユーザーは同シリーズの購買者・視聴者であり、以前の作品を見ては、さらに虐待の手法を提案しているのである。

そうしたユーザーからの提案を受けて、制作者たちは、実際に出演女性に対して殴る、蹴る、アルコールを大量に飲ませる、尿を飲ませる、水槽に押し込めるなど、ありとあらゆる方法による虐待・拷問を行ない続けたのである。メーカーのホームページ上の「商品詳細」や「作品評価表」のコメント文、あるいはＤＶＤパッケージの宣伝文にはこう書かれている[10]。

（9）「BAKKY ご意見掲示板」http://jbbs.shitaraba.com/movie/4106/ の「問答無用強制子宮破壊シリーズについてのご意見」より。現在はバッキー社の解散に伴いＨＰもＢＢＳも閉鎖されている。

（10）「商品詳細」は http://www.bakky-vp.com/shop/cdt/bks013.htm、「作品評価表」は http://www.bakky-vp.com/hyouka/index/html。現在はいずれも閉鎖されている。

・三日間拘束しつづけて、このまま悪ふざけが過ぎれば殺人につながるかと予感させられる。強制飲酒、スカトロ、水責め、ローションプレイ、初アナル貫通に外人ファック（『強制子宮破壊』シリーズ1、作品評価表）

・タンコブで顔が変形する女を見て笑え／女顔面殴打、殴打、殴打の嵐（『強制子宮破壊』シリーズ5、パッケージ宣伝文）

そして、これらの虐待・拷問によって、実際に女性たちに重大な身体的・精神的傷害が生じていることも、制作者自身によって示唆されている。

・女の子はロリータファンに大人気のさくらちゃん。が、この作品で文字通りにマンコも精神も破壊されちゃって引退しちゃいました。なんつっても撮影終了後も一週間ほど寝たきりでしからね（『強制子宮破壊』シリーズ3、作品評価表）

・女が苦痛で失神する様子を御覧下さい！（『強制子宮破壊』シリーズ4、作品評価表）

・特に死亡寸前まで追い込まれた水攻めでは、愛ちゃんは思わず「おかあさーん、助けてぇー！」と大絶叫（『強制子宮破壊』シリーズ6、作品評価表）

・最後は首の頸椎ねんざまで発覚しちゃったほど重傷をおわせちゃったにも関わらず、鬼畜どもの暴走は止まりません」（『強制子宮破壊』シリーズ7、作品評価表）

・死を意識したのか水攻めでは全力の抵抗を見せます。長時間ねばりまくるものの、結局は野蛮な野郎どもの前で成す術なし（『強制子宮破壊』シリーズ8、作品評価表）

・完全失神で首も座らず／大量アルコール注入で死線を彷徨う様を目撃せよ（『強制子宮破壊』シリーズ12、パッ

ケージ宣伝文）

『強制子宮破壊』シリーズは、発売されたシリーズ1の前に三作が撮影・制作されていた。しかし制作者は、女性が被害を訴えたり、警察が介入したりしたことによってそれらが発売にいたらなかったとしている（だが二〇〇四年暮れ逮捕・保釈、そして二〇〇五年の起訴にいたるまで、なぜか本格的な事件としては立件されなかった）。そこからは、現在販売されているＤＶＤ以上に残虐な虐待が行なわれた可能性を読み取ることができる。

・普通に拘留されちゃって作品になってないの多いんですよ（bakky-man 2004/4/18）
・逮捕はされないように気をつけてます。気をつけても過去に二人もってかれちゃったのですが……（bakky-man 2004/6/13）
・こっちもね、女優が半年以上入院したりとか、事件になったりとか。そこまでなってるんですけどね（bakky-man 2004/7/24）
・現段階では発売なんか出来ないよ。酷いもの。ただいつかします（bakky-man 2004/8/12）
・祝提訴　根回し失敗で生け贄に訴えられちゃいました（『子宮破壊』シリーズ11、パッケージ宣伝文）

また、撮影後再起不能に陥らされた被害者がいることも示唆されている。

・出演者のその後についてはとても〔説明〕出来ません。撮影後に問題になっていることは多く。今でも話し合いと言う名の争いを続けているところも多く（bakky-man 2004/4/18）
・女の子はロリータファンに大人気のさくらちゃん。が、この作品で文字通りにマンコも精神も破壊されちゃっ

て引退しちゃいました（『子宮破壊』シリーズ3、作品評価表）

・その後天使ちゃんがどうなったか等のお問い合わせはお断りさせて頂きます（『子宮破壊』シリーズ12、作品評価表）

そしてバッキー社は、出演女性への暴行・虐待が被害者の「同意」なしに――仮に「同意」があっても明らかに違法だが――繰り広げられていることを堂々と宣伝している。DVDパッケージに「ヤラセ判明なら全額ご返金」と書かれ、会社のHP上の作品評価表には次のように書かれている。

・一応はAVの出演だということは〔出演女性の側で〕認識されている。が、撮影内容まではしらずにいる。

・無断で中出しされる〔中出し＝避妊具なしに膣内に射精すること〕

・ハイ、犯罪以外のなにものでもありません。プロダクションに、メーカーに騙されちゃった可愛そうな女の子の末路がここにあ〔る〕

・AVの枠を完全に逸脱した公開強姦ショー以外の何ものでもございません

・女が苦痛で失神する様子を御覧下さい！

以上みてきたように、インターネットがポルノグラフィに与えた革命的な諸変化――消費障壁の撤廃、供給・流通コストの削減、制作者とユーザーの相互浸透――の結果、ポルノ市場が未曾有に拡大し、さらにポルノグラフィの暴力化がいっそう深く激しく進行している事実を、確認することができるのである。

3　裁判と報道の限界

（1）問題が山積の裁判

バッキービジュアルプランニングの暴力ポルノ制作関係者や「関西援交」シリーズの首謀者が摘発され、重い刑事責任を問われたことは、社会正義の実現という観点から当然のこととして評価できる。暴力ポルノ制作会社については、それまで、撮影現場に警察が姿を見せたり、露出ビデオ撮影の関係者が公然わいせつ容疑で逮捕されたりということはあっても、強姦や傷害で起訴され有罪判決がくだされることはなかった。暴力ポルノ制作が集中するインディーズ系ポルノ制作会社のAVは、相互の「自主規制」以外事実上何らの規制もないままに、出演女性に対して性的な暴行・虐待・拷問を思うがままに行ない、娯楽作品として売り出し多額の利益を上げていた。

しかし、今回の事件をめぐる裁判や社会の反応には多くの問題がみられ、課題が山積みのまま残されている。まず、バッキービジュアルプランニングの制作したAVで摘発されたのがたったの三件にとどまっていることである。同社は、『強制子宮破壊』シリーズだけでもおよそ二〇を数える撮影を行なっており、被害を受けた女性は撮影の数ほどいるのである。同シリーズはほぼ同じ手法で撮影されており、何よりビデオ自体が犯罪の記録なのだから、すべての関係者を逮捕するために捜査当局は被害者を割り出して被害届を出させるべきである。

次に、このような犯罪行為に、「傷害」（『水地獄一丁目』撮影）や「強姦致傷」（『強制子宮破壊』撮影）という罪状が適切かどうかという問題がある。これには、現行刑法上の罪状として適切かという問題と、現行法それ自体の限界という二つの問題がある。被害者は、八時間から一〇時間にもわたって数十人の加害者に取り囲まれて延々と虐待・拷問を受け続けたのである。被害者は、「手加減が一切なかった」「本気で溺死すると思いました」と述懐し、撮影の最中には「これはスナッフビデオ〔殺人ポルノ〕なの？」と問い、殺される前に恋人に最後のメールを出さ

【資料5】バッキービジュアルプランニング事件裁判経過

二〇〇二年　四月　バッキービジュアルプランニング社創設、「美少女」ものでスタート
二〇〇三年　三月　『強制子宮破壊』シリーズ撮影始まる。この間、同シリーズ一五作のほか、女性が傷害を負わされた数々の暴力ポルノビデオを制作・撮影・販売する
二〇〇四年一二月　『セックスオンザドラッグ』撮影で栗山会長ら八名逮捕も保釈
二〇〇五年　三月　『強制子宮破壊』および『水地獄一丁目』撮影で関係者計八名逮捕
　　　　　五月　公判開始
　　　　　六月　出演者の一名に懲役二年執行猶予三年の判決
　　　　一〇月　関係者の一名に懲役五年の判決
二〇〇六年　二月　栗山会長起訴
　　　　　七月　関係者四名に懲役一〇年から二〇年の判決（現在も、栗山会長や最高幹部に対する公判が継続中）

せてほしいと頼んでいる。また強制飲酒によって急性アルコール中毒を起こして意識不明に陥り、数時間後にようやく意識を回復した被害者もいる。撮影関係者には、被害者が「死ぬかもしれない」という殺人の未必の故意が認められ、「殺人未遂」の適用があってしかるべきであったろう。

　また、半日も被害者を「殺されるかもしれない」と思わせる状態において虐待し続けるという犯罪類型を、現行法は想定していない。憲法一八条は、「何人も、いかなる奴隷的拘束も受けない」として人身の自由を定めているが、この条項を踏みにじる新たな性犯罪の一類型が必要である。憲法三六条は、「公務員による拷問及び残虐な刑罰は、絶対にこれを禁ずる」と定めており、これを受けて刑法一九五条は「特別公務員暴行陵虐罪」を規定し、警察官や看守等が被疑者や被告人や被拘禁者に対して暴行または陵辱もしくは加虐行為を加えることを重罪にしている。この規定を参考に、何人であれ、他人を奴隷的拘束状態に置き暴行・陵辱・加虐することに対する重罪規定（「奴隷的拘束暴行陵虐罪」とでもいうべき犯罪規定）を創設すべきであろう。

　今回の一連の事件で逮捕・起訴されたバッキービジュアルプランニング関係者は、会長、撮影監督、カメラマン、

暴行を加えた出演者であるが、二つの「関係者」が闇に隠れた。一つは、現場で暴虐行為に参加した数十人もの「素人」男性たちである。バッキービジュアルプランニングは、「監禁友の会」なる会をつくり、同社の商品を購入した者に暴行に参加する資格を与え、数十人もの虐待者を調達したのである。しかも撮影時に虐待に積極的に関与しなかった者には、次回以降の参加資格を失わせることによって、参加者に虐待行為を競わせる仕組みを取っていた。しかし、同社のスタッフではない「素人」参加者はだれ一人として暴虐行為に加わったことの責任を問われていない。

もう一つの「関係者」は、撮影現場には来なかったが、しかし同社のホームページ上の掲示板で、女性を虐待する方法を提案し、煽った人々である。さらにその背後には、これら暴力ポルノを娯楽として使用する、多数の物言わぬユーザーが、「第三の関係者」として控えている。それらの消費者がいなければ、これら暴力ポルノは商品として成り立たず、制作されえない。

最後に、しかし最も緊急に解決が求められるべき問題が、被害映像がいまだに娯楽作品として堂々と販売されていることである。関係者が司法の手によって裁かれ、明白な犯罪行為によって制作されたことが明らかなった性犯罪記録映像が、である。人としての尊厳が踏みにじられ、人間性を否定され、無力に性的犯罪行為の犠牲となっている被害者の姿が、それを性的な愉しみとして使用する人々の間で売買され続けているのである。いいかえると、被害者の侵害された人権は、繰り返し侵害されるがままの状態に放置されている。

(2) ポルノの性暴力を見ないマスメディア

このような凶悪で重大な犯罪事件であるにもかかわらず、この事件に関するマスメディア報道は非常に限定されていた。「関西援交」事件については、毎日新聞が優れた記事を書いたが、それは残念ながら例外であった。バッキービジュアルプランニング事件の報道記事は、事件発生後約一年の二〇〇五年一一月までに約三〇点とされてい

【資料6】「暴力事件で波紋　AV規制 強化すべきか」

2005年(平成17年)2月11日(金曜日)

こちら特報部

暴力事件で波紋

AV規制 強化すべきか

「刑事、民事両面から規制」

性犯罪増加 無縁でない

「是非論以前の人権問題」

こちら特報部

業界自主判断 限界で野放し

「国家の介入 効果に疑問」

当局の主観で 難しい線引き

知られるの恐れて 泣き寝入り女性も

性への蔑視 最大の問題

（出典：『東京新聞』二〇〇五年二月一一日）

るが、圧倒的に週刊誌・月刊誌によるものであり、それにスポーツ新聞が加わった。[11] 朝日、読売などの大手全国紙はいっさい報道しなかった。その唯一の例外は、二〇〇五年二月一一日付けの『東京新聞』が「こちら特報部」欄で、「暴力事件で波紋　AV規制　強化すべきか」と題する大きな特集記事を掲載したことである。ただし、問題を「性のタブー視」や「性の蔑視」一般に解消し、性表現のさらなる規制緩和と「性労働」化によって事態が好転するかのように締めくくっている。雑誌による報道は、概して事件を特殊な業界の特殊な事件として、読者の興味をセンセーショナルに煽り立てるものであった。

そもそも主流の大手メディアは、ポルノグラフィを肯定する記事は載せるが、その問題点を明らかにするような記事はめったに掲載しない。ポルノグラフィを肯定する記事の例としては、「芸術」性や大衆娯楽性を持ち出しやすかった劇場映画時代のポルノ映画を讃えたり、懐かしんだりする記事がある。もう一つは、「前衛芸術」の延長線上に、暴力アダルトビデオを礼賛する記事である。その象徴的な例が、『Ronza』『アエラ』といった朝日新聞系の雑誌が、暴力ポルノ監督のバクシーシ山下を持ち上げたことである。[12]

バッキービジュアルプランニング事件のようなに深刻な組織的性暴力事件を報道しないマスメディアの姿勢は、二〇〇三年に現役大学生およびOB一四人が集団強かんで逮捕されたイベントサークル「スーパーフリー」事件（いわゆる「スーフリ事件」）における報道の洪水と比較すると水際立つ。バッキービジュアルプランニング事件は、被害者に加えられた虐待・拷問の程度、犯罪の組織性等いずれの点においても、スーフリ事件を凌ぐ凶悪な性犯罪事件であるにもかかわらず、社会的には消去された。一方の被害者は社会の同情を集めやすい女子大学生であり、他方は「AV女優」である。一方の加害者は青二才の大学生だが、他方は「AVの虎」の異名を取る人物が会長の会社である。これらのことがマスメディアの報道姿勢に影響を与えていなかっただろうか。その「影響」はむしろ、外的というよりは、記者自身が内面化したジェンダー意識というべきであろう。

主流の大手メディアが、ポルノグラフィの問題を暴くような記事、そこまででなくても単にポルノグラフィをめ

(11) ポルノ・買春問題研究会「暴力AVの何が裁かれるのか」同『ポルノ被害としての盗撮』（同「論文・資料集」第六号）二〇〇五年、五五頁。
(12) バクシーシ山下「AVギャルは人権なんて欲しくない」『Ronza』一九九七年二月号、速水由紀子「現代の肖像　バクシーシ山下」『アエラ』一九九七年一〇月一三日。

ぐって現に生じている重大事件の事実を社会に知らせるだけの記事すら載せてこなかったことには、いくつか理由を考えうる。一つには、ポルノグラフィの問題を暴けば、ポルノ規制の世論を呼び起こし、性表現の規制論がひいては報道規制論につながりかねない、というマスメディア側の危惧があるのかもしれない。「マスメディア」の中にもいろいろあり、周知のようにスポーツ新聞はかなり露骨なセックス記事を常時掲載しているし、日本で最も売れている大衆週刊誌は準ポルノ誌と化している。ポルノ規制は、そうしたスポーツ新聞や大衆誌等の「マスメディア」規制へつながり、スポーツ新聞や大衆雑誌の規制が、やがては主流大手メディア規制へとつながる、と考えているのかもしれない。大手新聞社が、そのような準ポルノ週刊誌から広告収入を得ている事情もあるだろう。

また、マスメディア関係者にポルノ業界に対する蔑視があるために、ポルノグラフィに関する事件は、大メディアの品位や読者のニーズにふさわしくないと考えていることもあろう。上品な大メディアの記事になるためには、成人映画のように、いったん「芸術」や「文化」にまで格上げされなければならないかのようである。

先の「ジェンダー意識」とも関係するが、マスメディアで権力を握っている人々が、ポルノ業界における性暴力を「悪」とは思っていないという、そもそもの問題があるだろう。大手メディアが好むかつてのピンク映画も、「芸術」の煙幕を払ってよく見れば、性暴力の娯楽化がその内容である。主流マスメディアがポルノ業界における性暴力を問題とみなしていないことを如実に示したのが、先に挙げた『アエラ』の記事である。それは、「現代の肖像」という欄で、バクシーシ山下監督を五ページにわたって特集したもので、山下を宗教がかったAV界の奇才扱いしている。「絡みを終えた女優のプライドは、ずたずたに引き裂かれ、中には泣いたり放心状態で動かない者もいる」と指摘しながら、その問題性については一言も述べることなく、逆に「彼〔山下〕は女を欲望の対象ではなく、独立したキャラクターとして撮る。フェミニズムには歓迎されるべきですよ」（太田出版、北尾修一）とか、「彼は欺瞞を剥いで自分の生理に忠実なAVを作った」（山下と「交友を続ける」社会学者、宮台真司）といったデタラメとしかいいようのないコメントを紹介して締めくくっている。[13]

これらのコメントを発した二人はいうまでもないが、この記者（性別は女性だが）にも、ポルノグラフィの性暴力を性暴力と認識することのできない、それ自体にあらかじめ性暴力が埋め込まれたセクシュアリティの前提がある。ポルノグラフィの性暴力を性暴力として取り上げることのできない内在的な限界が、最初からそこにはある。

（13）速水「現代の肖像　バクシーシ山下」前掲注（12）、五八頁。

第3部

ポルノグラフィの法規制

第7章

「わいせつ」物規制法

女性を従属的・差別的・見世物的に描き、現に女性に被害を与えている露骨な性表現物（ポルノグラフィ）は、現代フェミニズムが常に批判の対象として取り組んできた主要なテーマの一つである。

性表現物に対する日本を含む諸国の法の態度は、周知のように、露骨で淫らな性表現物（「わいせつ」表現）の頒布・販売等を刑罰で抑制するというものである。だが女性に対する性犯罪、性暴力を娯楽化し、女性を性的に従属させ、虐待・拷問の対象にする性表現物は、従来、日本を含むどこの国でもそれ自体としては規制されてこなかった。

ポルノグラフィに反対の立場のフェミニズムも、次章で紹介する「反ポルノグラフィ公民権条例」が、一九八三年にアメリカでラディカルな（＝徹底した）フェミニズムの立場から提案されるまで、ポルノグラフィの法規制には概して懐疑的であった。同時に反ポルノ派フェミニズムは、既存のわいせつ物規制法にも批判的であった。

現代の反ポルノ派フェミニズムが提起したポルノグラフィの新たな規制立法を検討する前に、本章で伝統的なわいせつ物規制法についてみておこう。

1　性の私秘化

近代国家は共通して、性的な表現物を「わいせつ」という概念を使って規制してきた。日本も同様であり、刑法（一九〇八年、明治四一年制定施行）は一七五条「わいせつ」物頒布罪で次のように規定し、「わいせつ」物を流通させる行為を刑罰によって抑制してきた。

わいせつな文書、図画その他の物を頒布し、販売し、又は公然と陳列した者は、二年以下の懲役又は二五〇万円以下の罰金若しくは科料に処する。販売の目的でこれらの物を所持した者も、同様とする。

だが刑法は「わいせつ」の定義をしていない。最高裁判所は、一九五七年のチャタレイ事件判決で次のように「わいせつ」の定義を確認した。すなわち、「徒らに性欲を興奮又は刺戟せしめ、且つ普通人の正常な性的羞恥心を害し、善良な性的道義観念に反するものをいう[1]」と。

この定義における問題関心は、「わいせつ」物を見る側の「性欲」や「性的羞恥心」、あるいは社会全体の「善良な性的道義観念」であり、いずれにせよ「わいせつ」表現物に描かれている人（ほとんどは女性）への関心はみられない。「わいせつ」の定義は、「女性を従属的・差別的・見世物的に描き、現に女性に被害を与えている露骨な性表現物」というポルノグラフィとは明らかに異なるものである。それゆえ、「わいせつ」物規制法によってポルノグラフィが規制されることがあっても、それはポルノグラフィとして――つまり女性を性的に露骨なかたちで従属的・差別的・見世物的に扱ったから――規制されるのではない。そうではなく、わいせつ三要件に該当するから規制されるにすぎない。つまり、ポルノグラフィは現在、ポルノグラフィとしては規制されていない。

その後最高裁判所は、何がこの「わいせつ」の定義に該当するかを示す具体的な基準を精緻化することにもっぱら関心と精力を傾注し、差別や暴力との関連でわいせつ概念を再構成することはほとんど行なっていない。ただし、チャタレイ事件判決が、わいせつ物は「人間の性に関する良心を麻痺させ、理性による制限を度外視し、奔放、無制限に振舞い、性道徳、性秩序を無視することを誘発する危険を包蔵している」と述べていた部分には、性と暴力の問題に展開しうる萌芽をわずかながら読み取ることが可能かもしれない。だが、この点はその後の判決で深められることはなかった。

性表現における「被害」という観点からのアプローチは、一九八三年の伊藤正己裁判官補足意見が、注目されるほとんど唯一の意見であろう。その補足意見は、「ハードコア・ポルノと準ハードコア・ポルノ」を区別し、前者には憲法の保障が及ばないこと、後者はそれによって「もたらされる害悪の程度」と「作品の有する社会的価値との利益較量」により、憲法上の保障が及ぶかどうかが判断されることを提起した。[2]

いずれにせよ最高裁判所の示した「わいせつ」概念の底流にあるのは、「性行為の非公然性は、人間性に由来するところの羞恥感情の当然の発露」であり、かつ「羞恥感情」は「普遍的な道徳の基礎を形成するもの」[3]という考えである。つまりこの考えの核心には、性を本来的に「汚らわしいもの」「恥ずべきもの」とみなし、露骨な性表現そのものを反道徳的とみなす道徳観がある。それゆえ政府は、社会を道徳的腐敗から救うために、性を公に露わにする市民の反道徳的行為を、公権力を用いて抑圧することができることになる。その結果、性は、「私秘性（プライバシー）」を帯び、「私的（プライベート）」領域に押し込められ、公共の関心事たることを否定される。

（1）最高裁判所大法廷判決一九五七年三月一三日刑集一一巻三号九九七頁。
（2）最高裁判所第三小法廷判決一九八三年三月八日刑集三七巻二号一五頁。
（3）最高裁判所大法廷判決、前掲注（1）、一〇〇四頁。

こうした性（セクシュアリティ）に関する規範意識は、近代西欧社会のあり方に共通している。その源流は、本書で検討するアメリカやカナダの「わいせつ」概念の場合を含め、イギリスの制定法および判例法（コモン・ロー）にみることができる。

2　わいせつ物規制法の起源

イギリスにおける「わいせつ」概念は、もともと宗教上の罪（冒瀆や異端）に対する処罰規定として始まった。それが一七世紀以降しだいに公衆の道徳を腐敗させる効果を持つものへと拡大され、一八世紀には、性的に露骨な表現物にも適用されるようになったとされる[4]。

性的な表現物の何が「わいせつ」にあたるかの法的基準を、イギリスの裁判所が最初に明らかにした判決は、Regina v. Hicklin, L.R. 3 Q.B. 360（1868）であり、そこでは次のように述べられた。「当該表現物が、それを入手する可能性のある者で、その不道徳な影響を受けやすい者に対して、腐敗・堕落させる傾向を有するかどうか」（以下、ヒックリン判決基準）。そこでは、もっぱら「わいせつ」な表現物の受け手に対する腐敗的な影響が問題にされていた。

イギリスの植民地だったアメリカでも「わいせつ」頒布罪は、当初宗教上の罪を罰するものだったが、一八〜一九世紀をとおして性的に露骨な表現物の規制へとその重点を移し、一八七三年には「わいせつ」物を取り締まる連邦法が制定された（通称 Comstock Act）。この法律の制定と同時期に、「わいせつ」の法的基準として、イギリスの上記ヒックリン判決基準がアメリカの裁判所に広く採用され始めた。

カナダにおける最初の「わいせつ」物処罰規定は一八九二年刑法であるが、刑法には「わいせつ」概念の定義がなく、カナダの裁判所もまた「わいせつ」の基準をかつての宗主国イギリスのヒックリン判決基準に求めた。

3　ポルノ産業による性の公然化

二〇世紀それも戦後になると、出版・流通業界の飛躍的な発達に伴い、ポルノ雑誌・映画が産業として肥大し始めた。ポルノグラフィの産業化とその肥大化は、性の——実態は女性への暴力を描く性の——公然化を推し進めた。この事態は、性を私秘化し、私的領域に追いやろうとする「わいせつ」物規制法と当然ながら衝突を生む。その結果、「わいせつ」物頒布罪で起訴されるポルノ業者が増え、「表現の自由」を根拠にわいせつ物規制法の合憲性を争う事例が登場することになった。圧倒的な勢いで性（暴力）表現の公共化を推し進めるポルノ産業の圧力によって、「わいせつ」基準は緩和されていくことになる。その過程をアメリカについてみてみよう。

アメリカでわいせつ物規制法の合憲性が争われたリーディング・ケースは、一九五七年の Roth v. United States（354 U.S. 476）である。それは、わいせつな広告物と本を郵送したとして連邦法違反で起訴されたニューヨークの出版・販売業者サミュエル・ロスが、同法は合衆国憲法修正一条で保護された「表現の自由」を侵害する違憲の法律であるとして争った事件であった。合衆国最高裁判所は、連邦法を合憲と判断し、「わいせつ」の判断基準を次のように明らかにした（354 U.S. at 489）。

その時代の共同体の基準（contemporary community standards）に照らして、全体としてみたその表現物の支配的テーマが、平均人にとって淫らな関心（prurient interest）に訴えるものかどうかである。

（4）わいせつ物規制法の歴史の詳細は、Frederick Schauer, *The Law of Obscenity*, Bureau of National Affairs, 1976.

この定義においては、主要な関心が「淫ら」さにあり、暴力や虐待、差別にないことに留意しておく。

ロス判決後、一九六〇年代から一九七〇年代にかけては、ポルノグラフィの内容がより露骨に、より性差別的に、より暴力的になり、ポルノ市場がいっそう拡大した時代であった。とくに一九七〇年代以降、アメリカの「表」ポルノ市場には「ハードコア・ポルノ」（生殖器官や性交等を露わに見せるきわめて露骨な性表現物）が溢れるようになった。また一九六〇年代はヨーロッパ諸国で露骨な性表現物の解禁が進行した時期でもあった。その影響を受けたアメリカにおいても、「わいせつ物とポルノグラフィに関する大統領委員会」が一九七〇年にわいせつ表現物と性犯罪の関連性を否定し、わいせつ物の法規制を撤廃するべきという勧告を出していた[5]。

このような事態への司法の対応は、ポルノグラフィの中の性暴力、性暴力を肯定するポルノグラフィによって生じる性暴力に向き合うことではなく、「わいせつ」概念の定義（基準）をより限定的にする（ポルノグラフィの制作・消費にとってより自由主義的になる）というものであった。今日でも支配的な「わいせつ」の基準は、一九七三年の Miller v. California（413 U.S. 15）の最高裁判決で明らかにされた（413 U.S. at 25）。すなわち、

（a）平均人が、その時代の共同体の基準に照らして、その作品が全体として淫らな関心に訴えるものと考えるかどうか、（b）州法によって明確に定義された性行為を明らかに不快なかたちで描写・記述しているかどうか、（c）全体としてみて、その作品が、重要な文学的、芸術的、政治的または科学的な価値を欠いているかどうかである。

加えて、（b）の州法の定義の「明白な例」が提示され、それは「（1）正常か異常か、あるいは実際に行なう（actual）か模擬的（simulated）かを問わず、性行為の究極形態を、明白に不快なかたちで描写・記述すること。

（2）自慰行為、排泄行為を明白に不快なかたちで描写・記述すること、および生殖器官の淫らな表現」（413 U.S. at 27）とされた。それは、「わいせつ」表現をいわゆる「ハードコア」ものに限定することだと最高裁自身が述べている（ibid.）。

ミラー判決は、わいせつ物頒布を規制する文脈は「受け取りたくない者（unwilling recipients）または未成年の感情が害される重大な危険を伴う」（413 U.S. at 19）場合であるとした。もっとも、同日にくだされた Paris Adult Theatre I v. Slaton（413 U.S. 49）では、好んで視聴する成人のみを対象にわいせつ映画を上映する場合も、「商業化されたわいせつ物の流れを食い止めること」は「共同体の生活の質と公共の安全性」という「正統な政府利益がかかわる問題である」（413 U.S. at 58）として、規制可能とした。ここでも「共同体の生活の質」という抽象的な社会的法益が援用されているが、「公共の安全性」はより分節化されれば性表現と性暴力の関連性へと展開されうる概念だといえよう。

4 自由主義からの批判

「わいせつ」物頒布罪に対しては、自由主義の立場に立つ論者が厳しく批判を加えてきた。その立場を要約して記せば次のようになろう。まず「わいせつ」概念が、曖昧で罪刑法定主義に反するだけでなく、過度に広汎で憲法上保障された「表現の自由」を不当に侵害する。また、わいせつ物頒布罪の立法目的について、それがわいせつ物を見たくない成人の利益の保護や未成年の心身の健康・発達の利益の保護にあるとすれば、立法目的としては一応正当であるが、その目的達成手段すなわち、わいせつ物の頒布・販売・公然陳列の一律禁止という手段が目的との

（5）*Report of the Commission on Obscenity and Pornography*, Government Printing Office, 1970.

関係で均衡を欠く。あるいは、立法目的が、わいせつ物の閲読によって誘発される性犯罪から女性や未成年等を保護することにあるならば、両者の間の相当な因果関係が実証科学的に立証されていないため不当である。さらに、わいせつ物頒布罪の立法目的が、性道徳秩序一般の健全性・潔癖性の維持にあるならば、そのような政府利益を根拠にして、いやしくも表現の自由に属する性表現を国家刑罰権の発動によって規制することは比例原則を著しく損ない許されない。

自由主義からのこうした批判論には、重要かつ正当な主張が含まれている。すなわち、「表現の自由」が立憲民主政治において有している役割を重視する点は、きわめて正当である。また、わいせつ物頒布罪が、究極的には性道徳秩序の維持を目的とした、その限りで「被害者なき犯罪」に対する規制であるという理解も、「わいせつ」の伝統的な定義を字面どおりに受け入れれば正しかろう。となると、「道徳維持を目的に表現行為は禁止されえない」がゆえに、わいせつ物規制法は自由主義的憲法原則に反することになる。

だが、わいせつ物規制法の真の問題は、それが維持しようとしている「性道徳秩序」の方にある。その点こそ、わいせつ物頒布罪を肯定する性的道徳主義と、それを否定する性的自由主義の両方が見逃すものである。性的道徳主義と性的自由主義は、わいせつ物頒布罪の評価については正反対の立場に立ちつつも、一つの重要な共通点を持つ。それは、性表現物の中で性的暴行・虐待・拷問を受け、非人間的扱いを受けている人（圧倒的に女性）に対する無関心であり、そのような性表現物がその反復的・継続的消費者（圧倒的に男性）に与える影響に対する無関心——ひとことでいえば性暴力への無関心である。性暴力への無関心ないしその私事化こそが、伝統的な性道徳秩序の内実であり、わいせつ物規制法は、性を私秘化し、私的領域に押し込み、政府の不作為によって性暴力を維持する機能を果たすのである。

5　フェミニズムからの批判

女性の人権を擁護し両性の平等を推進する立場から、わいせつ物規制法とポルノグラフィの氾濫の両方を批判する声を上げたのが、一九六〇年代末から生じた現代のフェミニズム運動である。それは、保守主義でも自由主義でもなく、差別的・虐待的・暴力的性表現が現に女性に与えている具体的な被害事実に基礎を置く立場であった。

女性の人権と両性平等の観点から、氾濫する商業的性表現物を批判するには、まず批判の対象たる性表現物を、旧来のわいせつ物から、男性支配と女性の従属、つまり女性の権利侵害と男女の不平等をエロス化する性表現物へと移行させる必要があった。それは批判的意味を込めて「ポルノグラフィ」と呼ばれ、そこに批判の焦点が当てられた。

どこの国でも長い間、ポルノグラフィを規制する立法といえば、刑法によって「わいせつ物」の頒布行為に刑罰を科すものであった。そのため、一九七〇年代をつうじてフェミニズム運動はポルノグラフィの法規制には消極的であり、その主眼をポルノグラフィに対する直接的な抗議行動――集会やデモ、ポルノ映画館の封鎖やポルノショップの襲撃等々――に置いた。その主張と活動は男性運動の一部にも大きな影響を与え、自己のセクシュアリティを真剣に問い直す男性による多彩な活動をも生み出した[6]。

一九八〇年代に入り、ポルノグラフィの法規制の手法を刷新する主張が現れた。アメリカの法学者キャサリン・マッキノンと作家アンドレア・ドウォーキンは、七〇年代のラディカル・フェミニズムの反ポルノ運動の伝統を受

（6）Michael Kimmel, ed., *Men Confront Pornography*, Crown Publishers, 1990, John Stoltenberg, *What Makes Pornography "Sexy"?*, Milkweed Editions, 1994.

け継ぎながら、ポルノグラフィへの新たな法的規制アプローチを開拓した。彼女たちは、ポルノグラフィによって女性が実際に傷つけられている事実に着目し、ポルノ被害者が被害を救済され、権利を回復することが可能な新しい法律を求めた。それが、「反ポルノグラフィ公民権条例（Anti-Pornography Civil Rights Ordinance）」である。次に条例について、その制定にいたる前史から詳しく検討する。

第8章 アメリカ「反ポルノグラフィ公民権条例」

1 条例制定前史

(1) ポルノ反対運動の誕生

アメリカのポルノグラフィ反対運動は、一九七〇年代にまき起こった、性暴力に対する草の根の反対運動の中から生まれた。それまで個別化、私的化され、孤立させられていた個々の女性の性暴力被害経験が、女性運動のコンシャスネス・レイジング活動の中で共有され、レイプ、夫の暴力、セクシュアル・ハラスメントなどが次々と社会問題化されていった。たとえば、一九七二年にワシントンDCで最初のレイプ被害者救援センターが設立されて全米に広がり（一九七九年には全米六〇〇ヵ所）、一九七四年にミネソタ州セントポールに夫の暴力を受けた女性の最初のシェルターが開設された。[1] 一九七五年には早くもミシンガン州刑法性犯罪規定が、フェミニズムの影響を受けて抜本的に改正された。

女性に対する性暴力の広範な存在への認識が深まるにつれ、女性運動は、ポルノグラフィの問題と取り組み始め

(1) リサ・タトル（渡辺和子監訳）『新版フェミニズム事典』明石書店、一九九八年、一二八頁、三一九頁。

た。アン・ルソーは、そうしたポルノ反対運動の歴史的出自に基づき、次のように指摘する。「ポルノ産業に対するフェミニズムの分析は、ポルノ画像そのものではなく、女性に対する広範な暴力の問題との関連で始まるのである[2]」。

一九七六年、ローラ・レーダラー、ダイアナ・ラッセルらが創設メンバーとなり、サンフランシスコに全米初の反ポルノ運動組織、「ポルノグラフィとメディアの中の暴力に反対する女性たち（WAVPM）」が結成された。すでに「女性に対する暴力に反対する女性たち（WAVAW）」が全国的な組織となっていたが、この組織はレコード・ジャケットに描かれる性差別的な女性のイメージに対する批判に中心的に取り組んでおり、ポルノグラフィそのものに対する活動はなかった[3]。二年後の一九七八年一一月、WAVPMは三日間にわたる反ポルノ全米集会「ポルノグラフィに対するフェミニズムの視点」を開催し[4]、集会後、夜の歓楽街に出て、「夜を取り戻そう」という全米三〇州から五〇〇〇人が参加したポルノグラフィと性暴力に抗議するデモ行進を行なった[5]。デモの参加者が地元に戻って同様の活動を行なったため、抗議行動は全米に広がったという。こうした抗議行動の拡大の背景には、一九五〇～六〇年代のポルノグラフィの急速な普及と七〇年代半ばからの性差別的で暴力的なポルノグラフィの登場があった。

（2）ポルノグラフィの普及と暴力化

アメリカでポルノグラフィを「闇で売られる『安っぽい』商売から年商数十億ドル産業[6]」の〝正統なビジネス〟に転換したのは、一九五三年に創刊された『プレイボーイ』である。創始者ヒュー・ヘフナーは、当初からポルノグラフィをライフスタイル誌の体裁に仕立て、大手企業の広告収入を得て雑誌の「質」を高める販売戦略を自覚的に追求した。ポルノグラフィのイメージを一変して男性が妻や恋人の目を憚ることなく消費することを可能にし、また正統な大手の流通・販売網に乗せるためである。その結果、創刊号の販売部数五万四〇〇〇部から、一九七二年にはピークの七〇〇万部に売り上げを伸ばした。[7] 中産階級男性を中心に広がる巨大なポルノ市場が、『プレイボーイ』によって開拓されたのである。

そんな最中の一九六九年、『プレイボーイ』が開拓したポルノ市場に、より「ハードコア[8]」志向の強い競争誌『ペントハウス』が参入した。『プレイボーイ』との間で激しい「販売戦争[9]」が繰り広げられた結果、ポルノグラ

（2）Ann Russo, Feminists Confront Pornography's Subordinating Practices, in Gail Dines, et al., *Pornography: The Production and Consumption of Inequality*, Routledge, 1998, pp.11-12.

（3）Diana Russell, ed., *Making Violence Sexy: Feminist Views on Pornography*, Teachers College Press, 1993, p.8, n.5.

（4）この集会で行なわれたキャサリン・バリー、オードリー・ロード、アンドレア・ドウォーキン、ダイアナ・ラッセルらの講演は一九八〇年に出版された次の書物に収められている。Laura Lederer, ed., *Take Back the Night: Women on Pornography*, Quill, 1980. またこの集会に触発され、スーザン・ブラウンミラーは、ニューヨークに「ポルノグラフィに反対する女性」を組織し、ＷＡＶＰＭの解散後もそれは全米で有数の反ポルノグラフィ団体として活動した。Russell, *Making Violence Sexy*, supra note (3), p.8.

（5）Lederer, *Take Back the Night*, supra note (4), p.15.「夜を取り戻そう」という行進は最初一九七七年一一月にイギリスで行なわれた。タトル『新版フェミニズム事典』前掲注（1）、三二〇頁。

（6）Gail Dines, Dirty Business: Playboy Magazine and the Mainstreaming of Pornography, in Dines, et al., *Pornography*, supra note (2), p.38.

（7）Ibid, pp.38, 52.

（8）ゲイル・ダインズにならい、「ハードコア」ポルノを「女性の生殖器、男性のペニス、射精、ＳＭ、二人以上の性行為の一つ以上を含むもの」という意味で用いる。ソフトコアとハードコアを区別する理由は、「上記の要素を含めば、大手の流通・販売店から締め出される可能性がある」からである。ダインズによれば、「大手流通・販売網を確保している唯一の『ハードコア』ポルノ誌は『ハスラー』だけであり、発行者ラリー・フリントは大手流通・販売ルートを維持するために多くの裁判をたたかってこなければならなかった」Ibid., p.63, n.2.

【資料７】批判を浴びた『ハスラー』誌の女性憎悪に基づく表紙、1978年６月号
「これからはもう女を肉片のように吊り下げることはしない――ラリー・フリント」

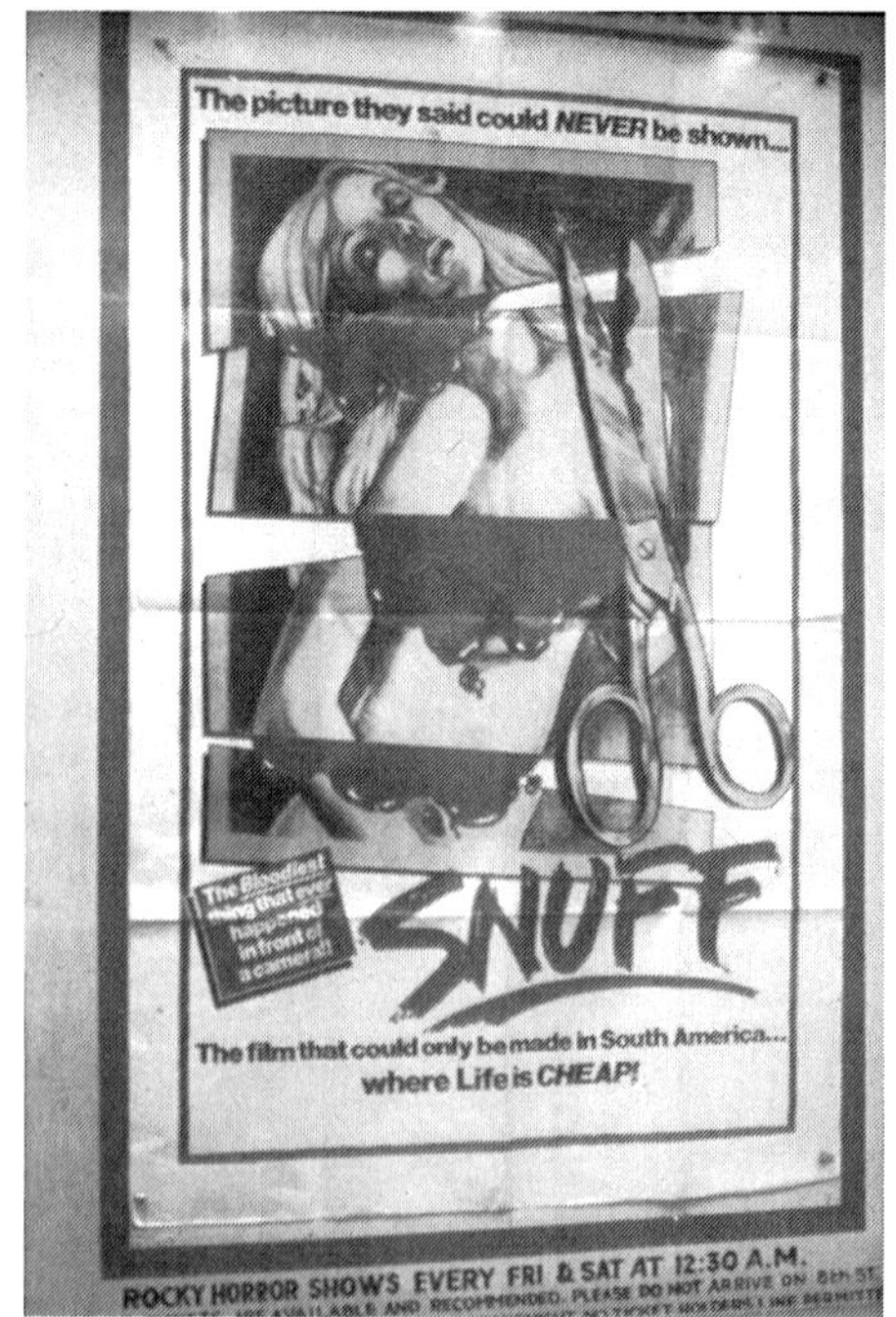

【資料８】映画『スナッフ』の宣伝用ポスター
「決して上映できないといわれた映画……。この映画は南米でしかつくることができなかった……そこではかくも命の価値が低いのだ！」「これまでカメラの前で生じた最も血なまぐさい出来事！」

フィの「表」市場はより「ハードコア」志向に変質させられた。そこに、さらに五年後の一九七四年、ハードコア・ポルノ誌『ハスラー』が登場する。『ハスラー』は発刊から三年半で早くも発行部数三〇〇万部を超える一大ポルノ誌に成長し、[10]以来アメリカの「表」ポルノ市場には、より性差別性・性暴力性の強いハードコア・ポルノグラフィが溢れるようになった。

こうしたポルノ雑誌の性暴力性のエスカレートと並行し、ポルノ映画も暴力性・犯罪性を増していった。その究極の映画が、一九七五年に制作され、「性的快楽の目的で女性が映画の中で実際に虐待され、傷つけられ、殺されると宣伝された」[11]ポルノ映画『スナッフ』であった。ベヴァリー・ラベルによれば、「『スナッフ』は、女性の裸に熱中した数え切れない映画や雑誌の背後に隠された意味について、私たちの認識を変えさせる転換点となった。……『スナッフ』の生々しい流血によって、ついにポルノグラフィの女性憎悪が、フェミニズムの主要な関心事になった」[12]。一九七六年から七七年にかけて、『スナッフ』の上映に反対し、映画館にピケを張る抗議行動が全米に広がった。ニューヨーク州ロッチェスターでは、「『スナッフ』の上映に抗議するデモが打たれ、映画館の窓が壊され、四人の女性が逮捕された」[13]。反対運動はしばしば上映の打ち切りなどの成果を勝ち取ったが、いくつかの組織は「ポルノグラフィの普及とたたかうには、直接的・戦闘的な行動が最良の方法である」という方針をとり、抗議行

（9）Ibid., p.53.
（10）Ibid.
（11）Lederer, *Take Back the Night*, supra note (4), p.15.
（12）Beverly LaBell, Snuff — The Ultimate in Woman-Hating, in Lederer, *Take Back the Night*, supra note (4), p.274. 一九七五年にニューヨーク市警が実際の殺人場面を含むポルノグラフィ映像を押収したと発表し、性的快楽を得るために女優を殺害するポルノグラフィのことを指す用語として「スナッフ・フィルム」(snuff：ろうそくの火などを消すの意が転じて人を消す、殺す）の名が生まれた。同年末に『スナッフ』と題された劇場用ポルノグラフィ映画が登場した。Ibid., p.272-273.

動をエスカレートさせた。デンバーの組織は暴力的なポルノグラフィを上映する映画館にペンキのスプレーを吹きかける行動をとり、マーシャ・ウォモンゴールドはケンブリッジのポルノショップに弾丸を撃ち込んだ[14]。

(3) ポルノ反対運動と法規制

一九七〇年代後半のポルノグラフィ反対運動の特徴は、こうした直接的な抗議行動とともに、ポルノグラフィの法規制に反対する姿勢にある。一九七〇年代のポルノグラフィ反対運動の思想を伝える『夜を取り戻そう——ポルノグラフィに対抗する女性たち』には、ポルノグラフィの法規制の否定と、政治的な反対運動の評価がみられる。例えば、「理論と実践——ポルノグラフィとレイプ」でロビン・モーガンは、ポルノグラフィの普及がレイプを減少させるという議論を批判してレイプとポルノグラフィの結びつきを指摘した直後に、「私は検閲がこの争いを決するべきだと言わんとしているのではない。私はいかなる形態の検閲をも忌み嫌っている」と断り、「別の戦略[15]」として直接的な抗議行動を評価している。

また、「ポルノグラフィに反対する女性たち」のメンバーで弁護士のウェンディ・カミナーも、「ポルノグラフィと修正第一条——事前抑制と私的行為」と題する一文でポルノグラフィの法規制を拒否している。カミナーはまず、「表現の自由」を保障する合衆国憲法修正第一条は政府の行為を規律するものであり、市民の行なう私的行為を規律するものではないと強調して、ポルノグラフィに反対する女性たちの運動を擁護する。「ポルノショップを『たたき壊した』女性は、いくつもの州刑法違反行為の廉で有罪となり、民事損害賠償裁判で営業妨害の責任を問われるであろうが、しかし表現の自由へのいかなる権利も侵害したことにはならない[16]」と。そして現行の刑法によるわいせつ物規制は、政府の規制行為としてまさに「表現の自由」と対立するために、「時間がかかり、犠牲を伴い、予測困難であり、ポルノ問題に包括的なアプローチができないのは避けられ」ず、「フェミニストにとっても修正第一条〔表現の自由〕擁護派弁護士にとっても機能してきていない[17]」と述べて、その機能不全を指摘する。

さらにカミナーは、一部のフェミニストが「法的なオルターナティブ」として唱える、「ポルノグラフィは女性に対する暴力を誘発する危険な表現であり、『明白かつ現在の危険』という司法審査基準を満たすから禁止されるべきだ」という議論を取り上げ、「『明白かつ現在の危険』の基準は保護される表現の規制または禁止に適用される厳格な基準」であり、逆に「現行わいせつ物規制法以上にポルノグラフィに強い法的保護を与える結果になるだろう」[18]と批判する。そして結論的にこう述べる。

> フェミニストが、ポルノグラフィに対抗する法的「闘争」に集中したり、わいせつ物規制に代わる法規制の定式化に精力を注いだりすることにはほとんど意味がない。……私たちはポルノグラフィを撲滅するのに政府に頼ることはできないというほかない。法律的な「最終的解決手段」はないのである。……私たちは政府に、ポルノグラフィの私たちのたたかいの庇護を求めるべきではない。政府が庇護を引き受けて行使する権力は、ポルノグラフィの

（13）Lederer, *Take Back the Night*, supra note (4), p 15. 映画『スナッフ』に対する抗議行動は、ニューヨーク、サンディエゴ、デンバー、バッファロー、ロサンジェルス、サンホセの各都市のほか、カナダでも行なわれた。『スナッフ』以外にも抗議の対象となった映画はたくさんある。Martha Gever & Marg Hall, Fighting Pornography, in Lederer, *Take Back the Night*, supra note (4), pp.279-280.

（14）Ibid., p.285.

（15）Robin Morgan, Theory and Practice: Pornography and Rape, in Lederer, *Take Back the Night*, supra note (4), p.137. モーガンのこの文章は一九七四年に書かれた。

（16）Wendy Kaminer, Pornography and the First Amendment, in Lederer, *Take Back the Night*, supra note (4), p.242.

（17）Ibid., p.244.

（18）Ibid., pp.244-245.

「権力」よりもはるかに危険なものとなるだろう。[19]

このようなポルノグラフィの法規制を拒絶する姿勢には、いくつかの特徴がある。①まず、「ポルノグラフィの法的な規制」の類型として、もっぱら「わいせつ物」を頒布するなどの行為を刑罰によって処罰する規制類型のみが考えられている。②また、それに代わる法規制の手法も、ポルノグラフィの頒布を性犯罪の教唆や煽動などの犯罪行為とみなして処罰の対象とする刑法規制が考えられている。③それらの刑法規制のみが念頭に置かれるため、ポルノグラフィの法規制とは捜査機関の主導による網羅的・包括的な権力的規制であり、常に濫用の危険性と一体であるというイメージが強く抱かれ、しばしば「ポルノグラフィの法規制＝検閲」というレッテルが貼られた。当時のポルノ反対派もこうした考えを共有しており、ポルノグラフィの法規制に反対する姿勢が支配的であったと考えられる。

こうしたポルノグラフィ反対派の法規制の考え方を一変させたのが、キャサリン・マッキノンとアンドレア・ドウォーキンによる「反ポルノグラフィ公民権条例」の提唱であった。

（4）「公民権アプローチ」

女性に対するさまざまな形態の性暴力被害に取り組む運動が広がるにつれて、ポルノグラフィが女性に与えている被害の大きさに関する認識も深まっていった。多くの女性が、強制されてポルノグラフィを撮影された被害、夫や恋人からポルノグラフィを強制的に見せられ性的な虐待を受けた被害、職場でポルノグラフィを見せつけられた被害などについて語り始めた。それまでの不十分な研究を批判し、ポルノグラフィと性暴力の積極的な関連性を示す研究が蓄積されていった。これらの変化が、ポルノ問題の焦点を、「抽象的な画像の解釈をめぐる対立から、女性と男性の生活に強い影響を与えている差別行為、加害行為へ[20]」と移動させていった。マッキノンとドウォーキンがポルノグラフィの法規制を、抽象的な「わいせつ物規制」から、ポルノグラフィをとおして広範に生じている具体的な女性の権利侵害の救済へと転換したことには、こうした背景があった。

一九七二年に制作され、一般劇場公開されて大ヒットしたポルノ映画『ディープスロート』に出演したリンダ・マルシアーノ（芸名はリンダ・ラブレース）は、一九八〇年に出版された自伝『辛酸な体験』[21]で、男に監禁されて売春させられ、彼女と家族を殺すという脅迫と暴行のもと強制的に映画を撮られたことを暴露した。マッキノンは、ドウォーキンやグロリア・スタイネムらと協力して、マルシアーノの被害の賠償請求訴訟を準備した。すでにセクシュアル・ハラスメントを公民権法（civil rights act）で禁止された「性に基づく差別」であると裁判所に認めさせることに成功していたマッキノンは[22]、暴行、脅迫、監禁といった明らかな違法行為のほかに、合衆国憲法修正第一四条の平等保護条項で保障された公民権をマルシアーノが侵害されたという主張を加えた。結局訴訟は提起されなかったが、訴訟の準備過程でマッキノンらは、ポルノ被害に対する「公民権アプローチ」を編み出した[23]。

一九八三年、ミネソタ州ミネアポリスでポルノショップに対する反対運動を行なっていた住民が、ミネソタ大学に所属していたマッキノンと、マッキノンに協力して共同の講義を担当していたドウォーキンのもとを訪れた。住民は、土地利用規制条例を新たに制定してポルノショップを地域から追い出すために市議会に働きかけていた。彼

(19) Ibid., pp.246-247.
(20) Russo, Feminists Confront Pornography's Subordinating Practices, supra note (2), p.13.
(21) Linda Lovelace & Mike McGrady, *Ordeal*, Carol Publishing Group, 1980.
(22) キャサリン・マッキノン（村山淳彦監訳）『セクシャル・ハラスメント・オブ・ワーキング・ウィメン』こうち書房、一九九九年。
(23) 以上の記述は Paul Brest & Ann Vandenberg, Politics, Feminism, and the Constitution: The Anti-Pornography Movement in Minneapolis, *Stanford Law Review*, v.39, 1987 による。以下の記述のいくつかもこれによっている。

【資料9】条例の議会可決に喜ぶマッキノンら条例推進派　ミネソタ州ミネアポリスで

Council passes pornography law

Fraser deciding whether to veto it

By Martha S. Allen
Staff Writer

Amid cheers, tears, soul searching, booing, clapping and national news coverage, the Minneapolis City Council narrowly approved on Friday a novel ordinance declaring that certain kinds of pornography violate women's civil rights.

"We're grabbing the foot of the tree and shaking it, letting the whole world know what pornography does to society," said Walt Dziedzic, DFL-First Ward.

But Kathy O'Brien, DFL-Second Ward, said that while she's a feminist, "I'm concerned what this does to the fight for human rights. The status of women is better in an open society than in a closed one. It's censorship, and it institutes a restrictive society and won't improve the status of women."

The council chambers were packed as council members finished what many of them described as the most emotional debate over any ordinance in recent years. The ordinance, the first of its kind in the nation, allows people to sue the purveyors or producers of certain kinds of pornography for damages.

As the names of council members were called off, it became apparent that the ordinance would pass by the narrowest possible margin. Seven members voted yes, including one who changed her mind and said she voted her conscience. Two others who had publicly supported the measure until yesterday morning voted no.

Voting yes were DFLers Van White, Fifth Ward; Tony Scallon, Ninth Ward; Dziedzic, and Jackie Slater, Sixth Ward; Independent-Republicans Sally Howard, 10th Ward; Walter Rockenstein, 11th Ward, and Charlee Hoyt, 13th Ward. Voting no were DFLers Alice Rainville, Fourth Ward; O'Brien; Mark Kaplan, Eighth

Pornography continued on page 4A

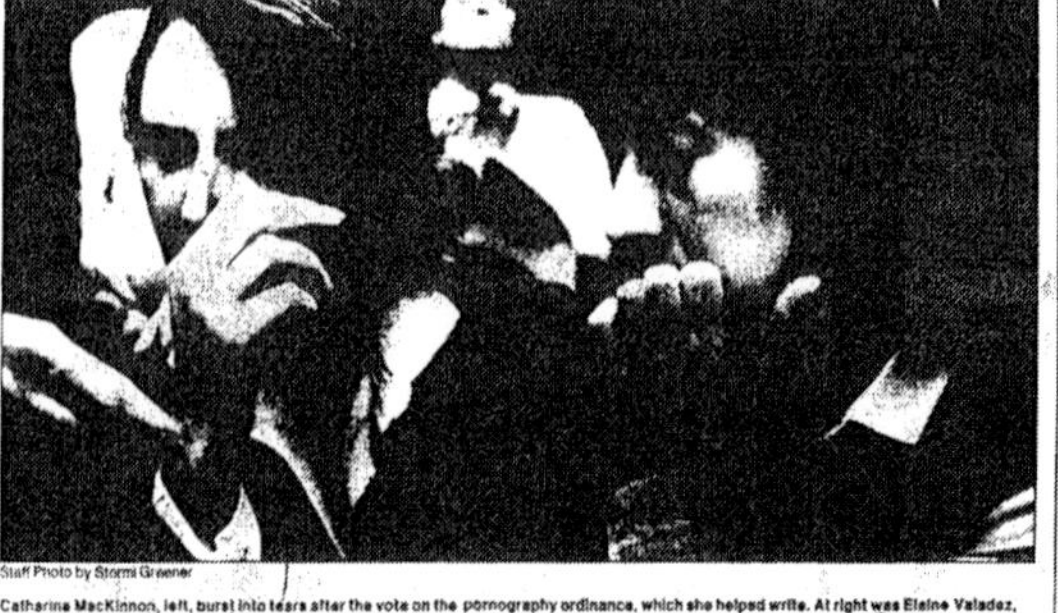

Staff Photo by Stormi Greener

Catharine MacKinnon, left, burst into tears after the vote on the pornography ordinance, which she helped write. At right was Elaine Valadez, who testified in support of the ordinance.

Ordinance at a glance

The new pornography ordinance declares that certain kinds of pornography violate women's civil rights.

If a woman believes her rights were violated by pornography — because it exists in a shop, because a person who attacks her was influenced by it, or because she was coerced into performing in it — she can enter a claim with the city's civil rights department.

The department reviews the situation to determine whether the situation is covered by the ordinance.

If, after the commission has the complaint for 45 days, the woman wishes to sue, she may go to the courts. She may ask for damages from the purveyor or producer of the pornography.

There is a six-month delay in enforcement to allow for staff training.

Carlson recalls rape but still opposes ordinance

Staff Photo by Duane Braley

Council Member Barbara Carlson: "I know that my rape wasn't caused by pornography, but by alcohol."

By Martha S. Allen
Staff Writer

At the age of 19, Barbara Carlson was raped. She was at a party in a motel room with a date. She was drunk, and she passed out.

When she woke up the next morning, she said, she found herself "in a bed full of blood." The man was gone. She took a bath, drove home, and didn't tell anyone.

Friday, though, the 45-year-old member of the Minneapolis City Council described her attack in the council chamber as she and her colleagues considered an antipornography ordinance.

She said she told the story because it had come back to her, through the years of repressing it, as she studied and talked and worried about the ordinance.

She thought of it as she watched the young women who had been lobbying so hard for the ordinance, which would define certain kinds of pornography as a violation of a woman's civil rights. They seemed to be so angry, she said, so "fanatical." Many of those women had testified about attacks on themselves, saying that their attacks had been prompted by pornographic materials.

"I just looked at those women. I remembered their booing and hissing (when opponents spoke at the public hearing). They have become fanatical, and there's another side to this," she said.

On the council floor she leaned forward and spoke carefully into the microphone: "I'm sharing with you something I've never discussed before publicly. I was a victim of a violent rape when I was 19. A relative of mine was also brutally assaulted as a 10-year-old child. I know that my rape wasn't caused by pornography, but by alcohol. The attack on the child wasn't caused by pornography but by a sick, deranged mind. I share the grief of the young women who testified here, but I'm asking that you (vote this down)."

After the meeting, she reflected in her office. "You know, I've never told anyone about this until last night." She said she told her husband about it "with a lot of tears."

"I've never talked about it in any groups, with my friends, with my father — uh-oh, I'd better call my mother — with my husbands. It was something that was terrible and I repressed it."

Six weeks ago, when the proposal for the ordinance came up, Carlson wanted to support it. "I've spent so much time trying to support this."

Carlson continued on page 4A

（出典：*Minneapolis Star and Tribune*, December 31, 1983）

らは、マッキノンとドウォーキンに、市議会の土地利用計画委員会で参考人として意見を陳述するよう依頼したのである。

（5）ミネアポリス公聴会の実現

参考人を引き受けたマッキノンとドウォーキンは、委員会で、土地利用規制条例がポルノショップの規制をしているようで、その実「ポルノグラフィを容認している」と指摘し、それは「女性の差別的地位を肯定し……生きた女性を搾取することを容認することだ」と批判した。さらに、「市は、ポルノグラフィが女性を男性に従属させる、性に基づく差別の一形態であるとする『公民権アプローチ』を採用するべきだ」と主張した。そして、市にはすでに性差別を広範に禁止する条例があるので、その条例の禁止する性差別行為にポルノグラフィによる加害行為を含めるよう条例の改正を提案し、条例改正に向けた公聴会を開催するよう迫った。

この提案を受けて市は、土地利用規制条例の制定を見送り、マッキノンとドウォーキンに、ポルノグラフィを性差別とするための公民権条例改正作業を行なうこと、ポルノグラフィを通じた被害の証言を聴く公聴会を組織することを依頼した。こうして「歴史上初めて、女性たちがポルノグラフィによる被害について公共の場で証言する」[(24)]公聴会が開かれた。

公聴会は一九八三年一二月一二日、一三日の二日間、延べ一二時間以上にわたって行なわれ、五七人が証言台に立った。公聴会が行なわれた委員会の議長を務めた市議ヴァン・ホワイトは、後に公聴会についてこう語った。

> 私は証言に驚愕した。一二時間以上にわたり、ポルノグラフィを使って性的な行為を強制された女性たちの証言を聞いたのである。ある女性はポルノグラフィを読んでいた男たちに集団でレイプされたと語った。別の女性はポルノグラフィを手引きに使った夫にロープで縛られ、性的な虐待を受けたと語った。こうした恐ろしい証言を聞きながら、私はこの国の奴隷制の歴史を思い出していた——そこで社会の底辺に位置した黒人女性がいかに人間としてではなく動物のように扱われたかを。……当時黒人女性は、身体を侵略され、歯や手足を調べられ、どのように出血するか人体実験された、まるで動物にするように。そうしたことを思い出しながら、私は独り言をつぶやいた。ずいぶん時代は変わったものですね、みなさん、と。[(25)]

(24) Catharine MacKinnon, The Roar on the Other Side of Silence, in Catharine MacKinnon & Andrea Dworkin, *In Harm's Way: The Pornography Civil Rights Hearings*, Harvard University Press, 1997, p.3. なおこの書物は、ミネアポリスの公聴会、その後インディアナポリス、ロサンジェルス、マサチューセッツ州で行なわれた公聴会の正確な記録である。

(25) Van F. White, Pornography and Pride, in Russell, *Making Violence Sexy*, supra note (3), pp.105-106.

なぜポルノグラフィを規制するのか？　それは、ポルノグラフィをつうじた／利用した具体的な加害行為が現実に社会の中で広範に生じている事実があるからである。ポルノグラフィを通じた加害行為が広範に存在するという事実が、そうした加害行為を法律によって規制することを正当化する基礎的な事実（「立法事実」）となる。公聴会はまさにポルノグラフィ規制に関する立法事実を議会に提供した。

わいせつ物規制法などの既存の法律がこれまで無力であったことが自明である以上、議会はむしろ新たな立法措置を含めた適切な対応をとる必要がある。ミネアポリス市議会は、ポルノグラフィによる人権侵害行為に対する法的な対応策として、マッキノンらが提案した「公民権アプローチ」を採用し、一九八三年一二月三〇日、マッキノンらが起草した市の公民権条例改正案を可決した。

2　条例の意義

アメリカに生まれた反ポルノグラフィ公民権条例は、ポルノグラフィに関連する加害行為による被害を受けた者が、加害者やポルノ業者の責任を追及し公的な救済を求めることを可能にする性差別禁止法（ないしポルノ被害者救済法）である。公的な救済は、一つには行政救済であり、もう一つは司法的救済すなわち、加害行為の実行者および（一部の加害行為に関しては）当該ポルノグラフィの制作者や流通者、実行者の責任者に対して損害賠償や当該ポルノグラフィの流通の差止を求める民事裁判を提訴可能にすることである。

反ポルノグラフィ公民権条例は、相互に結びついた次の四点において、性表現物に対する従来の法的規制を刷新する意義を持っていた。すなわち、女性の性的従属化を批判するという観点からポルノグラフィを初めて明確に定義したこと、ポルノ被害の実態を初めて公的な場で立証したこと、規制立法の目的を性道徳維持から具体的な権利侵害の救済に転換したこと、規制立法を刑事法から民事法に変えたこと、である。以下、それぞれを若干敷衍する。

(1)「ポルノグラフィ」の定義

ポルノグラフィの法的定義を考察した論文で、イギリスの社会学者、キャサリン・イッツィンは次のように述べる。若干長いが、重要な指摘であるので引用したい。

ポルノグラフィは一つの産業であり、非常に儲かる商品を制作し販売している。ポルノグラフィの制作者・販売者・購買者そして使用者は、何がポルノグラフィであるかを正確に知っている。にもかかわらず次のように思い込まれてきた。ポルノグラフィはどうしても定義不能であり、立法を目指して定義することは困難、あるいは不可能である、と。「私にはポルノグラフィを定義することはできないが、それを見ればそうだとわかる」と合衆国のある最高裁判事はいった。たしかにポルノグラフィだけを含む法的定義をいかに定式化するかということはずっと難題だった。しかし、ひとたび道徳の領域から取り出され、権力構造の文脈に置かれるやいなや、ポルノグラフィは本質的に定義不能なものではなくなる。ポルノグラフィとして何が存在しているかを観察し記述するという作業は、つい最近にいたるまで、ただ単になされなかっただけにすぎない。なぜなら、だれもそのようなことをしてほしくなかったからにちがいあるまい[26]。

そのだれもしてこなかった作業を行なったのが、反ポルノグラフィ公民権条例である。その起草者、マッキノンとドウォーキンはいう。「条例は、目新しいが単純な定義の方策を採用している。それは既存のポルノ産業の世界

(26) Catherine Itzin, A Legal Definition of Pornography, in Catherine Itzin, ed., *Pornography: Women, Violence and Civil Liberties*, Oxford University Press, 1992, p.435. 引用中の「ある最高裁判事」とは、Jacobellis v. Ohio, 378 U.S. 184 (1964) で同意意見を述べたポッター・ステュアート判事のことである。

を調べ、そこにあるものをただ記述するのである」[27]。ポルノグラフィをモデル条例は次のように定義している。[28]

ポルノグラフィとは、図画または文書をつうじて、写実的かつ性的に露骨なかたちで女性を従属させることであり、次の要素の一つ以上を含むものである。

その「要素」とは、女性を性的に露骨なかたちで従属させる具体的なあり方である。すなわち――

1 女性が人間性を奪われたかたちで、性的な客体物、モノ、商品として提示されている。
2 女性が辱めや苦痛を快楽とする性的客体物として提示されている。
3 女性が強かん、近親かん、その他の性的暴行によって快感を覚える性的客体物として提示されている。
4 女性が縛られ、切りつけられ、損傷され、殴られ、からだを傷つけられた性的客体物として提示されている。
5 女性が性的な服従、奴隷、見せ物の姿勢や状態で提示されている。
6 女性が、からだの部位（膣、胸、尻を含むがそれに限定されない）に還元されるようなかたちで提示されている。
7 女性が物や動物によって挿入された状態で提示されている。
8 女性が、貶められ、傷つけられ、拷問される筋書きにおいて、汚らわしく、劣等なものとして描かれたり、出血し、殴られ、傷つけられたりし、かつそれを性的なものとする文脈の中で提示されている。

わいせつ物頒布罪において、わいせつの定義（ないしその基準）の明確性が常に論争の的であったことを想起すれば、条例がポルノグラフィをどのように定義しているかは条例の命運を決する最も重要な要素であるといえる。条例のポルノグラフィの一般的定義は、①図画または文書であること、②写実的であること、③性的に露骨であること、④女性を従属させること、の四つの要素から成り立っている。このうち①②③は、一般にわいせつの定義にもあてはまる。それゆえ、条例のポルノグラフィの定義の核心は、④女性を従属させること、にこそ求められる[29]。女性を従属させることの具体的意味は、条例の列挙する八つの要素が明示的に示している。被害者が行政救済を求めるか、民事訴訟を起こすには、ポルノグラフィに関連した加害行為による被害が発生しなければならないが、その点は後述する。

この条例のもとで、ある性的表現物が「ポルノグラフィ」とみなされるには、「写実的」で、「性的に露骨」で、かつ「女性を従属させ」なければならず、さらに加えて条例によって具体的に示された「要素を一つ以上含」まなければならない。ある性的表現物が以上の定義を満たしたうえで、その性的表現物にかかわって、条例の掲げる五つの訴訟原因となる具体的な加害行為が行なわれた場合に、その被害者は救済を求めることができる（【図6】参照）。マッキノンとドウォーキンはいう[30]──

この条例のもとで裁判を起こす者はだれでも、当該性表現物がポルノグラフィであることを示すために、そ

(27) キャサリン・マッキノン&アンドレア・ドウォーキン（中里見博・森田成也訳）『ポルノグラフィと性差別』青木書店、二〇〇二年、四九頁。
(28) 同前、一七三頁。
(29) 森田成也「ポルノ被害とはなにか」ポルノ・買春問題研究会『ポルノ被害の実態と分析──「ポルノに関連した被害についてのアンケート」』（同「論文・資料集」四号）二〇〇三年、一〇頁。
(30) マッキノン&ドウォーキン『ポルノグラフィと性差別』前掲注（27）、五三頁。

【図6】条例のポルノグラフィの定義

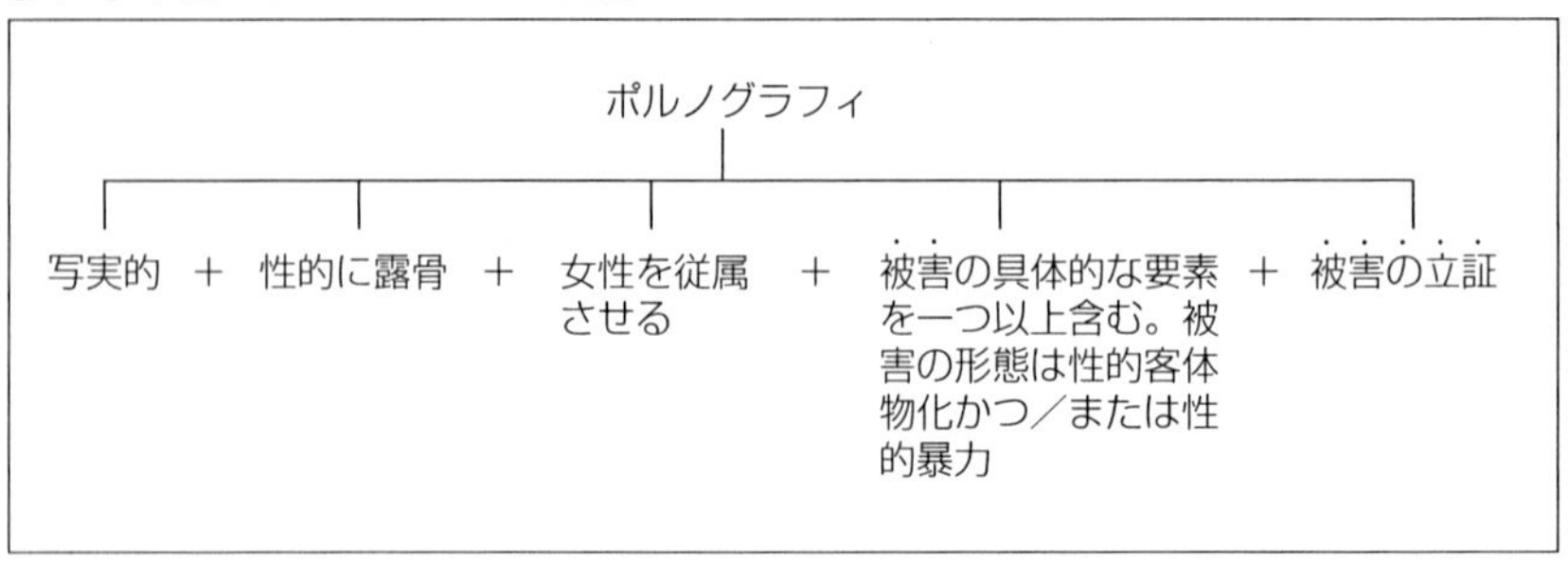

（出典：Catherine Itzin, A Legal Definition of Pornography, in Catherine Itzin ed., *Pornography: Women, Violence and Civil Liberties*, Oxford University Press, 1992, p.436.〔強調原文〕ただし、「被害の立証」は原告の勝訴の条件であり、ポルノグラフィの定義そのものには含まれないと考えた方がよいように思われる）

の制作ないし使用の過程で実際に女性が従属させられたことを証明しなければならない。いいかえると、ポルノグラフィが女性を従属させることを理由に議会が条例を制定したからといって、ある人がポルノグラフィであると思ったすべての性表現物が自動的に違法になるわけではない。条例はただ、ある特定の性表現物が積極的に女性を従属させ（そしてその他の要件も満たし）、条例の定義に合致するがゆえにポルノグラフィであるということを、法廷で立証する機会を女性たちに与えるのである。

モデル条例によると、訴訟原因たる五つの加害行為とは、ポルノグラフィへの出演・演技を強制すること、ポルノグラフィを押しつけること、ポルノグラフィを使って名誉を毀損すること、特定のポルノグラフィを直接の原因として暴行・脅迫を行なうこと、そしてポルノグラフィの取引行為に従事すること、である。

条例は、被害者に民事裁判による救済を求める権利を確立する。上記五つの加害行為は公民権条例の禁止する性差別行為を構成し、被害を訴える者は、侵害された権利を回復するために、損害賠償請求および当該ポルノグラフィの流通の一時的または恒久的な差止を求めることができるのである。

条例が既存の公民権条例の改正として成立した場合には、条例の規定に従って、被害者はまず公民権委員会等に被害を申し立てなければならないこともある。行政委員会によって救済手段が命じられた場合に、それに対して裁判所による審理が義務づけられていることもある。

（2）被害者の声

条例の制定過程において、ポルノグラフィに関連した被害を受けた人々の証言を聴き取る公聴会が市議会によって実施された。その目的は、議会がポルノグラフィを「性差別行為」「性別に基づく搾取と従属の制度的行為」ととらえる条例を制定するための基礎となる社会的事実（いわゆる「立法事実」）を認定することであった。

公聴会が実現することによって、「歴史上初めて、女性たちがポルノグラフィによる被害について公共の場で証言」[31]した。そのことの意義を、マッキノンとドウォーキンは次のように述べる。

> ポルノグラフィが現実社会の中でいかなる働きをしているかについて〔の〕知見が、公の記録から排除される事態に終止符が打たれた。ポルノグラフィの社会的・文化的な作用をめぐる論争が、あたかも〔ポルノグラフィによる被害の〕事実を知らず、被害者の声を聞かずに可能であるかのような事態、論争からそれらを排除する事態に、終わりが告げられたのである。[32]

マッキノンは、この条例の起草作業自体が、ポルノ被害のサバイバーとの共同作業であったことを明らかにする。

（31）McKinnon, The Roar on the Other Side of Silence, supra note (24), p.3.
（32）Ibid.

〔サバイバーは〕私たちがつくった条例の対象たる経験について、権威をもって語れる人々です。反ポルノ条例のどの条項も……特定の女性の名前、あるいは多くの女性の名前がそれに付いています。ある女性は言いました、「ここにこの条項を入れてくれないと、私はこの法律を使えない」。また別の女性はこう言いました、「私はこんな経験をしてきた。このことはどこに書いてあるの」。それで、私たちはそれを条例に書き込みました[33]。

(3)「被害アプローチ」

条例は、性表現物の法規制の立法目的を、わいせつ物規制における性道徳秩序の維持から、ポルノグラフィによって現実に被害を受けている者の法的救済に変えた。ポルノグラフィをなぜ法的問題にしなければならないか。それは、ポルノグラフィが現実に、法によって保護された諸個人の権利利益の侵害を広範かつ具体的に生じさせているからである。ポルノグラフィの被害として、次の三つの類型が考えられることはすでに述べた（五九頁以下）。

①ポルノグラフィの中の女性が受ける被害（ポルノ制作過程で生じるため「制作被害」）
②ポルノグラフィの外の女性が受ける被害（ポルノ消費の結果生じるため「消費被害」）
③ジェンダーとしての女性が集団として受ける被害

マッキノンとドウォーキンはいう。「ポルノグラフィとは、ポルノグラフィのいっていることではない。もしそうであれば、条例の定義それ自体がポルノグラフィとなってしまう。なぜなら条例の定義は、ポルノグラフィが何であるかを正確に述べているからである。いいかえると、条例は、ポルノグラフィの発するメッセージに基づいてポルノグラフィを規制するのではない[34]」。では、条例のいうポルノグラフィとは何か。「この条例のもとでは、ポルノグラフィとは、ポルノグラフィがすることである。ポルノグラフィがすることとは、女性を――通常性的に露骨な図画と文書をとおして従属させることである」。以下、若干長く重複もあるが、条例の最重要点であるこの点をめぐる起草者の主張を引用しておく。

性的に露骨な図画と文書のすべてが同じようにそのような効果を持つのではない。……女性の従属を描く性的に露骨なものでさえ、すべてが女性を従属させる手段となるわけではない。その中には、ミネアポリス市でのポルノグラフィに関する公聴会の記録のように、女性の従属に真っ向から対決するものもある。……それゆえ条例は、定義を限定して、性的に露骨な図画と文書のうち、その制作ないし使用に際して、女性を現実に従属させていることが証明できるものだけに絞っている。……この条例のもとで裁判を起こす者はだれでも、当該性表現物がポルノグラフィであることを示すために、その制作ないし使用の過程で実際に女性が従属させられたことを証明しなければならない。いいかえると、ポルノグラフィが女性を従属させることを理由に議会が条例を制定したからといって、ある人がポルノグラフィであると思ったすべての性表現物が自動的に違法になるわけではない。条例はただ、ある特定の物が積極的に女性を従属させ……るがゆえにポルノグラフィであるということを、法廷で立証する機会を女性たちに与えるのである。(35)

(4) 刑事法規制から民事法規制へ

条例はポルノグラフィを規制する立法を刑事法から民事法に変えた。この転換は、女性の従属を核心にポルノグ

(33) ポルノ・買春問題研究会『マッキノンと語る——ポルノグラフィと売買春』不磨書房、二〇〇二年、六一頁。
(34) マッキノン&ドウォーキン『ポルノグラフィと性差別』前掲注(27)、五〇頁。
(35) 同前、五二～五三頁。

ラフィを再定義し、立法目的をポルノ被害の救済にしたことによって可能になった。

原告は、条例の定義するポルノグラフィをつうじた加害行為による被害を受けた場合にのみ関係者を相手取って民事裁判を提起することができる。そして、法廷で、当該物件が条例の定義するポルノグラフィであること、ポルノグラフィをつうじた加害行為によって被害を受けたことの両方が証明された場合にのみ、原告は勝訴することができる。

ポルノグラフィの法的規制を民事法規制に転換したことには、次のような積極的な意義が認められる。まず、被害者自身が訴訟を提起できることである。ジェンダーバイアスの強い日本の司法においてはとりわけ顕著であるが、性犯罪規定の厳格な解釈・運用、捜査機関の怠慢、捜査の許容能力の超過等によって、多くの性犯罪が捜査機関によって不起訴に追い込まれているのは周知の事実である。セクシュアル・ハラスメント訴訟のほとんどすべてが、被害者が原告となって提訴する民事裁判によって裁かれており、検察が起訴する刑事裁判で裁かれることがほとんどないことや[36]、「わいせつ」物が大氾濫しているにもかかわらず野放し状態にされていることは[37]、その明確な証左である。加害者を相手取り裁判を起こす権利を被害者に与えることの意義を、マッキノンとドウォーキンは次のように力強く述べる。

州政府、連邦政府、自治体の組織全体が、あるゆる権限と権力をもっているにもかかわらず、ポルノ産業に対して何ら有効な手を打ってこなかったことは明白である。あんなに多くの権力をもちながら、こんなに長い間、これほど少しのことしかしてこなかった者たちの権力を増やすよりも、被害を受けている人々の手に、被害を救済する力を与えるべきときである。……告発する主体は政府ではなく、被害者本人である。……条例は、ポルノグラフィによって被害を受けてきた人々の手に力を与えるのである。[38]

民事法による被害救済型のポルノ規制法においては、理論的には、すべての被害者が裁判を起こすことが可能であり、したがってポルノグラフィによる被害の数ほど裁判を起こし、ポルノグラフィに関連するすべての加害行為を法廷で裁くことが可能なのである。

条例は、「条例を使うことを必要としている人々、条例がなければ他に使えるものがない人々[39]」、すなわちポルノグラフィの被害者に被害の救済のための法的な手段を与える。同時に条例が政府の権限を一定増大させることは確かである。しかしそれは、すでに巨大な社会的権力となって諸個人を抑圧しているポルノ産業に、市民が政治権力を使って対抗する手段としてである。マッキノンとドウォーキンの主張を再び引用すれば――

公聴会は、非政府権力の集合体〔主にポルノ産業〕と対決したが、条例が施行されれば、政府は公聴会によって付与された以上の権限を付与され、その集合的非政府権力は法廷での対決を迫られることになる。公聴会は、市民が利用する目的で存在する条例制定過程をその目的にそって利用したが、条例が制定されれば、民事裁判の過程を、紛争の解決と被害の修復という本来の目的のために使うことができるようになる。[40]

(36) 日本で刑事裁判になった例外的な事例が、横山ノック大阪府知事によるセクシュアル・ハラスメントであった。被害者の手記、田中萌子『知事のセクハラ私の闘い』角川書店、二〇〇一年参照。
(37) イギリスのわいせつ物規制法がポルノグラフィの規制に機能していないことを論じたものとして、Susan S. M. Edwards, The Failure of British Obscenity Law in the Regulation of Pornography, Catherine Itzin & Pat Cox, eds., *Pornography and Sexual Aggression*, Journal of Sexual Aggression, v.6, n.1/2, 2000.
(38) マッキノン&ドウォーキン『ポルノグラフィと性差別』前掲注(27)、七七頁、一二七～一二八頁、一三五頁。
(39) MacKinnon, The Roar on the Other Side of Silence, supra note (24), p.8.
(40) Ibid.

被害者のエンパワーメント、被害の救済、そしてポルノグラフィ業者という社会的権力に対抗するために政治権力を利用すること、それらのことが、条例で目指されたことであった。

また民事法規制としての条例は、ポルノグラフィの法規制をめぐって常に議論となるポルノグラフィの制作・消費・使用と性犯罪・性暴力の発生の間の関連性（因果関係）の問題を、独特の仕方で解決している。条例は、ポルノグラフィの制作および使用の結果としてさまざまな性被害を受けたという被害者自身による公聴会での直接的証言を最も直接的な立法事実にしており、議会は、ポルノグラフィの遍在と女性の権利侵害・性差別の悪化との間の積極的な関連性を承認することによって条例を制定する。だが、個々のポルノ制作者や販売者が法的責任を問われるのは、自らが制作・流通させたポルノグラフィが現実的に被害を生じさせたことが、個別具体的に法廷で立証された場合のみである。この点において、刑法のわいせつ物頒布罪の場合のように、いったん規制立法ができてしまうと、個々のわいせつ物の頒布・販売と法益侵害の発生との個別具体的な関連性が立証されることなくわいせつ物頒布者が起訴され処罰されるのとは大きく異なる。条例が「被害アプローチ」を取っているがゆえであるが、このアプローチはより正確にいえば、個々のケースにおいて、ポルノグラフィの制作・販売・使用とそれによる被害の発生との間の現実的で具体的な関係が立証されることを要求するアプローチである。

それゆえ条例を、ポルノグラフィの存在と性犯罪発生との間の因果関係が一般的に不存在であることを理由に攻撃するのは的外れである。その種類の批判をするのであれば、そもそも議会が条例を制定するにあたって認定した立法事実そのものが不存在であるとして争わなければなるまい。しかしそのためには、公聴会における被害者の証言を偽証や思い違いやその他の理由によって否定しなければならないことになり、著しく困難であろう。

条例がポルノ規制法を刑事法から民事法に転換したことの最後の、しかし最も現代的な意義は、刑法わいせつ物規制が従来から持っていた限界が、インターネット・ポルノの普及によって決定的なものになったことと関係する。すなわち、インターネットによるポルノグラフィの爆発的増殖とグローバル化の進行は、警察当局の捜査能力をはるかに凌駕している。またポルノグラフィの爆発的普及によるその社会標準化が、（どこの国でもほとんどが男性であり、多くがポルノ・ユーザーといえる）個々の警察官のセクシュアリティ・性犯罪観・女性観に大きく影響を与え、刑法違反の「わいせつ」物を摘発する警察官の能力を減退ないし喪失させる。

このような事態が現出するにいたった現在、すでに従来型の刑事法規制の破綻は明白であろう。それゆえ、これに代わる法規制が早急に考えられなければならない。新たな法規制としてすでに提案されている唯一のものであり、かつきわめて有効であると思われるのが、反ポルノグラフィ公民権条例のような民事法規制型のポルノ規制立法だと評価できよう。たとえば、条例を受けて一九八五年に設置されたアメリカの「ポルノグラフィに関する司法長官委員会」は、条例のアプローチを次のように評価し、勧告を出している。「公民権アプローチは、異論もあるが、公聴会で余すところなく示された（ポルノグラフィによる）被害の被害者を直接救済することを目指した……唯一の法的な手段」であり、「立法府は公聴会を開催し、ポルノグラフィに起因する被害に対する民事救済を認める立法を検討すべきである」[41]と。

3　条例の特質

（1）性差別行為としてのポルノグラフィ

ポルノグラフィに対する条例の以上のとらえ方を具体的にイメージするために、セクシュアル・ハラスメントと

（41）*Final Report of the Attorney General's Commission on Pornography*, Rutledge Hill Press, 1986, p.187. また日本の実務家からも注目されている。近畿弁護士会連合会人権擁護委員会『買売春とポルノグラフィ――男女共同参画社会をめざして』一九九九年、一〇三頁、角田由紀子『性差別と暴力』有斐閣、二〇〇一年、一六九頁以下。

比較して考えてみたい。職場でポルノ雑誌・写真・映像等を繰り返し見せつけ、他人の業務遂行に支障をきたす行為は、いわゆる環境型セクシュアル・ハラスメントに該当し、公民権法によって禁止された雇用上の性差別行為を構成する。被害者に提訴されれば、ポルノグラフィを見せつけた者やその雇用主は損害賠償等の法的責任を負わされる。このようなポルノグラフィの見せつけ行為が、被害者の労働権等の市民的権利（civil rights）を侵害する性差別行為であることについては、今日争いはない。したがって、その行為を法的に規制することが、見せつけた者の「表現の自由」等を侵害すると主張する者はまずいない。このような職場における性差別行為たるポルノグラフィの見せつけ行為は、条例が掲げる五つの差別行為の一つ、「ポルノグラフィの押しつけ」にほかならない。

条例の起草者、キャサリン・マッキノンとアンドレア・ドウォーキンは繰り返し次の点を強調している。再度引用すると、「［条例の定義する］ポルノグラフィとは、ポルノグラフィのいっていることではない」と。すなわち、「もしそうであれば、条例の定義それ自体がポルノグラフィとなってしまう。なぜなら条例の定義は、ポルノグラフィが何であるかを正確に述べているからである。いいかえると、条例は、ポルノグラフィの発するメッセージに基づいてポルノグラフィを規制するのではない(42)」。

では、条例のいう「ポルノグラフィ」とは何なのか。「この条例のもとでは、ポルノグラフィとは、ポルノグラフィがすることである」。ポルノグラフィがすることとは、「女性を――通常性的に露骨な図画と文書をとおして――従属させることである(43)」。つまり、条例の規制するものは、女性の性的な従属を描くものすなわち描写そのものではなく、女性を性的に従属させることすなわち差別行為なのである。

条例の最重要点であるこの点――条例が規制するのは女性の性的な従属の描写ではなく、女性を性的に従属させる行為であること――を、人種差別の例に置き換えて考えてみたい。すなわち、一方で、「アフリカ系アメリカ人のリンチを描く」表現物一般を規制する立法（人種差別的表現そのものを禁止する法律）を考える。他方で、「実際にアフリカ系アメリカ人がリンチされて制作された」場合や「アフリカ系アメリカ人をリンチする特定の表現物が直接の原因となって、あるアフリカ系アメリカ人がリンチされた」場合、さらに「アフリカ系アメリカ人をリンチする表現物が社会に広く流通している結果、アフリカ系アメリカ人の従属・二級市民化が生じていることが証明された」場合に、リンチの実行者やリンチ映像の制作者・流通者に損害賠償や流通の差止を請求することを可能にする立法を想定する。両者の間に本質的な違いがあることは容易に理解しえよう。後者の立法における「アフリカ系アメリカ人」を「女性」に、「リンチする」を「（性的に露骨なかたちで）従属させる」に置き換えれば、それは反ポルノグラフィ公民権条例にほかならない。

この点をもう一度条例のポルノグラフィの定義に立ち返って確認してみる。条例のポルノグラフィの定義には、「従属」が二重に組み込まれている。一つは「性的に露骨なかたちで従属させること」の列挙された具体例であり、もう一つは訴訟原因を構成する五つの加害＝差別行為である（キャサリン・イッツィンによる【図6】では、この二重の従属は「被害」と記されている）。第一の列挙された具体例には、明白な暴力を伴うものと伴わないものの両方がある。暴力を伴わない「被害」を、イッツィンは性的「客体物化（objectification）」ととらえている（【図6】参照）。

条例のポルノグラフィの定義には、生身の女性を使う写真・映像のみならず、絵や文書（文字）のみによるものも含まれ、それら絵や文字によるポルノグラフィにおいては、列挙された従属の具体例だけではいまだ女性の現実的な従属が生じているとはいえない。第二の訴訟原因となる現実的で具体的な加害行為を伴って初めて、ある性的表現物は条例の規制対象たる「ポルノグラフィ」になるのである。すなわち、「ポルノグラフィは、性差別行為である」(44)。

（42）マッキノン&ドウォーキン『ポルノグラフィと性差別』前掲注（27）、五〇頁。
（43）同前、五〇～五二頁。

（2）定義がはらむ困難

このような条例のポルノグラフィの定義は、しかしながら、二重のわかりにくさをはらんでいる。まず、ポルノグラフィという言葉に、一般的用法とは異なる意味が与えられている点である。すでにみたように、ポルノグラフィは通常、①性的に露骨な表現物一般、または、②性的に露骨で、かつ淫らで反道徳的な表現物（「わいせつ」に該当する）という意味で使用される。条例の定義はこれらのいずれでもなく、③性的に露骨で、かつ女性を従属させること、という第三の定義を導入するものだからである。

もっともこの点は、条例の定義が一般とは異なることを明確にすれば当面解決しうる問題である。より厄介なのは次の点である。すなわち、ポルノグラフィというそれ自体表現「物」として存在するものに差別行為を含めて——より正確には差別行為として——定義することのわかりにくさである。

このような理解困難な定義が採用された理由は、ほかならぬ性表現の自由を保護するためであると考えられる。起草者自身が指摘するように、もしポルノグラフィを「女性の性的な従属を描くもの」、そのような描写一般と定義すると、前述したように「条例の定義それ自体がポルノグラフィとなってしまう」という根本的な矛盾がはらまれてしまう。あるいは、別の論者が指摘するように、「女性の平等を促進する表現物を含め、セクシュアリティに関する論争的な表現物を抑圧する手段へと歪曲される危険性がある[45]」。いいかえると、立法者の意図を超える広範な性表現物が規制される危険性を伴ってしまうのである。それゆえまた、裁判所が「表現の自由」の侵害を理由にして条例を違憲とする危険性も高まる。

こうした表現の過度の規制や違憲判決の危険性を回避するための伝統的な手法は——わいせつ概念においてみられるように——それぞれの性的表現物が全体として持つ意義や目的などに照らして、芸術性や政治的意義、学術的価値の高いものや教育目的のもの等を規制対象の定義から除外するという方法である。しかし、わいせつ物規制が保護しようとする「性的羞恥心」や「性的秩序」等の価値が芸術や政治的・学術的価値によって相対化され、それらと調整されることはありえたとしても、条例のポルノグラフィは他者の現実的で具体的な権利侵害を意味するのであり、具体的な権利侵害が芸術等の諸価値で相対化されることがあってはならない(46)。

そこで条例は、ポルノグラフィの規制が芸術や文学、科学の名によって相対化されることなく、かつポルノ規制の名のもとに論争的な学術や芸術、文学——「女性の平等を促進する表現物」や「セクシュアリティに関する論争的な表現物」——が規制されることを回避するために、ポルノグラフィを女性の性的な従属の描写一般ではなく、女性を性的に従属させる差別行為と定義したと考えられる。それは、いいかえると、ポルノグラフィ以外の性表現を保護し、「表現の自由」への侵害を理由に違憲判決が下されることを回避するためである、ということができる。

しかし、条例がもっぱら違憲判断を回避するための方便としてポルノグラフィを性差別行為と定義したと理解することは誤りである。起草者には、次の確たる主張があるからである。すなわち、ポルノグラフィを法的に規制すべき理由は、ポルノグラフィの「描写」における差別性ではなく、それが具体的で現実的な被害（法的権利・利益の侵害）を生んでいるからである、という主張である。起草者の言葉を再度引用すればこうである——「条例は、ポルノグラフィの発するメッセージに基づいてポルノグラフィを規制するのではない」「ホロコーストが悪いのは、それがユダヤ人について語ったことを理由にしているのだろうか?」。

ホロコーストが「悪い」のは、その主張や「メッセージ」ではなく、それがユダヤ人に対して「行なったこと」すなわち行為である。それとまさに同様に、ポルノグラフィが「悪い」のは、その「メッセージ」のゆえではなく、

(44) 「アメリカ反ポルノグラフィ公民権条例（モデル条例）」（以下、単に「モデル条例」）一条一項、本書巻末参考資料参照。
(45) Note, Anti-Pornography Laws and First Amendment Values, *Harvard Law Review*, p.474.
(46) ただし条例は、ポルノグラフィの取引行為の条項で次のように規定している。「全体から切り離された文章または部分のみに基づいて、本項による訴えを提起してはならない」「モデル条例」三条五項二号。

それが女性に対して「すること」、すなわち女性を性的に従属させるがゆえ、現実に女性の法的権利・利益を侵害しているがゆえである、という理解である。このことは、反ポルノグラフィ公民権条例を評価するうえで常に立ち返るべきその根本的主張であり視点であると思われる。

（3）法的責任の問題

定義の問題に続いて条例がはらむ論争的な点は、加害行為の法的責任の範囲を、加害行為の実行者を越えてポルノグラフィの制作者・流通者にまで拡大していることである。すでにみたように条例は、ポルノグラフィを使った具体的な加害行為による被害を救済する立法である。その中で、加害行為の実行者に法的責任を問うのが、ポルノグラフィへの出演・演技を強制した者（【表2】のⅠ－①）、ポルノグラフィを押しつけた者（Ⅱ－①）、ポルノグラフィをつうじて他人の名誉を毀損した者（Ⅲ）、特定のポルノグラフィを直接の原因として暴行・脅迫を行なった者（Ⅳ－①）、そしてポルノグラフィの取引行為を行なった者（Ⅴ）の法的責任を問う場合である。

これに対して、加害行為の実行者以外にも賠償責任を拡大するのが、出演・演技が強制されてつくられたポルノグラフィを制作し、流通させた者（Ⅰ－②、ただし強制行為の実行者と制作者・流通者が同一の場合も多い）、ポルノグラフィを押しつけた者の責任者（Ⅱ－②）、特定のポルノグラフィを直接の原因として暴行・脅迫が生じた場合の当該ポルノグラフィを制作し、流通させた者（Ⅳ－②）の三つのケースである。

このうち最も問題の少ないのは、Ⅱ－②のポルノグラフィを押しつけた者の責任者に賠償責任を求めるケースである。このケースの典型例は、すでにみたように、職場でポルノグラフィを見せつけた者の雇用者が使用者責任を問われる例であり、この使用者責任はセクシュアル・ハラスメント法理においてすでに確立されているからである。

次に、Ⅰ－②の出演・演技が強制されてつくられたポルノグラフィを制作ないし流通させた者に対する賠償責任である。このケースの具体例としては、盗撮によって制作されたポルノグラフィを流通させた者の法的責任を問う

【表2】訴訟原因となる差別（加害）行為の類型と法的責任対象者

差別（加害）行為	法的責任対象者
ポルノグラフィへの出演・演技の強制（Ⅰ）	強制を行なった者（Ⅰ－①）および／または当該ポルノグラフィの制作者・流通者（Ⅰ－②）
ポルノグラフィの押しつけ（Ⅱ）	押しつけた者（Ⅱ－①）および／または押しつけた者の責任者（Ⅱ－②）
ポルノグラフィをつうじた名誉毀損（Ⅲ）	名誉を毀損した者（Ⅲ）
特定のポルノグラフィを直接の原因とした暴行・脅迫（Ⅳ）	暴行・脅迫を行なった者（Ⅳ－①）および／または当該ポルノグラフィの制作者・流通者（Ⅳ－②）
ポルノグラフィの取引行為（Ⅴ）	取引行為を行なった者（Ⅴ）

ものを挙げることができる。各国で制定されている性的盗撮処罰法は、盗撮した者とならんで、盗撮によってつくられたポルノグラフィを流通させた者にも刑罰を科している[47]。盗撮ポルノを流通させる行為が犯罪とされている以上、その行為に対して民事上の責任を追及することは可能なはずだ。

条例は、ポルノへの出演・演技の強制に関する規定で、たとえそれが存在していても女性が強制されなかったことにはならない事由のリストを詳細に列挙している（売春の経験があること、制作関係者と血縁・婚姻関係にあること、出演に同意したこと、契約書に署名したこと、など一三項目。巻末参考資料「モデル条例」三条一項参照）。これに対しては、女性の自己決定能力の否定であるという議論がアメリカであるが、日本の法学者の間でも同じような批判がされている。例えば、「女性は自立した個人としての判断能力が奪われているので、子どもと同じように保護されることが必要という〔立場である〕[48]」だとか、「出演に同意する女性まで、真の同意ではありえないとして『救う』必要があるであろうか[49]」というように。

(47) 中里見博「性的盗撮に対する日本および英米の立法動向」ポルノ・買春問題研究会『ポルノ被害としての盗撮』（同「論文・資料集」六号）二〇〇五年を参照。

だが、女性が被害を訴えていないところで、〝パターナリスティックに〟合意の効力を否定しようとしているのではない。条例の列挙する事由は、キャサリン・マッキノンによれば、「女性は性行為を強制されたと嘘をつくものであると信じるための、〔法理論上の〕入念につくりあげられた伝統的な理由づけ」であり、「ポルノグラフィの女性観をそのまま引き写したものである」[50]。マッキノンはこのリストのねらいをこう述べる。「たとえば契約書が存在するといった単なる事実によって……行使されたかもしれない強制を調べることがあらかじめできなくなることを避けるところにある。……女性に犬と性交することを強制できるのだから、彼女に契約書への署名を強制することくらい可能である」[51]。

暴力ポルノ監督の著書にはこうある。「いつも撮影の前に念書を書くんです。『私は＊歳で、撮影条件は＊＊＊で、＊＊＊をします』とかね。〔その出演女性には〕特記事項としてスタンガンを使用することを承諾してもらいました。ま、彼女はスタンガンが何なのか、分かってなかったかもしれないですけど」[52]。その後この女性は、スタンガンが高圧電流で相手を麻痺させる強力な凶器であることを撮影の最中身をもって知り、撮影の継続を拒否するかもしれない。しかし制作者側は、女性の意思に反して撮影を続行するだろう。そして撮影後に女性が「被害」を訴え出ても、「念書」を楯に取り、被害者の「合意」の存在を「証明」し、したがって「被害」などないのだ、と主張するだろう（そのために「念書」を取りつけているのだから）。

これらのリストは、制作者の意図的・作為的手法として現場で日常的に行なわれている。そのような形式的・外形的な合意の取りつけの後に、女性が被害を訴えたときに、女性の訴えを非実証的に排斥してしまうことを防ごうとしているのである。右に引用したような批判は、社会的地位や男性であることによって、自らはポルノグラフィへの出演を「選択」したり、系統的な強制の被害にあったりすることの決してないであろう強者の発想であり理屈である。そして、そうした批判者のほうが、ポルノグラフィの制作現場で女性の「自立した個人」としての尊厳が日々蹂躙され嘲笑されている現状を、結果的に支持してしまっている。

法的責任の問題で最も争いがありうるのが、Ⅳ－②の、特定のポルノグラフィが直接の原因となって暴行・脅迫が生じた場合に、当該ポルノグラフィの制作者および流通（頒布、販売、公開）者に賠償責任を問うケースである。制作者については、一種の製造物責任を問う発想であるが、流通者にまで責任の範囲を広げるのは製造物責任では説明がつかない[53]。流通者にまで責任範囲を拡大するのは、条例の基本思想に、「ポルノグラフィは、性別に基づく搾取と従属の制度的行為であ〔る〕[54]」という認定があるからといえよう。

（4）取引行為条項の特質

条例の最大の論争点は、ポルノグラフィの取引行為（制作、販売、公開、頒布）を性差別行為とする取引行為条項である。モデル条例は次のような規定を置いている。公共の図書館や大学図書館がポルノグラフィを所蔵し開架で利用に供することは取引行為ではないが、「特別な公開展示[55]」はそれに該当する。「私的な団体[56]」による取引行為

（48）紙谷雅子「ポルノグラフィと『女こども』の論理」渡辺武達・松井茂記編『メディアの法理と社会的責任』ミネルヴァ書房、二〇〇四年、六四頁。
（49）高橋和之「ポルノグラフィーと性支配」『岩波講座現代の法11　ジェンダーと法』岩波書店、一九九七年、二四〇頁。
（50）マッキノン&ドウォーキン『ポルノグラフィと性差別』前掲注（27）、六一頁。
（51）同前。ただし一部改訳。
（52）バクシーシ山下『セックス障害者たち』太田出版、一九九五年、一九四頁。
（53）製造物責任法二条三項（「製造業者等」の定義）参照。
（54）「モデル条例」一条二項。
（55）「モデル条例」三条五項一号。
（56）「モデル条例」三条五項。

も該当する。表現物の一部を切り離してポルノグラフィと評価してはならない[57]。損害賠償請求のためには、取引行為者の悪意の証明が必要である[58]。また、違憲判決を避けるためにインディアナポリス市条例では、取引行為条項の対象になるポルノグラフィは暴力的なものに限定されていた[59]。

取引行為条項は次の点で他の条項と異なる性質を持っている。まず、差別とされる行為がポルノグラフィの制作と流通そのものであり、他の諸条項のように強制、暴行、脅迫、押しつけ、名誉毀損といったそれ自体違法性を伴った行為ではないことである。したがって取引行為条項は――わいせつ物頒布罪規定が頒布行為の規制をつうじてわいせつ物そのものを取り締まると解されるように――条例の定義に合致するポルノグラフィそのものを規制していると理解される余地が生じる。後述するように条例のポルノグラフィの定義を「表現」に特化して理解することとあわせられると、条例を「思想統制」とする理解が生まれる。次に、取引行為条項による訴権が、「女性の従属に反対している女性としての資格において」「すべての女性」と、「女性と同じようにポルノグラフィによって被害を受けていると主張するすべての男性、子どもまたは性転換者[60]」に与えられており、「集団アプローチ」が取られていることである。

以上のように取引行為条項が独特な規定であること、そしてそれが条例の隘路であることは明白である。だが、取引行為条項はポルノグラフィの事前規制ではない。原告の訴えが認められるには、ポルノグラフィの取引行為による「集団としての女性に加えられる被害[61]」が立証されなければならず、その意味で事後的規制である。被害の立証が要求される点では、他の条項と同様「被害アプローチ」に基づいている。だが被害の性質が集団的被害である点では異質である。起草者は、とりわけ取引行為条項が違憲判決を受ける危険性を危惧し、可分条項[62]を置いている。

このように特殊で、かつ違憲判断の予想された取引条項を撤回しなかった理由をマッキノンはこう述べる――「映像用に女性を殺すことで、いわゆる『スナッフ・フィルム』(=殺人ポルノ)がつくられるが、それは非常に儲かるポルノグラフィであり、しかも、被害者が証人になるのを防ぐ確実な方法でもある。ゆえにそれは、ポルノグラフィに出演している女性以外の女性も民事訴訟を起こせるようにすることが、どうしてこれほど重要であるかの理由の一つなのである」[63]。

4 条例の挫折

(1) 公聴会・条例の反響

ミネアポリスの公聴会と公民権条例の提案は、全米に大きな反響を呼んだ。公聴会の記録のコピーは「人づてに回覧され、人々の意識、政治、学問、理論、そして政策に強い衝撃を与えた」[64]。公聴会で明らかになったポルノグ

(57)「モデル条例」三条五項二号。
(58)「モデル条例」四条二項。
(59) インディアナポリス市条例16-3(g)(8)「(略)訴えられた物件が(q)(6)〔見世物条項:筆者注〕にのみ該当することは、本項(4)〔取引行為条項:同〕による訴えに対する抗弁になるものとする」。マッキノン&ドゥォーキン『ポルノグラフィと性差別』前掲注(27)、一六〇頁。いわゆる「プレイボーイ免責」規定である。
(60)「モデル条例」三条五項三号。
(61)「ポルノグラフィと集団としての女性に加えられる被害との間に直接的な関係があることを、事実認定者が十分納得するよう立証」することが必要とされている。マッキノン&ドゥォーキン『ポルノグラフィと性差別』前掲注(27)、六二頁。
(62)「この条例の一部が法的に無効とされても、残りの部分は効力を保持する。(以下略)」。「モデル条例」五条六項。
(63) マッキノン&ドゥォーキン『ポルノグラフィと性差別』前掲注(27)、一三七頁。
(64) MacKinnon, The Roar on the Other Side of Silence, supra note (24), p.13.

【資料10】条例の住民投票による成立に喜ぶ支持者　ワシントン州ベリンガムで

The Bellingham Herald

Courts to get last say on porn law

Herald photo by Pedro Perez

Three backers of the anti-pornography initiative — Jennifer Jordan, Lynn Bosava and Lucy Colvin (from left) — embrace after learning that the measure has passed.

Backers, opponents ready cases after initiative wins wide backing

By DEAN KAHN and JOHN STARK of the Herald staff

Supporters of an anti-pornography initiative were jubilant Tuesday night after Bellingham voters gave the measure a resounding victory.

It is the first time in the nation that voters approved an initiative using a "civil rights" approach to fight pornography. However, the courts likely will have the final word on the subject.

The initiative won handily, 11,516 to 7,196, or 61.5 percent to 38.5 percent. Those totals are unofficial, with some absentee ballots still to be counted. A simple majority was required for approval.

Now that the voters have spoken, a race to the courthouse appears certain.

Kathleen Taylor, executive director of the American Civil Liberties Union of Washington, said the ACLU will be filing a court challenge against the measure soon, on grounds that it is an unconstitutional infringement on free speech.

On the other side, members of Civil Rights Organizing for Women (CROW) say they have two Bellingham women ready to file civil lawsuits against pornographers as soon as the ordinance takes effect. City Attorney Bruce Disend said the initiative will become law within 10 days after the final, official election results are certified.

Disend said he was certain that the initiative will be challenged in court.

The initiative's backers say they expect to win the court battle.

"We won't make the same mistake they made in Indianapolis," CROW member Nancy Mullane said, referring to a similar measure approved by the Indianapolis City Council that was voided by a federal appeals court before a plaintiff could file a lawsuit. That ruling was affirmed by the U.S. Supreme Court without a hearing or written opinion.

The rulings prompted members of the Bellingham City Council to try to keep the initiative off the ballot. Their effort failed after several judges ruled that the city charter left council members no choice but to allow it to go before the voters.

Foes of the initiative call it a vaguely worded threat to constitutionally protected rights of expression that will produce a "chilling effect" on bookstore owners, videotape sellers and others fearful of being hauled into court as pornographers.

Supporters of the initiative portray pornography as a socially destructive practice that warps relations between people, leads to direct harm against individuals

(Continued on Page B5)

（出典：*The Bellingham Herald*, November 9, 1988）

ラフィの被害を発掘する運動は継続された。全米女性機構（ＮＯＷ）は、ポルノグラフィが女性と子どもの権利を侵害しているという全国大会決議（一九八四年六月）を行ない、全米各地でポルノグラフィによる被害の聴き取り調査を実施した(65)。

インディアナポリス、ロサンジェルス、サンフランシスコ、ロングアイランド、マディソン、マサチューセッツ州などが(66)、ミネアポリスの公聴会に基づき、あるいは独自に公聴会を開き、公民権条例の制定を模索した。マサチューセッツ州ケンブリッジとワシントン州ベリンガムでは、住民投票による条例制定が目指された。ケンブリッジでは四二％の賛成で不成立だったが、ベリンガムでは六二％の賛成で成立した。

さらにミネアポリスの運動は連邦政府をも動かした。一九八五年、一五年ぶりに政府に「ポルノグラフィに関する司法長官委員会」が設置された。前回の委員会の反省の上に立ち、今回は被害者の証言を聞き、暴力ポルノグラフィの影響をも調査した。一九八六年に委員会の「最終報告書」が提出され、その中で委員会が、「立法府は公聴会を開催し、ポルノグラフィに起因する被害に対する民事救済を認める立法を検討すべきである」と勧告し、被害者の公民権法による救済を実質的に支持したことはすでにみた（一五一頁）。

委員会の最終報告を受けて、公民権条例の一部が連邦議会に法案として提出された。まず条例の「ポルノグラフィの強制出演」規定が、アーレン・スペクター上院議員によって「ポルノグラフィ被害者保護法案」として提出された。また「ポルノグラフィによる暴行・脅迫」規定が、ミッチ・マコーネル上院議員によって「ポルノグラフィ被害者補償法案」として提出された[67]。

（2）条例反対派の逆襲

マッキノンの表現を使えば、「ポルノグラフィの被害のサバイバーにとって、公聴会は、溺れていた人がようやく水面に顔を出すことができたようなものである。しかし水面は再度閉じられ、彼女たちの頭は水面下に押し戻された[68]」。ポルノグラフィ擁護派による攻撃は、当初から非常に激しかった。ミネアポリスの公聴会で証言した被害者は、悪意に満ちた妨害と脅迫にさらされ、「被害体験を公にすることがなぜこれほど長い期間を要し、なぜこれほど困難であったかを示すとともに、その後の猛烈な攻撃を予想させた[69]」。ポルノ誌『ペントハウス・フォーラム』は証

（65）Ibid.
（66）Ibid. および Kelly Weisberg, *Applications of Feminist Legal Theory to Women's Lives: Sex, Violence, Work, and Reproduction*, 1996, p.21, n.20.
（67）MacKinnon, The Roar on the Other Side of Silence, supra note (24), p.16.
（68）Ibid., p.17.
（69）Ibid., p.12.

言者の一人の女性の被害体験を無断で性的な娯楽のために使った。その女性の郵便受けに「ただですむと思うな、この女」と赤色で走り書きされた『ペントハウス』のページが入れられ、数日後、ウサギの死体が入れられた。その女性を含む何人かの証言者には繰り返し脅迫電話がかけられた。

妨害と脅迫に耐え、ミネアポリス市議会を通過した反ポルノグラフィ公民権条例改正案は、一九八四年一月五日、市長ドナルド・フレイザーによる拒否権発動にあう。議会は、市長の拒否権で差し戻された条例改正案の再審議をせず、「ポルノグラフィ特別委員会」を設置した。特別委員会は五月二日に報告書を提出し、マッキノンードウォーキン条例改正案を大幅に限定・縮小する提案をした。これに対してマッキノンらも自ら条例改正案の修正案を発表した。マッキノンやドウォーキン、条例支持議員、支援団体・市民の必死の取り組みによって、七月一三日再提案され、市議会はインディアナポリスで成立した条例をめぐる裁判で合憲性が確認されるまで条例改正作業を中断させる決定を行なうと同時に、マッキノンらの修正条例改正案が票決にかけられ、「驚くべき事に[70]」一票差でそれが可決された。しかし同日の午後フレイザー市長は再度拒否権を行使し、議会は再審議を否決した。こうしてミネアポリスでの条例改正は最終的に葬り去られた[71]。

反ポルノ運動が進むにつれ、ポルノ擁護派の反撃は組織化されていった。マスメディアの論調は概して条例に批判的であり、女性の権利や性の平等に批判的な保守派も、ポルノグラフィの自由を表現の自由として擁護する自由主義派も、条例に批判的であった。条例推進派に対しては、次のような批判がよくある。すなわち、性的保守派や右派宗教団体が条例を支持し、フェミニズムと性的保守派の奇妙な連合を組んだ、と[72]。しかし、マッキノンはそれが事実無根であると反論している。「いくつもの公聴会が実証するように、条例案が上程されたすべての自治体において条例案を支持した議員全員の中で保守派はたった一人、インディアナポリスのボーラ・カフェナー（Beulah Coughenour）のみであった。一つの条例案に関して独立した個人の議員と取り組むことは、一つの政治的党派と連携することとはおよそいいえない[73]」と。

自由主義派の中でも、アメリカ自由人権協会（ＡＣＬＵ）に所属する法律家は積極的に条例批判を行なった。そして一九八四年、条例制定の動きに危機感を持った女性らが「フェミニスト反検閲行動委員会（ＦＡＣＴ）」を結成し、条例に反対する言論活動や訴訟活動を旺盛に展開した。ＦＡＣＴはハドナット判決の控訴審で法廷助言者として条例を違憲とする意見書を提出し[74]、反ポルノグラフィ公民権条例が導入されようとした地域ごとに支部を結成し[75]、反対運動を展開した。

インディアナポリスでは、条例改正が市長の拒否権にあうことなく成立したが、書店協会が条例を憲法違反として提訴し、一九八四年一一月地方裁判所は違憲判決を下した。市は控訴したが、ＦＡＣＴの活動に支えられ、一九八五年八月控訴裁判所は再び違憲判決を下した。一九八六年二月合衆国最高裁判所は、意見を付さずに控訴審判決を支持する判決を言い渡した。住民投票で成立したベリンガム市条例は、インディアナポリス市条例の違憲判決が先例とされて、違憲判決を受けた[76]。

マサチューセッツでは公民権法を不成立に終わらせるために、メディア・キャンペーンと、ポルノ業者とメディ

（70）Brest & Vandenberg, Politics, Feminism, and the Constitution, supra note (23), p.653.
（71）Ibid., pp.646-653.
（72）たとえば Nadine Strossen, *Defending Pornography: Free Speech, Sex, and the Fight for Women's Rights*, Scribner, 1995, pp.77-78.
（73）MacKinnon, The Roar on the Other Side of Silence, supra note (24), p.10.
（74）意見書は後に公刊された。Nan Hunter & Sylvia Law, Brief of Amici Curiae of Feminist Anti-Censorship Task-force, et. al., in American Booksellers Association v. Hudnut, *University of Michigan Journal of Law & Reform*, v.21, 1987.
（75）Weisberg, supra note (66), p. 21, n. 20.
（76）Village Books et al. v. City of Bellingham, C88-1470D (W.D.Wash, 1989).

ア企業の弁護士の激しいロビー活動が展開され、法案は否決された。[77] 連邦議会に提出された法案は、反対議員の攻撃を避けるために「骨抜きになるほど[78]」の修正を重ねられたが、委員会も通過しなかった。

こうしたポルノ擁護派の法的、政治的な「勝利」は、ポルノ反対派に対する社会的な抑圧をエスカレートさせた。ポルノグラフィに反対する研究者は排除され、嫌がらせを受け、研究費が奪われ、訴訟の標的にされ、家族への脅迫、そして身体的攻撃も生じている。[79]

次に、条例を葬り去った二つの違憲判決を検討する。

5 違憲判決の論理

(1) 地方裁判所判決

インディアナポリスで公民権条例が改正され反ポルノグラフィ公民権条例が成立するやいなや、アメリカ書店協会等の原告団が市長らを相手取り、合衆国憲法違反を理由に条例の執行差止の訴えを連邦地方裁判所に提起した。これに対して連邦地方裁判所は、条例が、合衆国憲法修正一条によって保護された「表現の自由」を侵害するがゆえに違憲・無効であるとの判決を下した。

理由は多岐にわたるが、要点を絞ると次のようになる。①条例の規制するポルノグラフィは、修正一条の保護の及ばない「わいせつ物」等の範囲を超えており、修正一条によって保護された表現を規制するものである、②条例がポルノグラフィを規制することによって達成しようとする性差別の禁止という政府利益は、「表現の自由」を保護するという政府利益よりも重要性が低い、③条例のポルノグラフィの定義が不明確である、④ポルノグラフィへの出演・演技の強制と、ポルノグラフィの押しつけに関する行政委員会の関与は、表現に対する違憲の事前規制に該当する。ここでは①から③の論点について判決理由を紹介する。

（i）「条例は修正一条によって保護された表現を規制する」

判決はまず、条例の核心的主張——すなわち条例が規制するのは表現そのものではなく差別行為であるという主張——を「呪文」と非難し「説得的でない」（598 F.Supp. at 1330）と排斥したうえで、条例は女性の性的な従属の描写そのものを禁止するものである、との理解を示す。「条例の目的は、公民権の用語法を割り当てられているものの、その目的が実は有害で不快と市議会の認定した表現内容や思想を統制することにあることは明らかである。女性を性的に従属的に描く文書や図画が、条例によって禁止されるのである」（598 F.Supp. at 1330-1331）。

次に判決は、条例の規制する表現が、合衆国憲法修正一条によって保護されている表現にまで及ぶと評価する。判決は、伝統的に修正一条の保護が及ばないと合衆国最高裁判所によって認められてきた表現は、「わいせつ、神に対する冒瀆、名誉毀損、侮辱、『けんか』言葉」であり、近年それらに「子どもポルノ」が加えられた、とする（598 F.Supp. at 1331）。判決は、これらの表現の中で条例のいう「ポルノグラフィ」が最も類似しているのはわいせつ表現であるが、しかし条例の規制するポルノグラフィがわいせつ表現よりも広範な性表現物を規制対象にすることを原告・被告とも認めていると指摘する。そして、いわゆる「わいせつ三基準」と無関係に条例はポルノグラフィを定義しており、それは修正一条によって保護された表現にまで及ぶものである、というのである（598 F.Supp. at 1332）。

（77）Gail Dines, Living in Two Worlds: An Activist in the Academy, Dines, et al., *Pornography*, supra note (2), p.165.

（78）MacKinnon, The Roar on the Other Side of Silence, supra note (24), p.18.「ポルノグラフィ被害者保護法案」の被告からポルノグラフィの業者が除かれ、「ポルノグラフィ被害者補償法案」は「わいせつ」の定義を採用した。Ibid., p.18, n.58.

（79）Ibid., pp.18-20. 注（62）に迫害と暴力被害の例が記されている。

判決はさらに、条例を支持する先例であると被告が主張した三つの最高裁判決を順次検討し、被告の主張を斥けた。三つの判決とは、ファーバー判決（New York v. Ferber, 458 U.S. 747 [1982]）、パシフィカ判決（FCC v. Pacifica Foundation, 438 U.S. 726 [1978]）、ヤング判決（Young v. American Mini Theatres, Inc., 427 U.S. 726 [1976]）である。

【ファーバー判決】 判決はまず、子どもポルノを規制するニューヨーク州法を合憲としたファーバー判決を検討し、次のように述べる。ファーバー判決は、子どもポルノ制作に使用される子どもの身体的・精神的安寧を保護することが「やむにやまれぬ」政府利益を構成し、子どもポルノ規制によって規制されるポルノ業者の「表現の自由」保護よりも重要であると結論づけたが、この結論は「子どもポルノの場合に限ってあてはまる」。すなわち――

> 集団としての成人女性は、長期にわたって子どもに与えられてきたものと同様の保護を必要とする地位にはない。このことは、被告が条例を擁護するために口頭および文書で証明した類の非人間的な扱いにさらされる女性についてさえも、同じである。……成人女性は一般に、ポルノグラフィに出演したり、ポルノグラフィによって身体的被害を受けたりすることから、自分の身を守る能力を持っており、それゆえ、〔条例のいうポルノグラフィを〕禁止することによって女性の身体的・精神的安寧を保護することは、修正一条の保障を犠牲にしなければならないほど「やむにやまれぬ」とはいえないのである（598 F.Supp. at 1333）。

【パシフィカ判決】 パシフィカ判決は、性や排泄物に関する明白に不快な用語の放送を禁止することを合憲と判断し、その種の表現は「修正一条の最も限定された保護」しか値しないと述べた。被告は、パシフィカ判決によって、性的に露骨な表現の規制がわいせつ物規制に限定されないことが示されている、と主張した。しかし判決は、パシフィカ判決が放送の二つの特殊性を根拠にしている点に注目し、条例の規制するポルノグラフィは放送の二つの特殊性のいずれをも満たしていないため先例とはなりえない、と結論した。二つの特殊性とは、第一に「放送メディアが、すべてのアメリカ市民のあらゆる生活にあまねく入り込んでいるという特殊性を確立したこと」、第二に「放送は、子どもが影響を受けやすいという特殊性であり、文字を読むことのできない子どもさえも影響を受けるのである……」ということである。これに対して条例は、規制対象を電波に限定していないし、子どもの保護を目的にもしていないため、パシフィカ判決とは異なる事例であると判断された（598 F.Supp. at 1334）。

【ヤング判決】ヤング判決では、成人映画を上映する映画館の立地規制を行なった条例を合憲とし、「国家が、映画の内容を根拠に用いて、成人映画を他の映画と異なって取り扱うことは正統である」と述べた。だが判決は、ヤング判決においては表現規制の「時、場所、方法」が問題となっているにすぎないのに対して、条例は「女性を性的に従属的な役割において描く表現物を、いつ何時でも、すべての場所で、あらゆる方法でなされる販売、頒布、陳列を完全に禁止するものである」がゆえに、ヤング判決によっては、条例は正当化されないとされた。こうして条例は、修正一条によって保護されないとされてきたいかなる表現や先例とも異なるとされた（598 F.Supp. at 1334-1335）。

（ii）「ポルノ規制による性差別からの女性保護は表現の自由保護よりも重要性が低い」

判決は次に、条例の基本的な根拠となっていると判決がみなした次の主張──「『ポルノグラフィ』によって発生を余儀なくされ、蔓延する類の性差別を規制する利益は、政府にとって『やむにやまれぬ』ものであるがゆえに、表現の自由の例外を正当化する理由となる」（598 F.Supp. at 1335）──を検討する。

この点の検討にあたって判決はまず、条例が問題にしている「被害」について次のような重要な限定を加える。すなわち、条例が前提にしている被害は「社会学的」な被害、すなわち「集団としての女性を貶めるところの『ポルノグラフィ』によって生じる性差別」（ibid.）である、と。判決によれば、「条例はその禁止事項のほとんどの場合において、具体的に定義され、特定しうる被害者を前提にしていないし、必要ともしていない。条例が求めていることは、集団としての成人女性を、女性としての法的・社会的地位が低減すること――いいかえると差別的スティグマ――から保護することである……」(ibid.)。

判決は、このような理解に基づき、こう述べる。「もし当裁判所が被告の主張を受け入れるなら……搾取と差別に反対する同じように『やむにやまれぬ』権利主張にインディアナポリス市議会（あるいはその他の立法機関）が応えて保護立法を制定することを妨げることはできなくなる……」(ibid.)。立法機関は、「その他の不公正な表現を禁止する立法」すなわち人種差別を理由に人種差別表現を、民族差別、宗教差別を理由に民族差別表現、宗教差別表現を、あるいは障害者差別を理由に障害者差別表現を出版し頒布することを禁止する立法を制定できることになり、「修正一条の自由が侵害される可能性があまりにも大きく、そこに基礎を置いている重要な諸自由は生き延びることができなくなる」(598 F.Supp. at 1335-1336）というのである。

そして判決は、市議会が認定したポルノグラフィによる被害とその救済の必要という立法目的に対して次のように述べる。「市議会が認定した立法事実の正当性に疑義をはさむことは当裁判所の任務ではない。当裁判所の唯一の務めは、当該条例が憲法上の基準を侵害することなく、あるいは憲法上保障された権利を侵害することなく立法目的を達成するのを保証することである。こうした観点から審査すると、条例は違憲審査にたえることはできないと当裁判所は判断した」(598 F.Supp. at 1337)。

(iii)「ポルノグラフィの定義が曖昧である」

判決はまた、条例のポルノグラフィの定義が不明確であり文面上違憲であるという原告の主張を受け入れた。「当裁判所は、ポルノグラフィの定義それ自体、より具体的には『女性の従属』という用語が曖昧であることに強く印象づけられた」(598 F.Supp. at 1338）という。「女性の従属」という用語は、「人々の考えや経験において、一つの意味や理解に到達するのはおよそ不可能」であり、「通常の知性を備えた人が、法によって何が禁止されているかを知るための合理的な機会」（ibid.）を否定するものである。それは、結局のところ、何が「女性の従属」にあたるかの判断を、「検閲を行なう行政委員会」または「訴訟を提起する道を選ぶ原告諸個人」に委ねるものであり、合衆国憲法修正第五条が保障する「適正手続」に違反する、という（ibid.）。

判決が、「女性の従属」のほかに「主観的」で曖昧であると判断した用語として、「貶められ、傷つけられ、拷問される筋書きにおいて、汚らわしく、劣等なものとして描かれたり、出血し、殴られ、傷つけられたりし、かつそれを性的なものとする文脈」における「貶められ」や「劣等な」等が挙げられている（598 F.Supp. at 1339）。また「性的なものとする文脈」も曖昧であるという。その結果、「ジョン・アップダイクの『イーストウィックの魔女たち』のような文学作品を売買する者は、それが条例によって禁止されているか否かの自分の解釈が行政委員会や訴訟を提起する原告の解釈と一致するかどうかを知ることは不可能である」（ibid.）というのである。

（2）控訴裁判所判決

次に、連邦控訴裁判所がくだした違憲判決の論旨をみる。判決が条例を違憲とした理由は、次の言明に明確に現われている。

条例は、表現の内容に基づいて差別を行なうものである。すなわち、是認された方法で——つまり『平等に基づく』〔マッキノンの論文を引用：筆者注〕性的接触において——女性を描く表現は、それがいかに性的に露骨であっても合法である。他方で、是認されない方法で——すなわち性的に従属し、屈辱を愉しむものとして——女性を描く表現は、作品全体としていかに文学的・芸術的・政治的質が重要であっても違法となる。しかし州政府は、このような仕方で表現内容の好ましい「観点」というものを命じてはならない。合衆国憲法は、州政府が一つの見方を正しいと宣言し、反対の見方をする者を沈黙させることを禁止しているのである（771 F.2d at 325）。

このように判決は、条例が表現内容規制、とりわけそれが「観点」規制であることを理由にして条例を違憲と判断した。「これは思想統制である」（771 F.2d at 328）と、判決は条例を断罪する。

判決の一つのきわだった特徴は、ポルノグラフィが性差別を生むことを、ポルノグラフィを規制するためのではなく、保護するための根拠としたことである。すなわち、「当裁判所は、この条例の前提を承認する。差別の描写は、差別を永続化する。……条例の文言を使用すれば、『ポルノグラフィは、差別の基礎として性別をつくりあげ、それを維持する中心的なものである。ポルノグラフィは、性別に基づく搾取と従属の制度的行為であり、女性に差別的に被害を与える』と。しかしながら、ポルノグラフィが性差別の原因であることは、「ポルノグラフィの表現としての影響力を証明しているにすぎない」（771 F.2d at 329）というのである。

続けて判決は次のように述べる――

ポルノグラフィがポルノグラフィのすることであるというのであれば、ほかの言論であっても同じである。……人種差別、反ユダヤ主義、テレビの暴力番組、記者の偏向――その他多くのものが文化に影響を及ぼし、われわれの社会化の過程をかたちづくっている。いずれも、対抗言論によっては直接的には対抗しえない――対抗言論が大衆文化において同じような地位を占めないかぎりは。にもかかわらず、いかに悪意に満ちていても、それらはすべて表現として保護されているのである。保護する以外のいかなる対応も、文化を形成する諸制度に対する政府による統制を帰結するであろう……（771 F.2d at 329-330）。

判決は次に、ポルノグラフィの「制作被害」についてこう述べる。

インディアナポリス市政府は、ポルノ映画や写真の中のモデルが被る被害のことを強調している。……しかし……苦痛を描く映像は必ずしも苦痛そのものではない。ブライアン・デ・パルマ監督のサスペンス映画『ボディ・ダブル』では、裸で性的に露骨なかたちに描かれた一人の女性がドリルを持った侵入者に殺される。ドリルが女性の身体を貫通する。この映画は性的に露骨な殺人が生じるのだが、だれも女優が苦痛を感じたとも死んだとも思わない。……〔奴隷制や戦争や性的支配に関する〕描写は、奴隷制、戦争、性的役割に影響力を持つであろうが、しかし奴隷制に関するいかなる本も奴隷制そのものではないし、毒をもって人を殺すことに関する本は殺人そのものではないのである（771 F.2d at 330）。

判決はさらに、条例の四つの訴訟原因についてそれぞれ批判を加える。まず「取引行為条項」について、「ポルノグラフィ」の定義自体が一定の「観点」に基づくポルノグラフィによって生み出される被害であり、観点規制で違憲である以上、それはポルノグラフィの定義と同様に必然的に破綻している、という。条例は強力な可分条項を持ち、インディアナポリス市は、条例を分解することによって一部の条項を違憲の宣告から救済するよう求めるが、「連邦裁判所が市条例を完全に再構成することは許されていない。だが条例は書き直されないかぎり、いかなる部分も救済されえないのである」（771 F.2d at 332）とする。

次に、「出演強制条項」について、「合憲となりうる要素を含んでいる」が、「インディアナポリス市条例は……『観点』に関して中立的ではない。強制出演による作品の流通を禁止する対象はポルノグラフィに限定されて〔いる〕」。「州議会は『ポルノグラフィ』の定義を『性的に露骨な内容の映像すべて』またはそれに類するものに修正する必要があるだろう」（771 F.2d at 332-333）。

また「押しつけ条項」について、「州政府は、性的な内容のダイレクトメールを規制することができるが、いかなる内容の性的なメールかを決定してはならないというのが判例である」とする（771 F.2d at 333）。最後に「暴行・脅迫条項」について、「この規定は、原理的には違憲の宣告から救出される可能性はある」「条例は『特定のポルノグラフィを直接の原因とする……』と定め、この限定が州裁判所によって合憲と解釈される可能性がないとはいえない。政府がこの規定を試行してみることを妨げる権限は州裁判所にはない」。だが、「ここでも……暴行・脅迫条項が『ポルノグラフィ』と結びつけられており、議会に帰属する権限をわれわれが奪わないかぎり、条例の欠陥は修復されえない。……名誉毀損立法がすべての表現に適用されるのと同様に、規制対象をすべての表現に拡大する条例を定める〔ことはできよう〕」という（771 F.2d at 333-334）。

6 条例と「表現の自由」

(1) ポルノグラフィは「表現」か「行為」か

以上、地方裁判所、控訴裁判所の二つの違憲判決の判旨を紹介してきた。次に、それら判決の諸判断について検討を行ないたい。

まず、最も注目される点は、両判決とも条例の眼目――すなわち条例によって規制されるのは女性の性的従属の描写それ自体ではなく、女性を性的従属させる差別（加害）行為であるという主張――を斥けたことである。そのことを象徴的に示すのは、条例は「描写（depictions）」という言葉をポルノグラフィの定義において使用していないにもかかわらず、両判決とも一貫して条例が規制するのは従属を描くこと、すなわち「描写」であり、「従属させる」という行為ではない、としたことである。そうして地裁判決は、ポルノグラフィが性差別行為であるという主張を「呪文」と呼んで非難し、控訴裁判所はそれを次のように、表現としてのポルノグラフィの「影響力」という意味においてのみとらえた。一部引用が重複するが、すなわち――

ポルノグラフィがポルノグラフィのすることであるというのであれば、ほかの言論であっても同じである。ヒトラーの演説は、一部のドイツ人のユダヤ人に対する見方に影響を与えた。共産主義は一つの世界観であり、単にマルクスとエンゲルスによる宣言でもなければ、一連の演説でもない。共産主義者による演説を規制する努力が合衆国で払われたのは、そうした思想に公衆が触れれば全体主義政府が生まれる可能性が増すと信じられていたからである。宗教は、人の社会化の過程で最も浸透力を持っている（771 F.2d at 329）。

そして、ポルノグラフィの影響力は「ポルノグラフィの表現としての影響力を証明しているにすぎない」と控訴裁判所は述べた。

条例の起草者、マッキノンは、こうした両判決の判断を「行為（acts）の思想（ideas）への転換」[80]と呼んで批判している。あらためて、ポルノグラフィは性差別「表現」なのか「行為」なのかを考えてみる[81]。

すでに述べたように条例は、ポルノグラフィを「性別に基づく搾取と従属の制度的行為」と性格づけ、「性的に露骨なかたちで女性を従属させること」と定義した。それは、条例がポルノグラフィの制作と消費に関連した加害行為に対する規制を定めているという意味であった。とはいえ、ポルノグラフィの制作や消費にかかわる加害行為を規制するという点をもってポルノグラフィの「表現」としての性格が失われ、ポルノグラフィがもっぱら「行

（80）Catharine MacKinnon, *Sex Equality*, Foundation Press, 2001, p.1570.
（81）ポルノグラフィの性格については哲学界でも論争を引き起こした。Rae Langton, Speech Acts and Unspeakable Acts, *Philosophy & Public Affairs*, v.22, 1993.

為」になるとは思われない。他方で、同時に強調しなければならないことは、逆にポルノグラフィの「行為」としての側面をまったく否定し、「表現」に還元することもまた一面的だということである。ある論者が指摘するように、たしかに「『表現』と『行為』の境界線そのものが曖昧」だからである。[82]

しかし、より重要なことは、ローラ・レーデラーとリチャード・デルガドによる次の指摘である。「あるカテゴリーの表現が被害を生じると社会によって承認されると、それには表現以外の名前が与えられる傾向がある。例えば『手をあげろ』には強盗、混雑した劇場で火事だと叫ぶことには暴動の煽動、商標を侵害する表現には知的所有権問題、等々である」。[83]

ここで再び、職場でポルノグラフィを見せつける環境型セクシュアル・ハラスメントの例を取り上げたい。職場で他人の意に反してポルノ写真（ポスター等）を掲示するなどして結果的に他人の業務に支障をきたすことには、「表現」の側面と「行為」（＝セクシュアル・ハラスメント）の側面の両方があるといえる。セクシュアル・ハラスメント概念が確立した今日の視点からは、それはセクシュアル・ハラスメント、すなわち職場における性差別「行為」なのであり、それも「表現」であるから自由を保障されるべきである、という主張は奇異に聞こえる。だが、セクシュアル・ハラスメント概念を社会がまだ知らなかったときには、この行為はもっぱら「表現」の側面のみにおいてとらえられ、その「自由」が事実上強く保障されていたと考えられる。もしその行為によってだれかが業務に支障をきたしても、「過敏」「堅物」などの被害者非難（victim blaming）が行なわれ、業務の支障が「被害」と認識されることはなかったと考えられる。

このように表現は一般に「表現」であると同時に「行為」としての側面を有するのであり、重要なことは次のことである。すなわち、当該表現内容の正当性が社会に広く承認され、それによって生じる弊害が承認されていない場合には、その表現行為は一般にもっぱら「表現」としてのみ認識され、その自由が最大限保障される。しかしその表現行為によって生じる弊害が権利侵害であると社会に承認されるようになると、その表現行為は権利侵害を生じさせる不当な「行為」として認識されるようになる、ということである。

ポルノグラフィもまた本来的に、同時に「表現」であり「行為」でもある。だが、ポルノグラフィによって生じる被害が被害として認識されていないとき、ポルノグラフィは性差別「行為」ではなく、もっぱら「表現」でありその「自由」を最大限尊重すべきであると主張されるのである。あるいはまた、ポルノグラフィの「表現」の性格をもっぱら強調することによって、それによって生じる被害が空想化され極小化される。それこそ次にみるように、控訴裁判所判決が行なったことであった。

(2)「表現」還元論の問題点

両判決によってポルノグラフィが女性の性的従属の「描写」そのものとされ、もっぱら「表現」に還元された結果、二つの重大なことが帰結された。一つは、起草者の懸念どおり、条例の定義するポルノグラフィがフェミニズム文献や文学作品と区別できないとされたことである。控訴裁判所は次のように述べた。「条例反対派のいうように、多くのラディカル・フェミニストの表現物は、条例によって禁止された描き方で女性を露骨に描いている」し、「ジェームズ・ジョイスのユリシーズやホメロスのイリアドをインディアナポリスがどう扱うかが不明である。なぜなら、両作品とも女性を征服と支配の対象たる従属物として描いているからである」(771 F.2d at 325)。

(82)「まずポルノグラフィは表現ではないとし、その上でそれは行為であって規制に服するとする議論は、誤った区分に基づいている。というのは、『表現』と『行為』の境界線そのものが曖昧であるということをそれは完全に無視しているからである」Note, Redefining Pornography as Sex Discrimination: An Innovative Civil Rights Approach, *New England Law Review*, v.20, 1984-85, p.753.

(83) Laura Lederer & Richard Delgado, eds., *The Price We Pay: The Case Against Racist Speech, Hate Propaganda, and Pornography*, Hill and Wang, 1995, p.7.

ポルノグラフィがもっぱら「表現」に還元されたことによるもう一つの重大な帰結は、ポルノグラフィの「被害」が結局は〝空想〟〝つくりごと〟の問題とされ（空想化）、あるいは品位の毀損、スティグマ（汚名）の問題へと解消されてしまった（極小化）ことである。控訴裁判所判決はいう。「苦痛を描く映像は必ずしも苦痛そのものではない。……映画〔で〕性的に露骨な殺人が生じるのだが、だれも女優が苦痛を感じたとも死んだとも思わない」。そして控訴裁判決は、すでにみたように、ポルノグラフィが性差別の原因となっているという主張を承認したうえで、それはポルノグラフィが保護されるべき表現であることの証明である、とした。この論理は、「表現による被害が大きければ大きいほど、その表現はより強く保護されなければならないという理論[84]」であると、マッキノンは指摘する。

地裁判決もいう。「条例の根拠にあるのは、差別という社会学的な被害であることに留意することが重要である。すなわち、女性の品位を集団として傷つける、ということである。……条例は、女性としての法的・社会学的地位が縮減されることから、集団としての女性を保護しようとしている。すなわち、『ポルノグラフィ』の結果、女性に女性としてふりかかる差別的なスティグマから保護しようとしている」（598 F.Supp. at 1335）。

こうしてポルノグラフィは、他のあらゆる差別的表現と同列に論じられることになった。地裁判決が述べたように、もしポルノグラフィを規制する公民権条例を制定できるなら、人種差別を理由に人種差別表現を、民族差別、宗教差別を理由に民族差別表現、宗教差別表現を、あるいは障害者差別を理由に障害者差別表現を出版し頒布することを禁止する立法を制定できることになる、というのである。

だが、ポルノグラフィは、他のあらゆる差別表現と同じなのであろうか。もしひとたびポルノグラフィが規制されるようになれば、あたかも「ドミノ倒し」のように、他のあらゆる表現に対する後戻りできない規制への道に足を踏み入れることになるのだろうか。だがしかし、いったいポルノグラフィ以外のいかなる「差別的表現」が巨大娯楽産業の「商品」として取り引きされているだろうか。いったいポルノグラフィ以外のいかなる「差別的表現」

が、大多数の男性によって日常的・恒常的・嗜癖的に、快楽として「使用」されており、いったいポルノグラフィ以外のいかなる「差別的表現」において、その中で行なわれているのと同じ虐待行為が日々社会で繰り広げられているだろうか。

逆にいえば、もし人種差別や民族差別や障害者差別や児童虐待を実演し、その記録を人々の娯楽や快楽の商品にして流通させる巨大産業が存在し、人々によって愉しんで消費され、その商品の中で行なわれているのと同様の暴力や虐待行為が社会で多発・頻発していたとしたらどうだろうか。それら商品は、判決がポルノグラフィについて述べたように「世界の見方、他人の見方、社会関係の見方に影響する」(771 F.2d at 329) としか評価されないのであろうか。

(3) 条例と「表現の自由」理論

最後に検討したいのが、条例は合衆国憲法の保障する「表現の自由」を侵害するという判決の理論である。ここでは主として、控訴裁判所判決が採用した、条例はいわゆる表現の「観点に基づく規制 (viewpoint-based restriction)」に該当し違憲である、という理由づけを検討する。

表現の「観点規制」とは、「特定の問題についての特定の見解を選び出し抑圧すること」例えば「現政権の政策に批判的な表現を禁止する立法」等であり、それは「内容規制」一般すなわち「いかなる観点かにかかわらず、ある問題についてのあらゆる表現を規制すること」——例えば「虚偽広告を禁止する立法」等——とは異なる。これに対して、「電柱への張り紙を禁止する立法」などのように、表現内容には中立的で、表現の時・場所・方法を規制する「内容中立規制」の類型が存在する。[85]

(84) MacKinnon, *Sex Equality*, supra note (80), p.1571.

表現の「観点規制」では、規制される表現内容が最も限定され特定されるがゆえに、裁判所による合憲性審査において違憲の推定が強くかかり、厳格に審査され、合憲性を証明するのが最も困難となる。他方で内容中立規制は、表現内容規制よりも合憲性が広く認められ、より緩やかな基準によって合憲性を審査される。[86] こうした分類によれば、条例は、「性的に露骨な」内容を含むというだけでなく、それに加えて「女性を従属させる」という特定の「観点」に基づいて表現を規制する立法である、ということになる。

この点を検討するにあたり、条例を「観点規制」であるとして厳しく批判するジェフリー・ストーンの議論を参照する。ストーンは、条例を「観点規制」であるとした控訴裁判決に対する、ありうる五つの批判を想定し、その五つの想定批判に逐一反論を加えて判決を擁護している。ストーンの想定した論点とストーンの主張を紹介しつつ、若干のコメントをしていく。そして最後に、条例を「観点規制」とみなす議論への根本的な疑問を対置したい。

（i）「限定的な観点規制である」

ストーンが想定した条例に対する批判の第一は、〝条例は女性従属的なすべての性表現を規制するものではなく、「写実的で性的に露骨なもの」に限定しており、範囲が限定されている〟という批判である。ストーンはしかし、「限定的な観点規制」も観点規制一般が有する三つの主要な危険を共有している、と反論する。三つの危険とは〝公論（public debate）を阻害すること〟〝政府が特定の表現に対する敵意からそれを規制すること〟、そして〝パターナリズムや不寛容など憲法上疑義のある理由に依拠しつつ、ある表現が人々に与える影響力を危惧してそれを規制すること〟である。

条例は以上の三つの危険をすべてあわせ持っており、その点で「ナチスはスコーキー村を行進してはならない〔Smith v. Collin, 439 U.S. 916（1978）参照〕、共産主義者は公立学校で教鞭をとってはならない、兵士が含まれている可能性のある聴衆に向かって戦争批判をしてはならない」などといった法律と条例は「区別しえない」とした。[87]

ここでは、条例がパターナリズムに基づいた表現規制であるという批判について触れておきたい。というのは、ストーンが表現の「観点規制」に伴う危険の一つとして「パターナリズム」に依拠して表現を規制することを挙げ、かつ条例を「出演女性に対するパターナリスティックな評価を前提にしている[88]」とみなしているためである。また、条例が女性の主体性や自己決定能力を奪っている不当な保護主義に依拠しているという批判が、条例批判の典型的な主張の一つとなっているからである[89]。すでにみたように、地裁判決も、「成人女性は一般に、ポルノグラフィに出演したり、ポルノグラフィによって身体的被害を受けたりすることから、自己を防護する能力を持っており、それゆえ、〔条例のいうポルノグラフィを〕禁止することによって女性の身体的・精神的安寧を保護することは、修正一条の保障を犠牲にしなければならないほど『やむにやまれぬ』とはいえない」と述べている。

だがこの批判はポルノグラフィの制作に関連した加害行為の深刻さに対する一般的な無知に基づいているといわざるをえない。論理的には、地裁判決に対するマッキノンの次の批判があてはまる。「多くの成人女性は強かんから自分を守る能力を持っているが、強かん罪規定がある。自ら提訴するかどうかを選択できる民事法は保護主義だろうか？　強かんを禁止する法律は保護主義だろうか？[90]」。

（85）以上、Cass Sunstein, Pornography and the First Amendment, *Duke Law Journal*, v.1986, p.610.

（86）Geoffrey Stone, Anti-Pornography Legislation as Viewpoint-Discrimination, *Harvard Journal of Law & Public Policy*, v.9, 1986, p.461.

（87）以上、ibid., pp.463-465.

（88）Ibid., p.469 n.27.

（89）例えば、Nadine Strossen, *Defending Pornography*, supra note (72), p.181.

（90）MacKinnon, *Sex Equality*, supra note (80), p.1599.

（ii）「被害に基づいた規制である」

第二の想定批判は、〝条例は「観点に基づいた」規制ではなく、「被害に基づいた」規制である〟という批判である。しかしストーンは、それが観点規制である以上、「たとえ『被害に基づいている』と名づけられようが、条例は明白な観点規制立法とまったく同様の危険性を持っている[91]」と批判する。

ストーンの「観点規制」論に対する直接的な反論ではないが、ポルノグラフィが生みだす被害に十分に配慮し、条例を擁護する議論を対置しておきたい。反ポルノグラフィ公民権条例を「自由で開かれた討議の前提条件を確立するための一つの努力」「民主主義の敵ではなく友[92]」と理解するオーウェン・フィスは、次のように指摘する。強制出演条項や押しつけ条項は「多くの女性がポルノグラフィの制作に参加を強制されており、多くの女性が職場から親密な家庭においてまでポルノグラフィの視聴を強制されているという訴え」に基づいており、「条例が規定する類のポルノグラフィの制作と流通において、出演・演技の強制や押しつけの悪行が非常に多く生じており、ポルノグラフィにだけ特別かつ緊急に対処することを可能にしている、と市議会が確信するのに十分な証拠が存在する[93]」と。また、「たしかに両条項は表現を制作し流通させる手段を規制し、その結果公論に一定の影響を与えることは避けられないが、公権力の発動は『強制』と『押しつけ』という概念によって厳密に限定されている。……もちろん『強制』や『押しつけ』概念が濫用される可能性は残るが、いずれも判例法、制定法上無数に現われる概念であり、この文脈でのみ濫用される可能性が高いとはいえない[94]」と主張する。そして、「『視聴の押しつけ』と『出演・演技の強制』条項は、出演者の自由と視聴者の自由を保護することを目指すものであり、修正一条の価値を損なうというよりもむしろ促進するものである[95]」と指摘するのである。

フィスはまた、暴行・脅迫条項も、「特定のポルノグラフィによって描かれエロス化された行為にまで原因を明白にたどることができる奇妙な性犯罪……が生じている状況に対応する条項である[96]」と評価する。そして、「この条項は、実際に暴行・脅迫が生じたこと、かつその暴行・脅迫があるポルノグラフィによって直接引き起こされたことの証明を条件づけているので、説明責任の制度を確立する条項、自分たちの商品が引き起こしたかもしれない身体的攻撃に対するポルノ制作者と流通者の法的責任を新たにつくりだす条項と理解されるべきである」というのである。ただし、「濫用による萎縮効果」の問題があるが、それもしかし、「（1）暴行・脅迫とポルノグラフィの間に『直接の』因果関係があること、（2）暴行・脅迫が『特定の』ポルノグラフィと結びつけられていること、（3）当該表現が条例のポルノグラフィの定義に該当すると被告が知っていたこと、または知るべき相当の理由があったこと」を原告が立証しなければならないので、「萎縮効果の危険性を最小化しようとしている[97]」と評価する。

（iii）「観点規制に伴う危険性がない」

ストーンの第三の想定批判は、〝条例には観点規制に通常伴う危険性がない〟という批判であり、これには次の二種類があるという。まず、「条例は、規制される特定の思想（ideas）に対する政府の敵意を反映しているのではなく、ただ単に、規制される思想が被害を引き起こすという事実に基づいている[98]」というものである。これは上記の第二の想定批判と重なる。

もう一つは、「条例は、ポルノ出演者自身の健康と安全を保護するという政府の利益に基づいており、比較的憲

（91）Stone, Anti-Pornography Legislation, supra note (86), p.467.
（92）Owen Fiss, Feminism and Freedom, *Georgetown Law Journal*, v.80, 1992, p.2062.
（93）Ibid., p.2046.
（94）以上、Ibid., pp.2044-2045.
（95）Ibid., p.2045.
（96）Ibid., p.2046.
（97）Ibid., p.2047.
（98）Stone, Anti-Pornography Legislation, supra note (86), p.468.

法上の問題が少ない[99]」というものである。ストーンはこの批判も〝公論の阻害〟と〝政府の敵意に基づく表現規制〟という危険を払拭できていないと反論する[100]。しかも、「ポルノ制作において女性出演者が強制されたり搾取されたりする危険は、そのポルノグラフィによって表現される特定の観点とはまったく無関係である[101]」と指摘し、観点中立的な規制をすべきことを示唆している。規制をポルノグラフィ以外にも拡大することによって「観点中立」規制にすれば合憲となりうることを、控訴裁判決も示唆していた。

だが、この最後の点は非現実的といわねばならない。実際には、より暴力的で虐待的で女性憎悪的な性表現物であればあるほど、女性が出演や演技を強制されている。いったいポルノグラフィ以外のいかなる内容（「観点」）の表現物において、ポルノグラフィと同様の強制が出演者に対してなされているのだろうか。

オーウェン・フィスは、ストーンとは逆に、条例が「観点」特定的であることがむしろ「表現の自由」の保障に資するという理解を提示している。たしかに条例には、ポルノグラフィの被害者だけを救済するという「規制の不公平性」の問題がある。そのため「市議会は、すべての映像によって直接生じる暴行・脅迫に対して説明責任の制度を創設することもできたかもしれないが、そのような包括的規制制度の萎縮効果は非常に拡大するため、修正一条とは相いれないと思われる。特定の観点——性的に露骨で女性を従属させること——に基づいた表現のみを規制することは、表現の自由を侵害するというよりは、それに貢献するのである[102]」。

(iv)「観点規制の厳格審査基準を満たす」

「観点規制」論に対する第四の想定批判は、〝条例は観点規制に適用される最も厳格な審査基準を満たす〟という批判である。だがストーンは、条例の立法根拠にある「ポルノグラフィに関連した三つの被害」としていわゆる出演女性の受ける制作被害、女性に対する暴力を誘発する消費被害、女性差別を助長する社会的被害を挙げたうえで[103]、そのいずれも条例の合憲性を満たす「十分な正当性[104]」を備えていないと反論する。

まず制作被害は、ポルノグラフィに出演する女性の被害のみを救済する点で「選別的・差別的」であると同時に、すべてのポルノ出演女性が強制の被害を受けているわけではないのに救済しようとする点で「過剰」であるという。「表現の自由」理論は、前者の点では条例が「観点中立的」であるべきことを要請し、後者の点では「最も制限的でない手段」によって立法目的を達成すべきことを要請する、とストーンは述べる[105]。

また、消費被害については、ポルノグラフィの消費と性犯罪の間に直接的な因果関係を一般的に確定できないし[106]、女性差別の助長については、「政府は性差別の行為を規制しうる」けれども「性差別が望ましいという考えを支持する表現を規制することは許されない[107]」と批判する（強調引用者）。

（v）「ポルノグラフィは価値の低い表現である」

最後の想定批判は、〝ポルノグラフィは表現として「低い」価値しか持たないので、観点規制に適用される厳格な審査基準を適用すべきでない〟という批判である。ストーンはポルノグラフィの価値が「低い」根拠として、次の二つを想定する。一つは、「ポルノグラフィは、潜行性のサブリミナルな効果を持ち、個人の自律性を害する[108]」

(99) Ibid., p.470.
(100) Ibid.
(101) Ibid., p.472.
(102) Fiss, Feminism and Freedom, supra note (92), pp.2044-2049.
(103) Stone, Anti-Pornography Legislation, supra note (86), p.472.
(104) Ibid., p.473.
(105) Ibid.
(106) Ibid., p.475.
(107) Ibid., p.474.

という理由であり、もう一つは「もっぱら好色的な関心に訴え、重大な文学的、芸術的、政治的、科学的価値を持たない[109]」という「わいせつ」概念と同様の理由である。

しかし、ストーンによれば、いずれの議論も「観点規制」を正当化しない。「価値の低い表現の領域においても、観点規制審査基準を満たさなければ、政府は、観点に基づいた規制を採用してはならない」のであり、その理由は「観点に基づいた規制が持っている特別な危険性は、価値の高い表現の領域においてとまったく同様に、価値の低い表現の領域においても存在するからである[110]」。

だが表現の価値の「高低」を論ずるならば、「サブリミナル」や「好色的関心」だけでなく、後述のキャス・サンスティンが「表現の自由」保障の（唯一のではないが）重要な「存在理由」とした民主政治過程の維持との関連が問われるべきであろう。ポルノグラフィによる女性の客体物化＝非人間化と二級市民化、その娯楽化と性的快楽化が、民主政治過程の維持とは「無関係」（サンスティン）のみならず、その前提を掘り崩すと思われるからである。

（vi）「観点規制」論への根本的懐疑論

以上、条例は表現に対する「観点に基づく規制」であり違憲であるという判決を弁証するジェフリー・ストーンの説をみてきた。最後に、「観点規制」論に対するキャス・サンスティンの根本的な懐疑論を紹介し、ストーンの説に対置しておきたい。

サンスティンはまず、表現の「観点規制」であっても、現に合憲的に行なわれているものがあることを指摘する。サンスティンによれば、わいせつ物規制もまた「観点規制」である。すなわち、「反ポルノグラフィ条例が観点規制だといわれたのと同じ意味で観点規制であるにもかかわらず、禁止や規制の対象になる表現カテゴリーは修正一条のもとでも存在する。……使用者が組合選挙期間に組合加盟に敵対的な発言をすることの規制……贈賄の規制……タバコやカジノの宣伝をラジオ・テレビで規制すること……そしてわいせつ物規制も容易に観点規制と評価されうる」[111]にもかかわらず規制が認められている。

では、なぜこれらの「観点規制」は認められているのだろうか。サンスティンはその理由を次のように指摘する。「これらの明らかな観点規制の例が存在を支持されている理由は、『観点』に対してではなく、政府が防止する権限を有している『被害』に対応するものだからということである」[112]。そして、「被害が十分に明白で直接的である場合には、政府が『見解の対立』において一方の立場を沈黙させようとしているという主張自体が表面に出ない。……被害が明白で、社会的コンセンサスにより十分に広く支持されており、政府が正当化されえない動機で規制しようとしているのではないかという不安が緩和される場合には、観点規制であることに人々は『気づか』ない」[113]のである。

サンスティンのこの指摘は、非常に重要な帰結を生む。それは、ある表現規制が「観点規制」であり違憲とみなされるかどうかは、客観的・原則的に決まるものではなく、「最終的には意思決定権者の観点に左右される」[114]という主張である。サンスティンはこの分析をポルノグラフィ規制にあてはめて、こう述べる——「これこそ、わいせつ物規制法が観点中立的で、反ポルノグラフィ条例が観点規制であるとみなされる理由である」と。すなわち——

(108) Ibid., p.477.
(109) Ibid., p.478.
(110) Ibid., p.479.
(111) Sunstein, Pornography and the First Amendment, supra note (85), pp.613-614.
(112) Ibid., p.614.
(113) Ibid., p.615.
(114) Ibid.

わいせつ物規制法は——とりわけ「わいせつ」概念が共同体の基準に結びつけられる場合には——禁止される表現カテゴリーが既存の社会的コンセンサスを参考にして定義されているがゆえに「客観的」とみなされる。これに対して反ポルノグラフィ条例は、あまり広く社会に受け入れられていない価値——相対的に無力な人々の保護を支持しようとする価値——に基づいて定義される表現カテゴリーを規制しようとするがゆえに「主観的」とみなされる[115]。

こうした分析をへて、サンスティンは、次のような結論を述べる。「観点規制や観点中立規制という用語は、多くの場合、分析道具ではなく、分析結果を意味する」。では、観点規制かどうかに代わる分析基準はどうあるべきか。サンスティンは、次の三つの要素が重要であるという。すなわち、「①規制目的と目的達成手段の対応関係、②当該メッセージが伝達される過程の性質、③表現の価値が低いか高いか[116]」である。

そしてサンスティンは、「反ポルノグラフィ条例は、これら三つの基準に照らして、合憲として擁護できるものである」と結論づける。①の基準については、「ポルノグラフィにおける被害の強力な証拠が存在し、規制目的と手段は緊密に結びついている」。②の基準については、「ポルノグラフィの『メッセージ』は間接的な伝達によるものであり、合理的な説得によるものではない。ポルノグラフィによって生じる被害には、『対抗言論』は簡単には通用しない。なぜならそれは、思想の自由市場という観念の基礎にある公的な検討と討論の過程を回避するものだからである」。そして最後に③の基準については、「ポルノグラフィは、公共の関心事、民主政の過程の維持〔という表現の自由保障の存在理由〕とは無関係の内容であり、相対的に価値の低い表現である[117]」。

7 条例の継承

以上検討してきた議論によって、条例のすべての問題点が解決するわけではない。しかしシカゴ大学のキャス・サンスティンやイェール大学のオーウェン・フィスといったアメリカの憲法学界における有力な学説の中に、条例の意義を十分に汲み取って合憲性を積極的に認める主張があることは重要である。

条例には違憲判決がくだされ、ひとまずアメリカにおける条例制定闘争の第一ラウンドは終了した。しかし、この条例の制定が初めて住民投票にかけられたマサチューセッツ州ケンブリッジでは、「投票者の四二%がそれに賛成した。私たちは勝利しなかったが、かつて女性参政権を獲得するために行なわれた最初のレファレンダムでフェミニストが獲得した得票率よりも高い得票率を得た」[118]。そしてワシントン州ベリンガムでは住民投票で成立したことはすでに述べた。

アメリカの連邦議会は一九九四年「女性に対する暴力に関する法律」を制定し、レイプやドメスティック・バイオレンスなどを「性差別の実践」として民事的な救済方法を定めたが、マッキノンは、これを「性的な加害行為は性差別であるという反ポルノグラフィ公民権条例が開拓した法的アプローチを、法的に現実のものとした」[119]と評価する。

(115) Ibid., pp.615-616.
(116) Ibid., p.616.
(117) Ibid., pp.616-617.
(118) マッキノン&ドウォーキン『ポルノグラフィと性差別』前掲注(27)、一四二頁。
(119) MacKinnon, The Roar on the Other Side of Silence, supra note (24), p.16.

条例反対派の暴力的な攻撃にもかかわらず、アメリカの各地の公聴会で証言した勇気ある数々の被害者の証言とマッキノンとドゥォーキンが刷新し切り開いた新たな法的アプローチの成果は、今やポルノグラフィとたたかう全世界の人々にとって貴重な財産となり、受け継がれている。ドイツ、スウェーデン、フィリピンで同様の法律が審議され、カナダは刑法のわいせつ物規制の規定を、マッキノンらのポルノグラフィの定義に従って再解釈する手法をとった。次に、アメリカの隣国カナダについてみてみよう。

第9章 カナダ「わいせつ」物規制法の「被害アプローチ」

1 「性の不当な搾取」の禁止

カナダでは、一九五九年という早い時期に刑法わいせつ物頒布罪規定が改正され、現在まで使われている非常に興味深い条文になっている（改正当時は一五〇条八項、現在は一六三条八項）。

その主要な性質が性の不当な搾取または性および以下に掲げる主題の一つ以上の不当な搾取であるあらゆる出版物は、わいせつとみなされる。すなわち、犯罪、恐怖（horror）、残虐行為、および暴力の主題である。

この規定は、「性の不当な搾取」を明文でわいせつの決定的要素としている。それは、暴力や残虐行為等と結びつけられた性を問題にすることによって、露骨な性描写自体が反道徳的であるという従来のわいせつ概念を決定的に変更したようにみえた（実際一九六二年の判決でカナダ最高裁はヒックリン判決基準を放棄した[1]）。

（1） Bordie v. The Queen, [1962] S.C.R. 681, 32 D.L.R. (3d) 507.

だが、その後一九八〇年代初めまでの裁判所による解釈では、「性の不当な搾取」は単に性描写の露骨さの程度を示す用語にすぎないとされ、「犯罪、恐怖、残虐行為、および暴力」と結びついた性という文言は「概して無視された」[2]。加えてカナダ最高裁は、性描写の露骨さの程度を意味するにすぎない「性の不当な搾取」の基準として「共同体の基準」を採用した。その結果、一九六〇年代、七〇年代をとおしてますます露骨さの度合いを増すポルノ産業とそれを許容する社会の趨勢に応じて、裁判所のわいせつの判断は「自由主義」化していった[3]。

カナダにおいても隣接するアメリカと同様、道徳主義的保守派、自由主義派、そしてポルノグラフィを批判するフェミニズムに立場は分かれたが[4]、自由主義化の傾向を示す捜査当局および司法判断を受けて、刑法規定の改正強化を求める声が高まった。これに対してカナダ政府は、一九八三年、法務大臣の下に「ポルノグラフィと売買春に関する特別委員会」を設置し、委員会は一九八五年に露骨な性表現物の法規制に積極的な報告書を提出した[5]。翌一九八六年、カナダ政府は、性表現の包括的な定義を含んだ刑法・関税法改正法案（Bill C-114）を提出したが、各方面からの批判にあい廃案となった[6]。政府は翌一九八七年、「エロティカ」と「ポルノグラフィ」を区別し、前者を――一八歳未満に閲覧させる場合を除いて――合法にするという妥協的修正を施した関税法改正法案（Bill C-57）を提出するが、これも廃案になった[7]。

一九八〇年代初頭から、しかし、下級審の判決においては、刑法のわいせつ概念を性表現の「露骨さ」の問題から、暴力や虐待、女性の非人間化の観点から解釈する判断が現れるようになった[8]。この下級審の流れが、一九九二年の最高裁バトラー判決を生み出す下地となった。

2　バトラー判決の概要

カナダの最高裁判所によって一九九二年にくだされたバトラー判決（Regina v. Butler, [1992] 1 S.C.R.452）は、カナダ刑法の「わいせつ」概念を「被害アプローチ」から再解釈し、「わいせつ」物頒布罪が道徳保護を目的にしたものであれば「表現の自由」を保障するカナダ権利・自由憲章に違反する規定であるが、それは個人的自由の保護および社会的被害の回避を目的とする限りで合憲である、という合憲限定解釈による判断をくだした。

（2）Kathleen Mahoney, Obscenity, Morals and the Law, *Ottawa Law Review*, v.17, 1984, p.58.

（3）Susan Cole, *Pornography: And the Sex Crisis*, Second Story Press, 1992, p.70, Mahoney, Obscenity, Morals and the Law, supra note (2), p.58.

（4）Cole, *Pornography*, supra note (3), p.61（コールは自由主義派を反検閲派と呼ぶ）。Dany Lacombe, *Blue Politics: Pornography and the Law in the Age of Feminism*, University of Toronto Press, 1998, p.44 以下は、自由主義派を三つ（シビルリバテリアン、反検閲フェミニスト、セックスラディカル）に分類する。

（5）*Pornography and Prostitution in Canada: Report of the Special Committee on Pornography and Prostitution*, Minister of Supply and Services Canada, 2 vols., 1985. 委員会および報告書については、Lacombe, *Blue Politics*, supra note (4), ch.4.

（6）Lacombe, *Blue Politics*, supra note (4), ch.5. 同法案の「ポルノグラフィ」の定義は次のような著しく包括的なものであった。『ポルノグラフィ』とは、膣、肛門もしくは口腔性交、射精、性的暴力行為、獣姦、近親姦、屍姦、自慰行為またはその他の性的行為を描くあらゆる視覚的表現物を意味する」。

（7）Cole, *Pornography*, supra note (3), pp.77 ff, Lacombe, *Blue Politics*, supra note (4), ch.6. 同法案は「エロティカ」を「人の性的器官、女性の胸、または人の肛門部を、性的文脈において、または視聴者を性的に刺激することを目的として描写することがその支配的性質である、あらゆる視覚的表現物」と定義した。他方「ポルノグラフィ」の定義は露骨な性表現から暴力的性表現にいたるまでを含む相当網羅的なものとなっており、紙幅の関係で訳出しえない。原文は Cole, *Pornography*, supra note (3), p.77 を参照のこと。コールは、「エロティカ」の対象は『ペントハウス』や『プレイボーイ』などの主流商業ポルノ誌だと解釈し、本来「相対立する」「エロティカ」と「ポルノグラフィ」の区別を法案が性的露骨さの「単なる程度問題」とし、「エロティカ」を「ポルノグラフィの穏やかな形態」としていると批判する。Ibid., p.78.

（8）Mahoney, Obscenity, Morals and the Law, supra note (2), pp.56 ff. Cole, *Pornography*, supra note (3), pp.72 ff.

以下、この判決について、まず事件の概要、次に判決要旨を紹介し、判決の意義を検討する。

(1) 事件の概要

上告人ドナルド・ヴィクター・バトラーは、一九八七年八月、マニトバ州ウィニペグ市にアベニュー・ビデオ・ブティックを開店した。同店は、ハードコア・ポルノのビデオと雑誌、性的用具一式を販売・レンタルしていた。同年八月二一日、ウィニペグ市警は同店に立ち入り、在庫商品をすべて押収した。上告人は一七三件の罪状で起訴された。すなわち、わいせつ物販売三件、頒布目的でのわいせつ物所持四一件、販売目的でのわいせつ物所持一二八件、わいせつ物の公然陳列一件。

同年一〇月一九日、上告人は同じ場所で営業を再開した。一〇月二九日、捜査令状が発布され、店員が一名逮捕された。上告人も後日逮捕された。上告人と店員は以下の罪状で起訴された。わいせつ物販売二件、頒布目的でのわいせつ物所持七三件、販売目的でのわいせつ物所持一件、わいせつ物の公然陳列一件。

一審判決は、八本の映像に関して上告人を有罪とし、一件につき一〇〇〇ドルの罰金を科した。その他の嫌疑については無罪であった。検察は無罪の部分について控訴し、上告人は刑法のわいせつ物頒布罪が「カナダ権利・自由憲章」二条の保障する表現の自由に反し無効であると主張して争った。控訴審判決は刑法規定を合憲とし、検察の主張を認めて無罪の部分を取り消し、すべての罪状につき有罪とした。バトラーはカナダ最高裁判所に上告した。

(2) 判決要旨

カナダ最高裁判所は、要旨以下のような判決をくだした。

近年の下級審判決においては、「人の尊厳を侵害したり (degrading)、人間性を抹殺したり (dehumanizing)」するやり方で性を搾取するといえるような表現物は、必然的に「共同体の基準 (community standards)」の審査によって「わいせつ」とみなされるという認識が広がりつつある。R v. Doug Rankine Co. 判決（一九八三年）は、「映像の相当部分あるいは一部分が、性と結びついた暴力と残虐行為を描く場面によって構成されている場合、とりわけ虐待行為の実演が、その虐待行為の行なわれる人々の尊厳を侵害し人間性を抹殺する場合には、共同体の受任限度を超える」と述べた。R v. Ramsingh 判決（一九八四年）などその後のいくつかの判決は、たとえ残虐行為や暴力が描かれていなくても、出演者の尊厳が害され、人間性が抹殺される表現物は、共同体の基準の限度を超えると判示した。

強調すべきことは、人の尊厳を侵害し人間性を抹殺する表現物は、女性（ときには男性）を従属、隷従、屈辱の地位に置くということである。それらの表現物は、すべての人の平等と尊厳という原理に違背している。ある表現物が人の尊厳を侵害し人間性を抹殺するかどうかを判定するさい、当事者の同意が外観的に存在するようにみえることは、必ずしも決定的とはいえない。そのほかの点では尊厳を侵害し人間性を抹殺する場面を含んでいる表現物が、同意によって正当化されることはありえない。場合によっては、外観的な同意が存在することこそが、そこに描写される行為の侮辱性と非人間性をいっそう強めさえするのである。

そうした類いの表現物が「共同体の基準」に違背する明らかな理由は、それらが道徳に反するからではなく、社会とりわけ女性に被害を与えると世論によって認識されているからである。そのような認識は厳密な立証が可能なものではないとはいえ、一連の重要な意見によって支えられている。それらの意見によれば、人の尊厳を侵害し人間性を抹殺する性的な扱いを受ける人を描くことは、とりわけ女性に、したがって社会全体に被害を与える結果を生じる。以下を参照せよ。「ポルノグラフィに関する司法長官委員会『最終報告書』」（アメリカ、一九八六年）、「女性と子どもに対する公的暴力に関するトロント市特別専門委員会『最終報告書』」（一九八四年）、「ビデオ表現物に関する合同特別調査委員会『最終報告書』」（オーストラリア、一九八八年）、「ポルノグラフィ・ポルノグラフィに関する内閣調査委員会報告書」（ニュージーランド、一九八八年）。そのよう表現物による描写には、社会に被害を及ぼすと明確に評価しうる危険性がある、という結論を導き出すことが相当である。

ポルノグラフィを三つの種類に分類することが有用であろう。（1）暴力を伴う露骨な性表現、（2）暴力を伴わないが、人の尊厳を侵害し人間性を抹殺する扱いに人をさらす露骨な性表現、（3）暴力を伴わず、人の尊厳を侵害せず、人間性を抹殺しない露骨な性表現。この文脈での暴力とは、現実の身体的な暴力および身体的暴力の脅しの両方を含む。

このようなポルノグラフィが社会に被害を与えるかどうかについては賛否がある。この問題は、伝統的手法による立証が可能でないがゆえに、また個々の裁判官の好みに委ねたくはないがゆえに、何が性の不当な搾取に該当するかを決定する仲裁者の役割を果たす基準がなければならない。その仲裁者が、「全体としての共同体」である。裁判所は、他人がある性表現物にさらされることから生じる可能性のある被害の程度に基づいて、他人が何にさらされるのを共同体は許容するかということを最大限判断しなければならない。この文脈での被害とは、人に反社会的な行動――たとえば、男性による女性の身体的・精神的虐待や、議論の余地があろうが、その逆など――に出る傾向を持たせる、ということを意味する。

上記の三つのカテゴリーのポルノグラフィに関して判断すれば、暴力を伴う露骨な性描写は、ほとんど常に「性の不当な搾取」となる。人の尊厳を侵害し人間性を抹殺する露骨な性描写は、被害が生じる危険性に十分な根拠がある場合には不当性を帯びる。最後に、暴力的でなく、人の尊厳を侵害せず、人間性を抹殺しない露骨な性描写は、子どもを制作に使っていないかぎり、一般に社会に許容されており、「性の不当な搾取」とはならないであろう。

以上が「共同体の基準」の審査と「人の尊厳の侵害または人間性の抹殺」の審査との関係である。「内在的必要性」ないし「芸術性の抗弁」の審査を適用する必要があるのは、露骨な性表現が「性の不当な搾取」を構成する場合であり、「性の不当な搾取」の描写が作品全体の支配的な主題かどうかが判断される。「性の不当な搾取」は、その作品の主要な目的なのか、それともより広範な芸術的、文学的その他それに類する目的に不可欠なのかが問われる。この判断も共同体の基準に基づいて行なわれる。すなわち作品全体としての文脈でみた場合に全体としての共同体によって許容されるかどうかを裁判所は判断しなければならない。

刑法一六三条は、一定の種類の表現行為を禁止することを求めるがゆえに、〔表現の自由を保障した〕カナダ権利・自由憲章二条b項[9]に反している。行為は、それが伝える内容や意味に基づいて、保護された自由の範囲から排除されてはならない。

しかしその違背は、〔権利・自由の制限事由を定めた〕憲章一条[10]に基づく正当なものである。一六三条の規定は、先例における解釈に照らして曖昧ではなく明確な規定といえる。カナダ権利・自由憲章のもとでは、特定の道徳観を推進するという目的は正当性を失った。ただ単に一定の共同体の伝統を反映しているからという理由で、公的な性道徳の基準を強要することは、社会契約の基礎を形成する個人的自由の行使および享受と相容れない。それゆえ刑法一六三条の最重要の立法目的は、道徳的非難ではなく、社会の被る被害を回避することであり、それは表現の自由を規制するのに正当な根拠となる十分に緊急で重大な利益である。

比例原則の要請は、規制手段と立法目的の間の合理的な関連性、権利・自由の最小限の制約、規制手段の影響と立法目的の間の適切な均衡という三側面を有する。まず、刑事罰による制裁は、女性を犠牲にする可能性のある表現物が普及することを共同体が承認していないことを明示し、そのような表現物が態度と行動の変化に対して持つ否定的な影響力を制約するものであり、刑法一六三条の目的との間に十分に合理的な関連性がある。

（9）カナダ権利・自由憲章二条b項「何人も、次の各号に掲げる基本的自由を有する。……b、出版その他のコミュニケーション・メディアの自由を含む、思想、信条、意見および表現の自由」。

（10）カナダ権利・自由憲章一条「『カナダ権利・自由憲章』は、自由で民主的な社会において明確に正当化され得る合理性を持ち、かつ法で定める制限にのみ服することを条件に、この憲章で規定する権利および自由を保障する」。

また一六三条は、表現の自由の最小限の制限にすぎない。それは、暴力を伴わず、人の尊厳を侵害せず、人間性を抹殺しない性的に露骨なエロティカを禁止せず、社会に被害をもたらす危険性を生じる表現物だけを規制する。科学的、芸術的、文学的価値のある表現物は規制されない。わいせつに該当する事例をすべて列挙しようとしても不可能であるから、文脈に適応しうる、より抽象的な定義に向けて努力することが、それに代わる唯一の合理的な方法である。「不当な搾取」という基準は、その意味で妥当である。しかも、そのような表現物の公的な流通と公開のみが規制されるにすぎない。時・手段・場所の規制など、より侵害的ではない規制手段は適切ではなく、被害の深刻さと危険にさらされている価値に対する脅威に鑑みれば、連邦議会が選択した手段に匹敵する別の手段はない。女性に対する暴力のような深刻な社会問題は、政府による多種多様な対策を必要とする。教育や被害者救済や男女平等推進等の立法措置の重要性は否定しえないが、それらは刑法一六三条に代わる手段ではなく、女性に対する暴力の問題に取り組む上でそれを補うものである。

最後に、刑法一六三条の規制は最小限であり、その対象は表現の自由の保障の核心部分から遠くはなれたところに位置する類の表現である。他方、立法目的は、自由で民主的な社会において根本的に重要である。それは社会のすべての構成員に対する尊重を高め、お互いの関係における非暴力と平等を高めるものである。それゆえ、表現の自由を規制することによる負の影響は小さく、立法目的の重要性は非常に大きい。一審、控訴審判決とも当裁判所の判断におけるのと異なるわいせつの定義ないし審査基準を用いているため、審理のやり直しを命じる。

3　バトラー判決の先駆的法理

バトラー判決は、一読して明白なように、現代フェミニズムの反ポルノグラフィの視点と主張を存分に取り入れた「先駆的判決[11]」といえる。判決の最大の功績は、性表現規制に対する「道徳アプローチ」とはっきり訣別し、

「被害アプローチ」を取ることを鮮明にし、その立場から刑法の「わいせつ」の立法上の基準「性の不当な搾取」を再解釈したことである。判決は述べる。「そうした類の表現物が『共同体の基準』に違背する明らかな理由は、それらが道徳に反するからではなく、社会とりわけ女性に被害を与えると世論によって認識されているからである」「カナダ権利・自由憲章のもとでは、特定の道徳観を推進するという目的は正当性を失った。……刑法一六三条の最重要の立法目的は、道徳的非難ではなく、社会の被る被害を回避することであり、それは表現の自由を規制するのに正当な根拠となる十分に緊急で重大な利益である」と。「被害アプローチ」とは「人権アプローチ」であることもわかる。すなわち、「ただ単に一定の共同体の伝統を反映しているからという理由で、公的な性道徳の基準を強要することは、社会契約の基礎を形成する個人的自由の行使および享受と相容れない」（以上、傍点引用者。以下同様）。

バトラー判決の解釈する「わいせつ」は、「（1）暴力を伴う露骨な性表現、（2）暴力を伴わないが、人の尊厳を侵害し人間性を抹殺する扱いに人をさらす露骨な性表現」の二つに限定されており、これは反ポルノグラフィの立場に立つ現代フェミニズムによるポルノグラフィの定義と通底している。

判決は、ポルノグラフィと被害の関係性について、興味深い姿勢を示す。すなわち、一方でポルノグラフィと被害の間には「厳密な立証が可能なものではない」「伝統的手法による立証が可能でない」ことを端的に認め、他方でしかし、諸外国政府による浩瀚な調査報告書を参照することによって、ポルノグラフィの消費が「態度と行動の変化に対して持つ否定的な影響力」を持つことを明確に認定したのである。そして、ポルノグラフィが「とりわけ女性に、したがって社会全体に被害を与える結果を生じる」と述べるのである。

また、「ある表現物が人の尊厳を侵害し人間性を抹殺するかどうかを判定するさい、当事者の同意が外観的に存

（11）Cole, *Pornography*, supra note (3), p.11.

在するようにみえることは、必ずしも決定的とはいえない。……場合によっては、外観的な同意が存在することこそが、そこに描写される行為の侮辱性と非人間性をいっそう強めさえする」という判示は、「人の尊厳を侵害し人間性を抹殺する」性表現物に文字どおり溢れ返る日本の状況においては、とりわけ重要な指摘である。

判決による、刑法一六三条と表現の自由保障との関係の考察も厳密であり、手堅く行なわれている。規定の文言が曖昧であるという上告人の主張を斥け、立法目的について厳密に解釈し、道徳保護が目的であれば違憲であるが、実証的な証拠に基づく被害の回避が目的であれば合憲であることを明確にした。また三つの側面（規制手段と立法目的の間の合理的な関連性、権利・自由の最小限の制約、規制手段の影響と立法目的の間の適切な均衡）から比例原則の要請を検討し、いずれの要請も刑法一六三条が満たしていると結論したのである。

バトラー判決が本当に論争の的になったのは、判決から六週間後に、トロント警察が同性愛書籍を扱うグラッドデー・ブックストアを摘発し、レズビアンの雑誌（*Bad Attitude*）を販売したことがわいせつ物頒布罪にあたるとして起訴したことによる。さらに翌年カナダの税関は、同性愛書籍やフェミニズムの書籍を押収し輸入を禁止した。これらの事態をとらえて、自由主義派（反「検閲」派）は、その責任をバトラー判決に求め、さらにはバトラー判決に影響を与えたアメリカの反ポルノグラフィ公民権条例やその提唱者に求めて批判を展開した[12]。

しかし、カナダの警察・税関当局の同性愛嫌悪に基づく差別的摘発の責任をバトラー判決に求めることはまったく不適切である。逆にバトラー判決に基づくならば、バトラー判決以前のように、同性愛表現物をただ反道徳的という理由でわいせつとみなし規制することは違憲となる。判決が明示したように、「カナダ権利・自由憲章のもとでは、特定の道徳観を推進するという目的は正当性を失った。ただ単に一定の共同体の伝統を反映しているからという理由で、公的な性道徳の基準を強要することは、社会契約の基礎を形成する個人的自由の行使および享受と相容れない」からである。バトラー判決後に行なわれている同性愛書籍やフェミニズム書籍の警察的規制は、バトラー判決のせいなのではなく、逆に当局がバトラー判決に基づいていないからなのである。

カナダの捜査当局が、バトラー判決を無視していることは、つとに指摘されている。たとえば、男女平等を推進するための裁判闘争を長年展開し、バトラー判決にも関与した全国組織LEAF（Legal Education and Action Fund）のメンバー、カレン・バスビーは、「カナダ税関に対して……バトラー判決に明示された憲法基準に沿って押収ガイドラインと実務を修正するよう圧力を加えなければならない[13]」と主張する。また、マッキノンとドウォーキンは、彼女たちやアメリカの反ポルノグラフィ公民権条例に対する誤解を解くために、声明を発表した。その中で次のように述べている。「カナダの税関職員は、バトラー判決の出るずっと前から規則にのっとってやってきたことをやっているにすぎない。……バトラー判決以前と異なることが国境線で起こっているのを示す証拠は何一つない——バトラー判決が、道徳に基づくホモフォビア的な税関の押収を違法なものにした、という事実を除けば[14]」。

4 日本への示唆

日本でも、性表現による性暴力と性差別は、法の世界にはおよそ反映されていない[15]。しかし、第1部で紹介した日本のポルノグラフィとそれによる被害の状況、そして刑法わいせつ物頒布罪の破綻と無力をみれば、ポルノグラ

(12) マスコミやポルノ誌だけでなく研究者によっても主張されており、日本でもそれがまったく無批判に引用されている。最近の例として、ロナルド・ドゥオーキン（石山文彦訳）『自由の法——米国憲法の道徳的解釈』木鐸社、一九九九年を引用する井上達夫『普遍の再生』岩波書店、二〇〇三年、二九五頁、注一八。
(13) Karen Busby, LEAF and Pornography: Litigation on Equality and Sexual Representations, *Canadian Journal of Law and Society*, v.9, 1994, p.187.
(14) キャサリン・マッキノン＆アンドレア・ドウォーキン「ポルノグラフィに対する法的アプローチとカナダ税関に関する声明」マッキノン＆ドウォーキン（中里見博・森田成也訳）『ポルノグラフィと性差別』青木書店、二〇〇二年、二五三頁、二五四頁。

フィ――性表現と暴力・差別をめぐる問題――への新たな法的取り組みの必要性が緊急性を帯びていることは明白だと思われる。そのさい、アメリカの反ポルノグラフィ公民権条例の思想と手法は、非常に有力なものとして参照されるべきであろう。

カナダ刑法のわいせつの立法的再定義と、バトラー判決によるその意味の再解釈もまた、日本の刑法わいせつ物頒布罪を改変する上で示唆に富んだ方向性を有力に示している。ただ、留意しなければならないのは、「刑事法規制から民事法規制へ」で述べたように（一四七頁）、刑法規制には限界があることである。バトラー判決以後も、カナダでポルノグラフィは減少していないと、次のように指摘されている。「カナダの刑事的わいせつ規制法は、バトラー判決以後……実際には、ポルノ産業を効果的にストップさせるためには用いられてこなかった。……カナダのポルノ産業は、実際、大規模に拡大し、あからさまな暴力を見せていない物……を公然と流通させている」[16]。だが、最も暴力的で、最も悪質なポルノグラフィを限定的に刑罰の対象にすることは、とりわけそのようなポルノグラフィが野放しで蔓延している日本のような国においては、必要なことであると思われる。カナダの反ポルノ派フェミニストのスーザン・コールは次のように述べている。

〔暴力ポルノを対象にすることによって〕刑法はポルノグラフィによる最悪の暴虐を攻撃することができる。これはポルノ産業にとって深刻な脅威にはならないであろうし、女性をエンパワーする最終的な方法でもない。しかし、女性に対するおぞましい権利侵害を、利潤を生む娯楽に変える行為に対して明確な反対を表明することによって、女性にとっての最悪の恐怖を緩和する効果を持ちうる。[17]

しかし「恐怖を緩和する効果」だけでなく、何よりも、バッキービジュアルプランニング社を除いては現在はほとんどまったく裁かれていない暴力ポルノ業者を、現実に裁くことができるようになる意義は大きい。また、たとえばＤＶ防止法がＤＶを犯罪とする国民意識を高めたように、性と暴力を安易に結びつける現在の風潮に対する一定の歯止めとなる社会的教育効果を持つであろう。

表現の自由保障との関係は、反ポルノグラフィ公民権条例については、本章で一部紹介した、ハドナット判決を批判する有力な学説が参考になるし、刑法のわいせつ概念を被害アプローチから再定義することについては、バトラー判決の厳密な理由づけが参考になるだろう。

さらに重要なことは、被害アプローチ＝人権アプローチからポルノグラフィの規制を考えることは、性に関する人権をどのように構想するかという問題と不可分である、ということである。性に関する人権論の発展がなければ、ポルノグラフィの法規制論は進展しえないか、あるいは権力的な道徳規制論の危険な方向に進む可能性があるからである。そこで、次に性に関する人権について考察する。

---

(15) ただし各自治体の青少年保護育成条例は一般に「内容が著しく性的感情を刺激し、又は甚だしく粗暴性を助長する等青少年の福祉を阻害するおそれがあると認める図書等」を「有害図書」として未成年への販売を禁止している。

(16) マッキノン＆ドウォーキン「ポルノグラフィに対する法的アプローチとカナダ税関に関する声明」前掲注(14)、二五四頁。

(17) Cole, *Pornography*, supra note (3), p.84.

第4部

性的人格権の復位

第10章　性的自己決定権の意義と限界

1　性的自由の意義

性に関する人権としては、これまで「性的自由」「性的自己決定権」が唱えられてきた。「性的自由」は、「人身（身体）の自由」「思想・良心の自由」といった諸自由権と同様、第一義的には「国家からの自由」を求める権利であり、憲法一三条の「生命、自由及び幸福追求に対する国民の権利」に含まれる基本的人権として把握される。[1] 性的自由の「性」には、生殖と関係した性と、生殖を目的としない性の両方が含まれる。

（1）同旨に角田由紀子「女性にとって性的自由・自立とは」東京・強姦救援センター編『レイプ・クライシス――この身近な危機』学陽書房、一九九〇年、三五頁、同『性差別と暴力』有斐閣、二〇〇一年、一三七頁。他方、上村貞美『性的自由と法』成文堂、二〇〇四年、一一五頁は次のように指摘する。「人権としての性的自由ないしは性的自己決定権と呼びうるものが存在するのではないかと考え」、強姦罪・妊娠中絶・姦通・同性愛そして売春に関する欧米諸国の法制度の動向を詳細に検討しているが、「わが国の法学界において『自己決定』ないし『自己決定権』という概念はかなりポピュラーになってきて〔いることに〕比して、『性的自由』ないし『性的自己決定権』という概念はほとんど使用されることなく、したがってその意味内容も決して定着したものとはいえない現況にある」。

他方で、「性的自由」は、たとえば身体の自由等の場合と同様に、私人による不当な介入からも保護されるべき法益であり、刑法等によって私法上ないし私人間においても保護・実現されるべきものでもある。例えば明治時代に妻の夫に対する貞操義務の保護から出発した刑法強姦罪（一七七条）の保護法益も、日本国憲法制定時の刑法改正を受けた後は、被害者（女性）の性的自由へと転換したと考えられている。

このように性的自由の保護の核心は、性に関する他者からの強制や妨害の排除、すなわち自己決定の自由にある。したがって性的自由は、その保障の核心部分を前面に押し出すために、しばしば「性的自己決定権」といいかえられてきた。

「性的自己決定権」とは「いつ、だれと、どのような性行為（あるいは生殖行為）を行なうかの決定権は、本人にのみ帰属する」という権利である。[2] それは、まず刑法の堕胎罪に対して、中絶の権利を求める運動の中で主張され、さらに、家父長制的な刑法の強姦罪規定を、女性の夫に対する貞操義務の保護から、被害女性の人権保護へと転換する中で主張された。国家の不当な介入（堕胎罪）や私人間における強制・暴力（強かん、セクシュアル・ハラスメント等）との法的争いにおいては、性的自由よりも性的自己決定権の方が多く用いられてきた。その理由は、性的自己決定権の方が、それら不当な強制的介入によって侵害される自由の核心をより明確に表現しえていたからであろう。それに加えて、法律学において「自己決定権」が提唱され、その重要性が議論され始めた時期と重なったことも背景にあったと思われる。[3] 性的自己決定権は今日、性に関する人権の中心概念あるいは理念として広く唱えられ、援用されるにいたっている。

性的自己決定権は、不可侵の基本的人権である以上、他者に包括的に譲り渡すことのできない一身上の権利として観念される。したがって、人は、婚姻によっても性的自己決定権を放棄していない。それゆえ、夫婦間においても、性的行為の強制は相手方の性的自己決定権の侵害である。「婚姻中夫婦が互いに性交渉を求めかつこれに応ずべき所論の関係にあることはいうまでもない[4]」とした裁判所の議論は再検討に付されるべきである。

2 「性＝雇用労働」論批判

それでは、性的自己決定権を、性売買にあてはめるとどうなるであろうか。これについてはすでに、若尾典子による重要な先行研究があるので、それを検討したい(5)。若尾はもっぱら売買春を念頭に置いて展開しているが、以下、ポルノグラフィの場合も含めて考えていく。

若尾の考察によれば、性的自己決定権を保障する立場からは、性売買が雇用労働であることが否定される。なぜなら、雇用労働においては一般に、使用者（雇用主）は労働者（雇用者）に対して特定の労働を業務命令として要求することができ、労働者は使用者の指揮・命令に従う義務を負うことになる。したがって性売買を雇用労働ととらえると、売買春においては、使用者たる売春業者が労働者たる売買春のなかにいる女性に対し特定の性行為を買

(2)「性の自己決定権」（浅野千恵執筆）井上輝子他『岩波女性学辞典』岩波書店、二〇〇二年、二八三頁、江原由美子『自己決定権とジェンダー』岩波書店、二〇〇二年、等。

(3) 山田卓生『私事と自己決定』日本評論社、一九八七年、佐藤幸治「日本国憲法と『自己決定権』」『法学教室』九八号、一九八八年、等。

(4) 広島高裁松江支部判決一九八七年六月一八日、『判例時報』一二三四号一五四頁。

(5) 本稿では若尾の主張が最も明確に展開されている若尾典子「性の自己決定権と性業者・買春者」浅倉むつ子他『フェミニズム法学』明石書店、二〇〇四年、三五〇頁以下を主に検討する。その他に同「女性の身体と自己決定――性業労働をめぐって」『岩波講座現代の法11　ジェンダーと法』岩波書店、一九九七年、同『闇の中の女性の身体――性的自己決定権を考える』学陽書房、一九九七年、同「近代国民国家と性的自己決定権」田中真砂子他編『国民国家と家族・個人』早稲田大学出版会、二〇〇五年、同「女性の自己決定権――買売春における性的自己決定権を考える」齊藤豊治・青井秀夫編『セクシュアリティと法』東北大学出版会、二〇〇六年がある。

春客と行なうよう命令することができ、ポルノグラフィにおいては、使用者たるモデルプロダクション等ポルノ制作者が労働者たる出演者に特定の性行為を行なうよう命令することができることになる。つまり売買春・ポルノの中にいる女性は、だれと、いかなる性的行為を行なうかについて使用者の命令に従う義務を負うことになる。それはいいかえると、性売買の中に入る女性は、一定の範囲――あらかじめ特定された「性的サービス」内容の範囲――ではあれ、性的自己決定権を雇用主である売春業者に委ねることを意味し、その限りで性的自己決定権を放棄することにほかならないからである。

もっとも人身売買や性奴隷契約ではない狭義の性売買（ポルノ・売買春）のなかに入る女性は、いかなる性的要求にも応じるという意味で性的自己決定権を包括的・全面的に放棄するわけではない。それは、一定の範囲でのことであり（性行為の内容に応じて売春業種を選んだり、特定の性行為をあらかじめNGと指定してポルノ出演したりする）、何よりそれら性行為を相手方（買春客ないし「男優」）と行なうことの承諾を業者との間で「自己決定」している。しかし若尾によれば、「性的自己決定は、個別の性行為について、その都度、行使されるものである」[6]。それゆえ、たとえ一定の範囲内での性行為の承諾をあらかじめ自己決定していても、その性行為を行なうごとに行使すべき自己決定権をあらかじめ放棄しているということができる。部分的ではあれ性的自己決定権を放棄することを正当化する雇用労働として性売買をとらえることは、性的自己決定権の保障とは相容れない。若尾のいうように、「売春労働契約は、性的自己決定権を放棄するものであり、許されない」、なぜなら「狭義の性的自己決定権は、いかなる契約によっても、奪い得ない女性の基本的な権利、すなわち人権である」[7]からである。

このように論じて、若尾は、セックス・ワーカー運動（本書では「性＝労働」論の主張）が自らを雇用労働者と主張するなら、そこには大きな自己矛盾があることを次のように指摘する。「セックス・ワーカー運動は、性的自己決定権をかかげて自らの権利を主張する。とすれば、労働契約として性的自己決定権を放棄することは、自らの出発点を否定することになる。法制度としての売春労働者は、けっして雇用労働者ではありえないし、性業者〔場所や資金を提供する等売春を助長する関連業者〕もまた、雇用者として立ち現れることは許されない、といわなければならない[8]」。

3 「性＝自営業」論の問題点

(1) 性的自己決定権の限界

性的自由の核心にある性的自己決定権は、他人を雇用して性売買業を営むことを、他人の性的自己決定権を侵害する行為として否定することができるという意義を有する。それでは、性売買を独立自営業として営む場合はどうであろうか。雇用労働の場合と同じように、性的自己決定権を根拠にそれを否定しうるであろうか。

ここで「自営業としての性売買」を営むとは、売買春またはポルノグラフィにおいて、他人に使用されることなく自ら対償と引き換えに性行為を行なうことを意味する。売買春についていえば、単純売春（四〇頁【図2】参照）がそうであり、業者による売買春（四一頁【図4】参照）であっても、女性が業者に雇用された労働者としてではなく、独立して買春者と売買春契約を結ぶものとみなされれば自営で売春業を営んでいるとみなしうる。その場合、

(6) 若尾「性の自己決定権と性業者・買春者」前掲注（5）、三六一頁。

(7) 同前、三六一頁、三六〇頁。双方の合意によって成立する契約によっても自己決定権を「奪い得ない」とすることは、「自己決定権を放棄する自己決定権はない」という立場に立つことを意味する。「売春契約であれ、婚姻届であれ、いずれも性的自己決定権の行使の一形態ではある。だが、そのことによって、性的自己決定権は、放棄されたとはみなされない、女性の人権である」若尾典子『女性の身体と人権——性的自己決定権への歩み』学陽書房、二〇〇五年、二七八頁。

(8) 若尾「性の自己決定権と性業者・買春者」前掲注（5）、三六〇頁。

場所や資金を提供したり客を斡旋したりする業者は単なる貸し金業、斡旋業、貸し座敷業ということになる。戦前の公娼制および現在の売春防止法はこうした構成になっている[9]。

ポルノグラフィに関しては（四一頁【図5】参照）、出演女性がプロダクションに所属せず独立してポルノ業者の制作するポルノグラフィで性行為を行なって対価を得る場合であり、通常のようにプロダクションに所属する場合であっても、女性がプロダクションに雇われて労働しているのではないとみなされれば女性の自営業ということになろう。その場合、女性は自らポルノ制作業者と出演契約を締結しており、プロダクションは単なるポルノ制作業者の紹介業を営んでいるにすぎないとみなされよう。しかし、こうした自営の擬制は、実際にプロダクションが現代の女衒として行使している権限・権力の実態とは相容れないものである。

いずれにせよ、売買春であれポルノグラフィであれ、女性が自営業としてそれを営んでいるとみなされるならば、実際には女性が売春業者やポルノ業者の圧倒的権力のもとに置かれていても、原理的には、「だれといかなる性行為を行なうか」についての自己決定権を他人（雇用主）に委ねて放棄してしまってはいないと評価されうる。女性は、雇用主たる業者に使用され、その指揮命令下で性行為を行なっているのではないからである。

しかし、たとえそうではあっても、売買春の場合により顕著であるが、女性は、買春客との関係では性的自己決定権を放棄しているといえないだろうか。なぜなら、自営ではあれ「業」として売春を行なう以上、買春客を選ぶことはできないと評価しうるからである。買春客を選ぶ自由と、業として性行為を行なう売春業を営むこととは概念的に矛盾しうる。だとすれば、自営業としての売春を営むことも、本来「個別の性行為について、その都度、行使される」べき性的自己決定権を買春客との間であらかじめ放棄しているということになる。したがって、たとえ自営業であっても売春する者と買春客で結ばれる「売春労働契約は、性的自己決定権を放棄するものであり、許されない」といえることになる。

だが、業として営む場合でも、公共的な業務の提供とはいえず、むしろ性行為の持つ特殊な性質から、自営の売春業においては契約を拒否する自由が売春する者に広く認められるべきだと思われる。そうであれば、自営業の場合、売春する者は、「いかなる性行為をだれと行なうか」という意味での性的自己決定権を行使していると評価せざるをえない。

以上の考察により、自営業として行なわれる性売買において、「だれといかなる性行為を行なうか」という意味での性的自己決定権が、原理的に侵害されていると一義的に考えることはできない。つまり、性的自己決定権という基本的人権は、自営業として行なわれる性売買を否定することができず、むしろそれを正当化する権利として機能しうるのである。

(2) 関連業者による支配

ひとたび売春業(以下それに基づく実写ポルノも同様)が当人の基本的人権たる性的自己決定権の行使として正当化されれば、堰を切ったかのように重大な帰結が数々生じうる。なぜなら、売春業が単に職業・営業の自由のみならず、性的自己決定権という基本的人権の行使とみなされる以上、その法的効果として、公権力がそれを実質的に否定するような過度の規制を加えることは許されなくなるからである。

まず、売春業を自ら営む者に資金を融資したり、土地や建物を提供したり、買春者を仲介・周旋したりする――売春防止法では「売春を助長する行為」として処罰の対象となっている――諸々の活動を承認し合法化すべきことが強く求められ、実際合法化せざるをえないであろう。なぜなら、これらの活動の一切を一律に禁止することは、自営業としての売春を承認しながら、金融機関から融資を受けてもいけない、不動産業から土地や建物の提供を受

(9) しかし、現行風俗営業等適正化法は、広義の売買春というべき業者による性風俗営業を合法化し、他人をして接客業務に従事させることを認めている。

けてもいけない、買春者の仲介を受けてもいけないということを意味し、自営の売春業の遂行を事実上不可能ならしめ、実質的に売春を自営業として営むことを認めないことと等しくなるからである。少なくとも、自営業の売春を基本的人権の行使として保障することと矛盾することになる。裏を返せば、売春防止法がこれら関連業者の行為を処罰の対象にできるのは、「売春が人としての尊厳を害し、性道徳に反し、社会の善良の風俗を乱すものである」(一条)という前提があるからである。

また、国は公衆衛生の観点から、売春を営む者の営業許可をつうじて登録と管理を開始するし、開始することが要請されるであろう。こうして、売春を自営業として承認することは、公娼制度を廃止し、売春関連業者を処罰して売春の防止を目指す現在の「廃止主義」から、売買春を公認・管理した公娼制時代の「規制主義」へと逆戻りすることになる。

基本的人権たる性的自己決定権の行使として自営業の売春を合法化することの帰結をさらに考えてみる。現在すでに、性交類似行為等の性行為(広義の売買春)を行なう性風俗営業者(風俗営業等適正化法二条五項~一〇項)が全国のあらゆる大中規模の都市で旺盛に活動している。それらの業者は一斉に、性交を伴う狭義の売買春に関連する業者(売春防止法六条~一三条)へと変質するであろう。そしてこの事態は次の二つの問題を生じるであろう。第一に、現在辛うじて、性交を伴う狭義の売買春が違法であるため完全な正統性を獲得していない性産業が、完全なる正統性を獲得し、全社会規模で拡大することである。自営業としての売春は公式で正統な職業になり、若年の新卒女性にとって重要な進路・職業機会となり、売春専門学校ができるであろう。売春に関連する業者の営業活動は、正統なビジネスチャンスとなり、多くの男性および女性が売買春を支える関連業種に就くであろう。現在はひっそりと行なわれている買春ツアーを旅行代理店は堂々と商品として売り出し、会社ぐるみの慰安旅行が大っぴらに行なわれるであろう。

第二に、売買春が全社会規模で拡大することに伴って、自営業としての売春を支える関連業者が、強大な産業体、男性的経済的権力体として正統かつ合法的に活動を強化するであろう。若尾の研究がつとに指摘し批判するように、売買春を、売る女性の自営業としていた公娼制時代、公娼制は実質的な性的奴隷制であり続けた。公娼制が実質的な性的奴隷制であり続けた要因は、①女性が国家（警察）の管理下に置かれ、「登録」されると居住・移転の自由が大幅に制限されたこと、②「場所」と「資金」を貸す性関連業者が、前借金やあからさまな暴力によって女性を管理し、業者の社会的権力が女性の営業の自由、身体的自由を実質的に奪ったことである。[10] ②については、決して過去の話とはいえない。今日であっても性関連業者は、公娼制時代に女性の営業の自由や身体的自由を実質的に奪った権力を再び振るうことになるであろう。

（3）買春者の暴力

自営業としての売春を人権行使として認めれば、当然のことながら買春も合法化され、スウェーデンの買春者処罰法のように買春行為を犯罪化すること[11]はおろか、それを違法にすることも許されまい。そうすることは売春を事実上不可能にし、人権としての売春に対する過度の妨害となるからである。売春を性的自己決定権の行使として承認することの最後の、しかし最大の問題がここにある。すなわち売春の合法化によって買春行為が合法化されるこ

（10）若尾「性の自己決定権と性業者・買春者」前掲注（5）、三六一頁以下。
（11）女性に対する暴力に関する法律の一部として一九九八年に制定され翌年から施行された。「金銭により一時的な性的関係を取得した者は、当該行為が刑法典に従って処罰される場合を除き、性的サービス購入により、罰金または六月以下の懲役に処する。この罪の未遂は、刑法第二三章の規定に従って罰する」。同法については、Gunilla Ekberg, "The Swedish Law That Prohibits the Purchase of Sexual Services: Best Practices for Prevention of Prostitution and Trafficking in Human Beings", *Violence Against Women*, Vol.10, No.10, October 2004, pp.1187-1218.

とをつうじて、売買春の現場で買春者等によって行なわれている女性の身体の性的濫用＝虐待が合法的な行為として、事実上、正当化される結果となることである。売春を性的自己決定権の行使として正当化する議論は、売買春の現場で生じている女性の性的侵害を正当化する理論となってしまう。

これに対しては、「事前に合意したとおりの性行為が行なわれ、女性がそれに対して何らの被害も訴えていないところには、性的侵害があるとはいえない」という批判があるであろう。そして、「もし事前に合意していない性行為を強要されれば、その時点で性的自己決定権の侵害が生じるのであるから、結局は、性的自己決定権が確実に保障されることで理論的にも現実的にも十分である」といわれるであろう。むしろ、「女性が合意し納得している性行為を、第三者が虐待と評価することはパターナリズムであり、女性の性的自己決定権の否定である」とさえ非難されるであろう。

しかしこうした批判については、第一に、現実に売買春の現場で生じている被害の深刻さに対応できない議論であること、第二に、売買春の現場で暴力的・虐待的性行為が行なわれている現実を背景にして唱えられる「性的自由を放棄する性的自己決定権」という理論的圧力に有効に対応できないこと、という理論上の問題がある。

再三指摘したように、売買春において買春者は相手の身体の性的使用権を購入するが、今日の性差別社会において、性差別社会の構成要素として存在する売買春では、買春男性が購入する女性の身体の性的使用権は、実態としては性的濫用＝虐待権と区別がつかない。今日の日本社会では、数多くの一〇代あるいは二〇代の女性が「自己決定」して売買春に入っていく。そして女性の「合意」の下で、非人道的で非人間的な虐待・拷問・奴隷的行為が行なわれている。ここでは、その実態をだれでもが知ることのできるポルノグラフィにおける性的虐待・拷問・奴隷的行為に、社会はもっと目を向けるべきことを強く求めたい[12]。

こうした虐待的性行為に参加する女性の多くは、事前に性行為の内容について合意し、納得しているであろう（合意のない暴行・虐待被害は第5章でみた）。しかし、たとえ「合意」があっても、そこで行なわれていることは、女性の身体の性的な濫用＝虐待以外の何ものでもない。しかも、そこで最も多く使われているのは一〇代末から、二〇代前半という数年前までは未成年であった女性たちである。そして、たとえ「合意」に基づいてそうした性行為に参加したとしても、そこで被る深刻な身体的・精神的被害が軽減するわけでもない。それらの被害体験によって、実際その後ＰＴＳＤ（心的外傷後ストレス障害）に苦しめられている被害者が数知れずいる。[13] これらの暴力・虐待行為を、女性の「自己決定」に基づく合意がある以上合法である、と考えることは許されない。

それでも、「被害者が被害を訴えない以上救済を主張することはできない、それは女性の主体性を尊重するフェミニズムに反する」というとしたら、それは虐待者の側に最も都合のよい言説となる。被害者が被害を訴えられるよう社会的支援が必要なことは事実である。しかし、多くの被害者がＰＴＳＤに苦しみ、暴力ポルノ制作では一部の被害者が廃人になっていることを虐待者が認めているところで（一〇七頁参照）、被害者が被害を訴えることがどのようにして可能なのか。「被害者が被害を訴えることを可能にする」ためには、虐待的性行為に参加したことは自己決定権の行使であり十分に尊重されなければならないが、それでもなお侵害された権利がある、ということを可能にする権利論が必要である。[14]

第二の問題は、性的自己決定権が内在的にはらむ問題である。すなわち、売春女性の行使した性的自己決定権の行使が、「性的自由を放棄する自己決定」をしたと評価される理論的圧力に、それが有効に対応できないことであ

(12) 例えば次のものを見よ。奴隷的緊縛サイトとして「MIRACLE」www.natuko-miracle.com/や「お仕置きネット」www.oshioki.net/、「輪姦」（数十人の男性が一人の女性に群がり居る）サイトとして「輪姦物語」www.yumenotobira.com/. これらは文字どおり無数にあるインターネット上の暴力的虐待ポルノサイトのほんの一例にすぎない。

(13) 少なくない数が、ポルノ・買春問題研究会への相談等だけでも判明している。このことの実証研究として、Melissa Farley, *Prostitution, Trafficking, and Traumatic Stress*, Haworth Maltreatment & Trauma Press, 2003.

る。本来合意のない性行為を強要されること自体が性的自己決定権の侵害となるはずであるにもかかわらず、売春を自己決定した女性が、売買春の現場で合意のない暴力的で屈辱的な性行為を強要されたとして被害を訴えたとき、売春への自己決定が「性的自由の放棄」と評価され、被害の訴えが斥けられたり、軽視されたりする危険性がある。その危険性を現実のものにしたのが、かの「池袋事件」であった。

「池袋事件」とは、買春客が待つホテルの一室に派遣された「ホテトル嬢」が、買春客にいきなりナイフで切りつけられて負傷し、続けて虐待的・屈辱的性行為を強要されたため、隙をみてナイフを奪い逆に買春男性を刺して逃げたのだが、男性が出血多量で死亡したことによって殺人罪に問われた事件である。女性には、一審判決では懲役三年の実刑、控訴審判決では懲役二年（執行猶予三年）の有罪判決がくだされた。そして有罪判決をくだした東京高等裁判所は、次のように述べて、「ホテトル嬢」たる女性の性的自由は「一般婦女子」のそれよりも縮減しているとした。すなわち——

> 自らの意思により、「ホテトル嬢」として四時間にわたり売春することを約して、A（買春客）から高額の報酬を得ており、原審検察官が主張するように、これにより被告人（ホテトル嬢）が性的自由及び身体の自由を放棄していたとまではいえないが、少なくとも、Aに対し、通常の性交及びこれに付随する性的行為は許容していたものといわざるをえないから、被告人の性的自由及び身体の自由に対する侵害の程度については、これを一般の婦女子に対する場合と同列に論じることはできず、相当に減殺して考慮せざるをえないことなどの事情がある[15]（強調引用者）。

この女性は、ホテルへの派遣型売春業者（ホテトル事務所）に属していたが、売春契約は買春客との間で交わしたと評価されている。つまり、雇用労働としての売買春ではなく、買春者と売買春する契約を結ぶ自営業としての売買春である。そして、売春契約に、自己決定に基づき同意したこと、そのことによって、性的自由の一部を放棄したととらえられたのである。すなわち、裁判所は、「通常の性交及びこれに付随する性的行為」を行なうことを「約する」売買春においては、女性の性的・身体的自由は「一般の婦女子に対する場合と同列に論じることはできず、相当に減殺して考慮せざるをえない」と判断した。たとえ「通常の性行為」がその内容であれ、売春契約の締結をすれば性的自由の保障の度合いが減滅する、というのである。

　このことをより露骨に主張したのは検察官の論告であり、そこでは「性的自由及び身体の自由の侵害についても、売春契約の締結により（変態行為についても後に黙示の承諾があったと見ることができる。）、その法益は既に放棄されており……[16]」と主張されていた。つまり、売春契約とは「性的自由の侵害」を承認することと理解されている。どちらにしても、性的自己決定権の行使として売春契約を結べば、性的自由の一部を放棄する、つまり「性的自由の放棄を自己決定した」ととらえられているのである。[17]

　性的自己決定権とは「いつ、だれと、どのような性行為を行なうかの決定権は、本人にのみ帰属する」とする権

(14) 嘱託殺人を犯罪とすべきことに一般的に異論はないが、法益放棄の同意に基づく身体的侵襲（医療行為、刺青等）であっても、生命またはそれに匹敵する重大な法益侵害が明らかなときには、侵襲行為は社会的相当性を欠き違法となるだろう。売買春における性行為が、売春する者の人格への攻撃をつうじて生命に匹敵する重大な法益侵害をもたらしている事実が実証的に証明されれば（Farley, *Prostitution, Trafficking, and Traumatic Stress*, supra note (13) 等で現に立証されつつある）、このような性の権利論の構成は可能であろう。

(15) 東京高等裁判所判決一九八八年六月九日、判例時報一二八三号五四頁。

(16) 角田「女性にとって性的自由・自立とは」前掲注（1）、五八頁参照。ただし本文の引用の方が正確な引用である（角田氏から教示を受けた）。

(17) 売春防止法三条で売春契約はそもそも違法・無効であるという判例法上、無効な契約に基づき「性的自由を放棄した」と評価することはできないはずだという指摘につき、角田『性差別と暴力』前掲注（1）、一三三頁。

利であり、かつ「いかなる契約によっても奪い得ない人権である」とされる。つまり、「性的自己決定権を放棄する性的自己決定権」はないものとして観念される。そして性的自己決定権が性的自由の核心を構成する権利であるならば、「性的自由を放棄する性的自己決定権」もまたないはずであり、検察官や裁判官のいう「性的自由の一部を放棄する性的自己決定権の行使」は本来概念矛盾であるはずである。

しかし、「売春契約とは性的自由の一部を放棄する性的自己決定権の行使である」という検察官・裁判官の理解は、売買春で行なわれる性行為が暴力的・虐待的である現実を社会的根拠にして唱えられている。[18] それゆえそうした理解は、性差別社会・売買春肯定社会において、圧倒的なリアリティを持って主張され、受容される。ここでもまた、性的自己決定権の行使によっても放棄されない——侵害されえない——実質的な性的権利を彫琢することが求められている。

こうして、人権行使として自営業の売買春を合法化することは、一方で業者の活動を合法化し、強大な男性的経済的権力体として権力を行使すること、他方で買春者の活動を合法化し、ポルノグラフィの制作現場に最も端的に現れているように売買春の現場における性虐待を事実上正当化することにつながるであろう。つまり、売買春がもたらす被害・差別・矛盾——売買春内外の女性に生じる性暴力被害、女性蔑視・女性の二級市民化の進行、等々——を全社会規模で拡大・深化・強化するであろう。

さらに付け加えるならば、売買春が合法化される結果、日本の性産業は、これまで以上に強大な人身売買の温床となる。そしてまた、合法的な売買春をとおして社会的につくり上げられるジェンダー化されたセクシュアリティが、子どもの売買春への動機づけを生み続け、子どもへの性虐待がいっそう深刻化するであろうことも見落とされてはならない。

最後に、他人を雇って売買春を営むことを、雇われた者の性的自己決定権を否定するものであるとして明快に批判する論を立てた若尾説が、自営の性売買についてどのように理解しているかを検討しておきたい。

若尾は、次のように述べている。「売春するか否かは、当の女性の自己決定として尊重される」「売春への女性の自己決定は、性の領域における性の自己（ママ）決定の一つであり、セックス・ワーカー運動においても、廃止主義においても、基本的には承認されるべきものであろう[19]」。女性の自己決定権の行使さらには自己定義力の獲得という観点から、自営業の売春がむしろ積極的に承認されている。「承認」するとは、合法化する立場と読める。

自営の売春業を合法化するとしたら、売春契約において売買されているものは、女性の労働（性的サービス労働）と理解するしかないであろう。そして雇用労働でなく自営業としてではあれ、売買春で売買されるものを労働とするならば、それはセックスワーク（「性＝労働」）論である。だが若尾は、次の二点から、売買春を労働とみなすことを否定している。すなわち、売買春における性行為に労働としての専門性を見出せないこと[20]、そして売買春の密室性が労働としての公的性格と相容れないことである[21]。こうして若尾は、売春を労働とみなすセックスワーク論とは鋭く一線を画している[22]。

上でみた自営の売春業を合法化することの問題点――性業者による支配と売買春の現場における虐待の蔓延――について、若尾は自覚的である。それゆえ、次の三つのことが、自営の売春業を性的自己決定権の行使として承認＝合法化することの条件として付されている。すなわち、①売春女性の「性と生殖に関する健康・権利」の保障、

(18)「検察官の論告〔は〕売春婦と言われている人たちに対する社会通念的な物の見方をきわめてはっきり言っているのではないか」と角田も指摘する。角田「女性にとって性的自由・自立とは」前掲注（1）、五七～五八頁。
(19) 若尾「性の自己決定権と性業者・買春者」前掲注（5）、三七六頁。
(20) 同前、三五八頁。
(21) 若尾典子「買売春と自己決定」『ジュリスト』一二三七号、二〇〇三年、一九〇頁。
(22) 売春「行為」は承認するが、「業」としての売春は承認しない立場かもしれないが、業と業でないものとの区別は事実上困難であるため、以下の検討ではその区別をしない。

②性業者の介入の禁止・処罰、③買春者の暴力の処罰である。[23] これら三つの条件は、売春が「道徳的違法論から解放され、性的自己決定権の問題とされる」[24] ことによって実現されるという。

若尾の議論で重要なことは、女性の自己決定を、女性の奪われてきた自己定義力の行使であるととらえ、女性が自営として売春を行なう自己決定を行使する中に、自己定義力をつうじた主体性の獲得の道筋が見出されていることである。そして、売春女性が主体性を獲得することをつうじて、売春女性への援助システムが、現在の道徳主義的で保護主義的なものから、売春女性の「性と生殖に関する健康・権利」の保障へと転換していくことが展望されている。「売春女性の性的自己決定の宣言は、多様な売春女性の姿・能力を明らかにしている。……売春女性の力を確認することは、売春女性への援助システムを再検討することである」[25]。

第二の「性業者の介入の禁止・処罰」という条件は、自営業として売春を合法化する以上、不可欠の条件であろう。「性的自己決定権の保障として、性業者処罰は不可欠だと考えられる」[26]。しかしすでに述べたように、売春営業を人権行使として認める以上、性業者の諸行為を一律に犯罪化することは、人権行使としての売春営業を事実上不可能ならしめるため認められないのではないだろうか。違法行為を行なった業者を、営業停止処分や処罰の対象にすることが限界ではないかと思われる。

また、売春が雇用労働であるかどうかを問わず、性業者の処罰をこのように強く打ち出す若尾の立場からすれば、性交類似行為を行なう現在合法な性風俗営業者も禁止・処罰されるという結論になるはずである。なぜなら、「セックス・ワークは『性交・性交類似行為』をすることである」[27] として、若尾は性交と性交類似行為を区別していないからである。しかし、性風俗営業が風俗営業等適正化法で認められている「現状を無視するわけにはいかない」[28] として、この点が理論的なレベルにおいてすら明確に打ち出されなかったことは残念である。

三つ目の条件として、「買春者の暴力の処罰」が挙げられている。すでに縷々述べてきた売買春（とくにポルノ制作現場）で暴力・虐待が横行する現状において、これは焦眉の課題である。若尾は、売春を女性の性的自己決定権の行使として合法化することこそが、買春者の処罰を可能にすると考えている。「女性は、売春契約をすることによって、性的自己決定権を放棄したとみなされている。これを批判する視点として、売春することを含めて、女性には性的自己決定権があることを確認する必要がある」[29]と。女性、とくに売春女性の性的自己決定への期待と理念的コミットメントを基礎に、若尾は性的自己決定権を性に関する人権のいわば最終的な形態としてみているように思われる[30]。そして性的自己決定権の保障を梃子にして、一気に買春者の暴力処罰の実現までを目指すのである。

たしかに自営で行なわれる売春業は性的自己決定権の行使と評価されるであろう。しかし、売買春での性行為が女性の身体の性的使用＝濫用＝虐待となっている現状を社会的根拠として、売買春への性的自己決定権の行使が「性的自由の放棄」を意味するとみなす言説が、圧倒的なリアリティを社会的に有している。こうした現状のもとでは、性的自己決定権を最終的な性的人権とすることは、売買春における性虐待を規制するのに十分ではなく、むしろ「買春者の暴力の処罰」を現状以上に困難にすると考えられる。したがって、現状を少しでも改善するには、性的自己決定権を性的人権の最終形態とみなさず、性的人権をいわば価値論的に分節化し、再構成することをつうじて、性的自己決定権を行使しても侵害されえない性的権利を掘り当て、売買春の中にいる女性の権利を擁護すること、そして買春行為そのものを違法にし、「買春者の暴力を処罰する」ことが必要であると思われる。

(23) 若尾「性の自己決定権と性業者・買春者」前掲注(5)、三七三頁。
(24) 同前、三六九頁。
(25) 同前、三七五頁。
(26) 同前、三六九頁。
(27) 同前、三五九頁。
(28) 同前、三七四頁。
(29) 若尾『女性の身体と人権』前掲注(7)、二七八頁。
(30) 「性的自己決定権は、性的自由の基礎となる概念である」同前。

第11章 性的人格権の復位

1 〈性〉の人格的価値

性的自己決定権は、女性運動の中で「生殖の自由」を理論化するために主張され始め、獲得された権利であった。それは一九八〇年代以降、とくに強かんやセクシュアル・ハラスメントにおける強制の実態を明らかにすることで、女性の性的人権保障に大きな威力を発揮してきた。ところが、それが売買春に適用されたときに、決定的な転換が生じた。

今日の主流の売買春は、明白な物理的・経済的な強制から、文化的で間接的で曖昧な強制へとその手段を移行させ、女性の外形的・形式的「合意」に基づくものである。そのような現代売買春に性的自己決定権が適用されると、それは性差別・性暴力批判としての威力を失い、逆に「性的自由の放棄の自己決定」というように売買春における性差別・性暴力を肯定し正当化するものとなった。「いかなる性行為を、だれと行なうかを本人が決定する権利」という意味での性的自己決定権は、「決定」という外観・形式においてのみとらえられ、「いかなる性行為か」という実体論の側面を失っていった、といってもよい(1)。ここにいたり、私たちは、「何のための性的自己決定権だったのか」という出発点に立ち返らざるをえない地点に立たされている。

堕胎罪や強かん、セクシュアル・ハラスメントに対する批判として「性的自由」「性的自己決定権」が主張されたとき、さらにはセクシュアル・マイノリティの立場の人々が「性的権利（セクシュアル・ライツ）」を要求したとき、それらは、性がなぜ尊重されなければならないか、という性に関する価値論を含んでいた。性暴力の被害者やセクシュアル・マイノリティの経験が教えていることは、人の〈性（セクシュアリティ）〉は人の〈人格〉と深いところで結びついている、という事実である。〈性〉は〈人格〉と切り離された身体的価値として主張されていたのではなく、人格的な価値として主張されていた。

人の〈性〉が〈人格〉と深く結びついているとするなら、人の尊厳を確保するためには〈性〉は〈人格〉と切り離されるべきではなく、むしろ〈人格〉を構成するものとして積極的に位置づけられる必要がある。そのような位置づけにある人の〈性〉は、例えば労働と同一視されるべきでなく、法的にも〈人格〉の構成要素として労働以上に篤く保護されるべきである。すなわち人格的権利としての〈性〉、「性的人格権」である。

2　性売買批判としての性的人格権

性的人格権は、労働に対する権利以上に強く自由が確保されるべき法的権利である。それは、人の身体保全権であると同時に、個人としての尊厳から導き出される精神的・人格的権利であるから、単なる身体的自由権あるいは単なる人格権ではなく、その両方にまたがる——両方の権利を結合した——権利である。弁護士で、性暴力と法の問題を先駆的に考察してきた角田由紀子の次の指摘は、一九九〇年という早い時期に発表された卓見であった。「性的自由というものは、精神の自由であり内心の自由であると位置づけていいのではないでしょうか」「思想及び良心の自由は、憲法の中でも最高の保障をされている自由ですが、私は、性的自由はこれと並ぶものである、あるいはこれ以上であるかもしれないし、少なくとも〔憲法〕一九条が保障している思想とか良心の自由以下のものでは決してありえないと思います」[2]。

性的人格権は、身体的自由権と精神的自由権の両方を統合した権利として、一切の強制からの絶対的な保障を要請する。すなわち、公権力はおろか、夫の権力、親の権力、血縁的権力、社会的権力——とりわけ経済的権力——を含む一切の権力による強制から自由が保障されなければならない。したがってそれは、性が金銭によって売り買いされることを否定するものである。それゆえ、他人の身体を性的に使用する権利を金銭で売買する行為は、他人の性的人格権を侵害する行為と評価されなければならない。具体的には、管理売春における売春業者と買春者、単純売春における買春者、そしてポルノ業者による他人の性的使用権の売買行為は、性的人格権の侵害であり、違法行為であると評価される[3]。

(1) 売買春肯定派の論客宮台真司は、自己決定権を「〔他人に〕迷惑をかけなければ何をしてもいい権利」と定義する。宮台真司「自己決定原論——自由と尊厳」宮台他『〈性の自己決定〉原論』紀伊國屋書店、一九九八年、二五二頁。また、瀬地山角は、性的自己決定権によって「性のモラルを手続きの問題として捉えられる」と述べる。角田由紀子・瀬地山角「〈対論〉『買売春は認められるか』論考」『朝日新聞』一九九八年七月四日。同旨に、瀬地山「性の商品化とリベラリズム——内容批判から手続きへ」江原由美子編『フェミニズムとリベラリズム』勁草書房、二〇〇一年。

(2) 角田由紀子「女性にとって性的自由・自立とは」東京・強姦救援センター編『レイプ・クライシス——この身近な危機』学陽書房、一九九〇年、三五頁。

(3) この結論はフェミニズムにおいても、とくに性表現をつうじた女性のエンパワーメントを積極視する立場から批判されるであろう。しかしここでの「ポルノ」が当然に第1部で限定した定義に合致し、かつ生身の女性や男性を使用する実写のそれに限られていることに留意してほしい。一括りに性売買とはいっても、それゆえ広狭の売買春における性行為よりもポルノグラフィにおける性行為は狭くとらえられている。したがってまた性的使用権の売買行為の違法性判断にも売買春とポルノグラフィでは自ずと違いが生じる。また売買春の営業規制とは異なってポルノ規制は「表現の自由」との調整が当然問題となるのであり、第3部でみたように刑法規制は限定的にし、民事法による被害救済を中心にしてポルノ規制立法は検討されるべきであると考える。

この点に関わる主張を最も早く提起したのも、角田由紀子であろう。二〇〇一年の著書で角田は次のように指摘した。

客の男性は……他では犯罪として許されないことや、女性にとって屈辱でしかありえない行為をも求めることができる。……それを合理化するのが「自由意思」であろうが、性的自由、性的人格権を金銭によって放棄することはできないと考えるべきではないか。金銭によっては、放棄できないものがあるからこそ、性的人格権がありうるのではないか。(4)

角田のこの指摘は、「性的人格権を金銭によって放棄することはできない」とし、売る側を主体に語っている。しかし、それを裏返せば、放棄できないものを金銭という経済力によって放棄させる、買う側の行為の問題となることは明らかである。角田の主張とほぼ前後して、森田成也がこの点を次のように明快に提示した。

〔性的人格権という〕概念を推し進めるならば、金銭という経済的権力を用いて特定の女性に性的な行為をさせたり、女性の人格を貶め女性を従属させたりする文脈で彼女の性的身体を公然とさらさせること、こうしたこと自体が、その女性に対する性的人格権の侵害として把握することができるだろう。そうなれば、「同意」のあるなしにかかわりなく、ポルノグラフィと売買春において女性に対して行使されている行為そのものが、性的人格権の侵害として認識することができるだろう。(5)

最高裁判所の判例も、たとえ女性の「自由意思」によるものであっても、「売春をさせる契約を結ばせることが犯罪になることは、繰り返し認めている(6)」。

3　性的自由の権利構造

性的自由も、その核心を表現する性的自己決定権も、当初性暴力批判あるいはセクシュアル・マイノリティの権利として主張されたとき、性的人格権と一体であった。性的人格権は、性に関する人権の実体的価値として性的自由の中に含まれており、性的自己決定権も、それ自体として抽象的に意義があったのではなく、性的人格権という価値的権利の確保に奉仕するものとして、その重要性が認識されていた。性的自由が人格的権利として主張されたとき、性的自己決定権が行使され確保されること自体によって、性的人格権が実現した。

しかしながら、性的自己決定権が、売買春の文脈で使用されたとき、性的自己決定権は性的人格権から引き離され、いわばそれ自体として独立して価値を付されるようになり、手続的・非実体的、空疎で無内容なものとして、売買春肯定者から利用された。その証左は、それが〈性〉と〈人格〉の引き離し論、すなわち性的人格権の否定論とセットであったことである。[7] したがって、性的自己決定権と性的人格権は、もともと一体として主張されたものが引き剥がされたものであり、両者は再統合されるべきものである（【図7】）。

（4）角田由紀子『性差別と暴力』有斐閣、二〇〇一年、一三八頁。
（5）森田成也「日本における女性の人権と売買春・ポルノグラフィ」ポルノ・買春問題研究会「論文・資料集」第三号、二〇〇二年、一五頁。
（6）角田『性差別と暴力』前掲注（4）、一四〇頁。
（7）赤川学や瀬地山角等の社会学者を中心に展開された「性＝人格」論批判である。この問題に関する有益な分析は、浅野千恵「『性＝人格論批判』を批判する」『現代思想』二六巻一二号、一九九八年、一八二頁以下、杉田聡『男権主義的セクシュアリティ――ポルノ・買売春擁護論批判』青木書店、一九九九年、杉田聡『レイプの政治学――レイプ神話と「性＝人格原則」』明石書店、二〇〇三年の第三章および第四章。

【図7】性的自由の権利構造

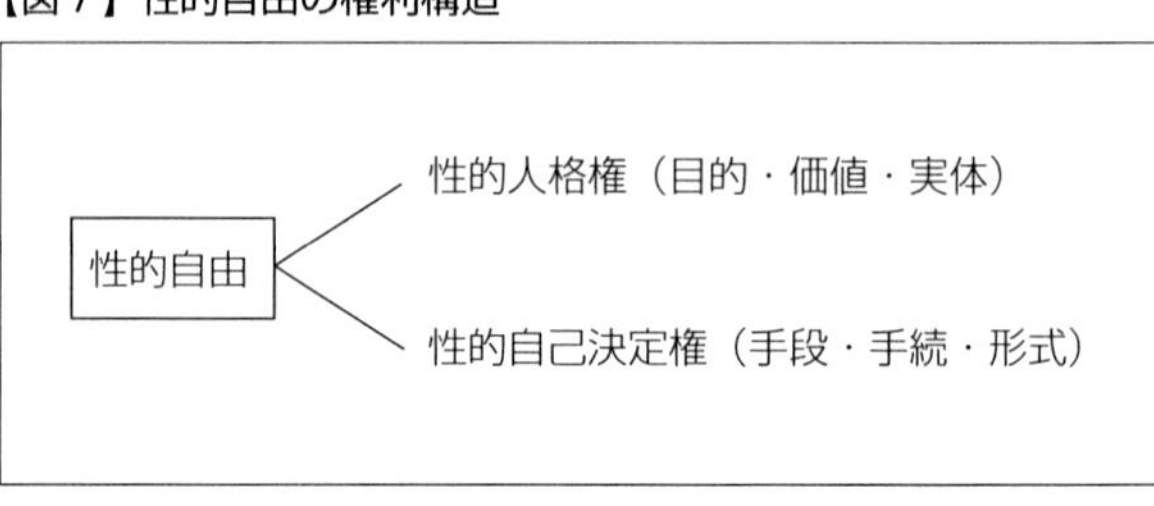

だが、いったん分離させられてしまった性的人格権と性的自己決定権を再統合することは容易なことではない。実際に売買春で暴力的・虐待的性行為――女性の人格を否定することが男性の性的快楽である性行為――が広く行なわれている社会的実態に、両者の分離が基礎を置いている以上、観念的に両者を再統合することには現実性がない。したがって、縮減され、矮小化された性的人格権を、それ自体独立した権利として提唱し、その保障・実現を目指すことによって復位させるべきであろう。

性的人格権の提唱は、もともと性的自由に含まれ、性的自己決定権が実現すべきであった価値的権利の再提唱であり、性的自由をそれによって再充填し、性的自己決定権の実現を価値論的に支えようとする議論である。

今日、グローバル化とテクノロジー化の深化に伴い女性の性売買は勢いの衰えるところを知らない。ポルノグラフィ、売買春の中で行なわれる性行為が、ますます社会標準化し、その対象は子どもへと向かい、無数の暴力・虐待被害、差別被害を生み出す巨大な原因となっている。その性売買は、何より女性の「自己決定」によって成立しており、女性が「自己決定」していることが、性売買における暴力的・虐待的な性的「サービス」「演技」を正当化する不可欠の役割を果たしている。男性の支配が性的支配として行なわれながら、それをあたかもないものにしてしまう働きをしている。

性的自己決定権だけでは不十分だという本書の主張は、その全面放棄の訴えではない。むしろ性売買の中にいる人々が性的自己決定権の主体として尊重されることは、最も過酷な性差別の制度を生き抜くサバイバーとして尊重され、敬意を払われるための不可欠の条件である。それと同時に、性売買の中にいる女性が、人格的価値を持った性を生きる主体、すなわち性的人格権の主体であること、そのことの社会的承認が必要である。

ポルノグラフィ、売買春の中に入ることを「選んだ」人々が性的自己決定権を行使したことによっていかなる不利益をも課せられることなく、しかも性売買の中の性行為によって、人の基本的な権利としての性的人格権を侵害されたことが社会的に承認されるべきこと、このことが、女性の身体の性的濫用＝虐待が日々行なわれ続けている性売買の現場から投げ掛けられている。

4　今後の方向性

最後に、性に関する基本的人権を保障する観点から、ポルノグラフィと売買春に関する法規制の方向性を示しておきたい。まず、ポルノグラフィと売買春を規制する法律の基盤に、そこで使用される人々の性的自己決定権と性的人格権があることが確認される必要がある。とりわけ性売買をも批判しうる性的人格権の普及・確立を新たな社会的基盤にして、性売買（ポルノ・売買春）の規制強化ないし新たな規制法を構想すべきである。とくに「表現」としてのポルノグラフィの法規制は、性に関する人権論に確固として基礎づけられていなければ、従来の「わいせつ」物規制と截然と訣別することができず、個人の自由に抑圧的な国家主義的で、性道徳主義に基づく規制論に変質する危険性を常に持つことに留意しなければならない。一方で、強度な自由権としての性的自己決定権は、性売買の中で使用される女性や男性を国家刑罰権の対象とすることから解放し（非犯罪化）、他方で、性的人格権は、金銭の力によって彼らを使用する売春業者、買春者、ポルノ業者の行為を違法化あるいは犯罪化する方向に作用することになろう。

より具体的な課題としては、まず売買春の規制法については、性交を伴う（狭義の）売買春と性交類似行為を行なう（広義の）売買春の区別を撤廃することが何よりも当面の課題である。つまり、売春防止法と風俗営業等適正化法の二元法体系を克服することである。克服の方向性は、第一に、性売買を合法化する風俗営業等適正化法関連条項を廃止すること、第二に、性的道徳主義の性格を完全に脱色させること——すなわち売春する者への道徳的非難（一条）、処罰規定（五条）、補導処分（一七条）の全面削除——を前提に、売春防止法のいわゆる「廃止主義（関連業者の処罰）」（第2章　刑事処分）を発展・強化することである。さらに買春者処罰規定を新設することが追求されるべきである。そして、これらすべてのことと同時並行して不可欠なことが、パターナリスティックな「保護主義」を払拭したうえで福祉規定（第4章　保護更生）を充実・強化し、性売買の中にいる人々の権利を保障し福祉を実現することである（一時的保護施設〔シェルター〕の拡充と長期的自立支援施設〔ステップハウス〕の創設をベースに、就業支援・援助、リプロダクティブ・ライツ、トラウマ・ケア等の保障）。

ポルノグラフィに関しては、現在の道徳主義的「わいせつ」物頒布罪は抜本的に改正されなければならない。そのうえで、第一に、最も暴力的で、残虐で、猟奇的なポルノグラフィについては、その商業的な制作および頒布・販売・公然陳列を刑事罰の対象にすることが追求されるべきであろう。何度も指摘してきたように、そのさい、立法目的・保護法益は、個人的自由・権利でなければならず、性道徳秩序というような社会的法益であってはならない。第二に、ポルノグラフィの広範かつ深刻な暴力被害を救済するための新たな民事法規制が検討の対象に付されるべきである。その基本的な視点、論点は、すでに本書で示してきたとおりである。

【参考資料】

アメリカ反ポルノグラフィ公民権条例(モデル条例)

第1条　立法目的

1　ポルノグラフィは、性差別行為である。ポルノグラフィは、〈当該自治体〉において地域住民の健康、安全、平和、福祉および平等に対する重大な脅威となっている。既存の法は、〈当該自治体〉におけるこれらの問題を解決するのに不十分である。

2　ポルノグラフィは、性別にもとづく搾取と従属の制度的行為であり、女性に差別的に被害を与え、不利益を及ぼす。ポルノグラフィの被害には、非人間化、心理的攻撃、性的搾取、強制的性行為、強制売春、身体的傷害、ならびに娯楽として提供される社会的および性的なテロリズムならびに劣等性が含まれる。ポルノグラフィが増進する差別および侮蔑は、ポルノグラフィが助長する攻撃行為とあいまって、次のような被害を生じさせる。雇用、教育、財産、公共施設および公共サービスへの権利を平等に享受する機会を減少させる/公私両面にわたるハラスメント、迫害および侮辱を生み出す/強かん、親密な男女間の暴力、子どもの性的虐待および売春その他の被害および尊厳の毀損を増進し、それらの行為に対する法の公正な執行を妨げる/意に反してポルノグラフィに出演する個人を、侮蔑、からかい、憎悪、辱め、困惑にさらし、女性である場合にはとくに虐待と身体的攻撃の標的にする/性別にもとづいて個人と集団の評価を下げ、その雇用機会を減少させる/とりわけ女性が市民権(シティズンシップ)を完全に行使し地域社会の生活に全面的に参加することを著しく制約する/女性の人間としての尊厳、価値および市民としての地位を低め、両性が互いに尊重しあうことを損なう/合衆国および〈当該州〉の憲法および法律によってすべての市民に保障された表現と行動の権利を女性が平等に行使する基盤を掘りくずす。

第2条　定義

1　「ポルノグラフィ」とは、図画および/または文章をつうじて、写実的かつ性的に露骨なかたちで女性を従属させることであり、次の要素の一つ以上を含むものである。

一　女性が人間性を奪われたかたちで、性的な客体物、モノ、商品として提示されている。

二　女性が辱めや苦痛を快楽とする性的客体物として提示されている。

三　女性が強かん、近親かん、その他の性的暴行によって快感を覚える性的客体物として提示されている。

四　女性が縛られ、切りつけられ、損傷され、殴られ、からだを傷つけられた性的客体物として提示されている。

五　女性が性的な服従、奴隷、見せ物の姿勢や状態で提示されている。

六　女性が、からだの部位(膣、胸、尻を含むがそれに限定されない)に還元されるようなかたちで提示されている。

七　女性が物や動物によって挿入された状態で提示されている。

八　女性が、貶められ、傷つけられ、拷問される筋書きにおいて、汚らわしく、劣等なものとして描かれたり、出血し、殴られ、傷つけられたりし、かつそれを性的なものとする文脈の中で提示されている。

2　前項の定義における各号の女性の代わりに男性、子ども、または性転換者が使われている場合も、この条例の対償のポルノグラフィである。

3　この条例において「者」とは、子どもまたは性転換者も含むものとする。

第3条　訴訟原因

1　ポルノグラフィへの強制行為

いかなる者をも強制し、脅し、または欺いてポルノグラフィのために出演または演技させること（以下「強制行為」という）は、性差別である。強制行為による被害は、強制行為によ る制作物が公表または販売された日から発生する。強制行為の被害を受けた者は、当該ポルノグラフィを制作し、販売し、公開し、および／または頒布した者に対して、損害賠償および差止命令を求める裁判を起こすことができる。差止命令は、強制行為による制作物を公衆が見ることができないように排除することが含まれる。次の各事実または状況の一つまたはそれ以上を証明しても、それだけでは強制行為の認定を否定することはできない。

一　当該者が女性であること
二　当該者が売春をしていること、またはその経験があること
三　当該者が成人の年齢に達していること
四　当該者が、当該ポルノグラフィの制作者または関係者と血縁関係または婚姻関係にあること
五　当該者が、当該ポルノグラフィの制作者、関係者その他の者と、以前、性的関係にあったこと、または性的関係にあったと考えられていたこと
六　当該者が、当該ポルノグラフィの制作者、関係者その他の者と一緒に、または彼（ら）のために、以前、性的に露骨な図画の対象となったことがあること
七　配偶者その他の親族を含む何らかの者が、当該者に代わって出演を許可したこと
八　当該者が、後にポルノグラフィへとつくり変えられることになる演技が何らかの方法で使用されることについて実際に同意していたこと
九　当該者が、当該行為または企画の目的がポルノグラフィの制作であることを知っていたこと
一〇　当該者が、当該ポルノグラフィを制作する撮影期間中または企画の間中、抵抗を示さなかったり、積極的に協力しているように見えたこと
一一　当該者が契約書に署名したこと、または当該ポルノグラフィの制作に協力することに同意する意思表示をしたこと
一二　当該ポルノグラフィの制作に、物理的な力の行使、脅迫または凶器が使用されていないこと
一三　当該者が報酬を支払われたこと、またはその他の方法で償われたこと

2　ポルノグラフィの押しつけ

雇用、教育、家庭その他のあらゆる公共の場所において、ある者にポルノグラフィを押しつけることは、性差別である。被害の訴えは、押しつけの実行者および／または押しつけに責任のある法主体もしくは機関に対してのみ行なうことができる。

3　ポルノグラフィを原因とする暴行脅迫

特定のポルノグラフィを直接の原因として、いかなる者をも脅迫し、暴行し、または傷害を加えることは、性差別である。被害の訴えは、暴行脅迫の実行者、ならびに／または当該ポル

ノグラフィを制作し、頒布し、販売し、および／もしくは公開した者に対してなすことができる。

4　ポルノグラフィをつうじた名誉毀損

いかなる者であれ、その固有の名前、肖像および／または本人と認められうる特徴をポルノグラフィにおいて許可なく使用することをつうじて、その者の名誉を毀損することは、性差別である。本項の目的のためには、公人といえども私人として扱われるものとする。いったん許可が与えられても、何らかのかたちで公表する以前であれば、いつでも文書によって許可を撤回することができる。

5　ポルノグラフィの取引行為

ポルノグラフィを制作し、販売し、公開し、または頒布することは、性差別である。私的な団体をつうじたこれらの行為も同様とする。

一　ポルノグラフィを研究のために利用できる、自治体、州および連邦の資金で運営される公立図書館または私立および公立大学の図書館は、ポルノグラフィの取引行為を行なっていると解釈されてはならない。開架による利用はポルノグラフィの取引行為にあたらないが、特別な公開展示はポルノグラフィの取引行為とみなされる。

二　全体から切り離された文章または部分のみにもとづいて、本項による訴えを提起してはならない。

三　すべての女性は、女性の従属に反対している女性としての資格において、本項のもとでの訴えを提起することができる。女性と同じようにポルノグラフィによって被害を受けていると主張するすべての男性、子どもまたは性転換者も、同様に訴えを提起することができる。

第4条　抗弁

1　この条例にもとづく訴えにおいては、被告が当該物件がポルノグラフィであると知らなかったこと、または性差別を意図していなかったことは抗弁にならないものとする。

2　第3条5項による訴訟、または第3条3項による暴行脅迫の実行者を除く者に対する訴訟において、被告が、当該物件がポルノグラフィであることを知らなかった場合、または知るべき理由がなかった場合は、原告は損害賠償または損失補填を求めることはできない。

3　第3条5項による訴訟または第3条3項による暴行脅迫の実行者を除く者に対する訴訟において、制作者に対して制作されたポルノグラフィに関して、頒布者に対して頒布されたポルノグラフィに関して、販売者に対して販売されたポルノグラフィに関して、公開者に対して公開されたポルノグラフィに関して、この条例が施行される日以前に遡って損害賠償または損失補填を求めることはできない。

第5条　執行規定*

1　民事訴訟

この条例のもとで訴訟原因を有するすべての者は、直接、管轄裁判所に救済を求めて訴えを提起することができる。

2　損害賠償

一　訴訟原因を有するすべての者またはその遺族は、名目的、補償的および／または懲罰的損害を制約なしに請求することができる。賠償請求には、逸失利益、身体的苦痛、精神的苦痛、生活上の快適さの減少および金銭的損害ならびに弁護士費用および調査費用を含む相当の訴訟費用が含まれる。

二　第3条5項による訴訟または第3条3項による暴行脅迫の実行者を除く者に対する訴訟においては、当該ポルノグラフィの制作者、頒布者、販売者または公開者に対する損害賠償または損失補塡の請求は、この条例が施行される日以前に遡って行なうことはできない。

3　差止命令

この条例に違反したいかなる者に対しても、次の各号に該当する場合を除き、差止命令を発することができる。

一　第3条5項による訴訟または第3条3項による暴行脅迫の実行者を除く者に対する訴訟においては、訴えられた行為がこの条例に違反するという裁判所の最終的な判決が出る以前に、一時的または恒久的な差止命令が発せられてはならない。

二　一時的または恒久的な差止命令は、その命令において合理的に特定され、かつこの条例のもとで有効に禁止されると判断されたポルノグラフィ以外の物に対してまで拡大されてはならない。

4　他の救済手段

この条例の救済を受ける可能性をもって、この条例以外の救済を排除する趣旨と解されてはならない。この条例の救済を受けることが、民事と刑事とを問わず、その他のいかなる救済を求めることをも妨げてはならず、かつ他の救済を求めてことによって、この条例による救済が妨げられてはならない。

5　出訴期間

この条例にもとづく訴えは、訴訟原因が生じたとき、または原告が成人に達したときのいずれか遅いほうから起算して六年以内に提起されなければならない。

6　可分性

この条例の一部が法的に無効とされても、残りの部分は効力を保持する。裁判所によって、この条例の一部が、特定の適用方法において、または特定の事件もしくは特定の種類の事件において、有効に適用できないと宣言された場合においても、この条例を定めた〈議会の〉意図を明らかに損なうのでないかぎり、その一部方の適用方法において、または他の事件において適用されることを妨げない。

*この条例が、既存の公民権条例の修正として成立した場合には、原告は、最初に公民権委員会に訴えを提起しなければならない場合と、公民権委員会に訴えを提起するか直接裁判所に訴えを提起するかを原告が選択することができる場合とがある。第3条5項（ポルノグラフィの取引行為）にもとづいて公民権委員会が差止命令を発するには、覆審すなわち行政聴聞をへた裁判官全員による法廷の審理を必要とする場合がある。これらに関する規定については、インディアナポリス条例を参照せよ。

（出典：キャサリン・マッキノン&アンドレア・ドウォーキン〔中里見博・森田成也訳〕『ポルノグラフィと性差別』青木書店、二〇〇二年、一七二～一七九頁）

あとがき

忘れられない出来事がある。一九九九年、ある弁護士会連合会の両性平等委員会主催による弁護士を対象にした夏季セミナーで、ポルノグラフィについて報告したときの出来事である。私はそこで「暴力ポルノ」を見た。知識としては知っていたが、見るのは初めてだった。たったの一五分だったが、私は大きな衝撃を受けた。急に、自分の用意した報告内容がこのようなポルノグラフィの現実にまったくそぐわない甘すぎるものではないかという気がして、慌ててレジュメをチェックしたことを覚えている。もう一人の報告者であった杉田聡氏は、すでにそうした暴力ポルノを少なからず見たうえで、それを批判する包括的な著書、『男権主義的セクシュアリティ――ポルノ・買売春擁護論批判』（青木書店、一九九九年）の草稿を携えての参加であり、氏が淡々と、しかし毅然として報告する姿を見て大いに安心感を与えられた。

ポルノグラフィと法規制の問題を論じるのであれば、ポルノグラフィの現実を知らなければならない。その英断のもとに主催者はビデオを上映した。だが、ある意味でビデオの内容以上にショッキングなことが、ビデオ上映と二人の報告が終わったあとの質疑の時間に起きた。そこで私の想像もしていなかった反応が、複数の弁護士から出されたのである。ある弁護士はいった。「これは、あえていえばデキの悪いポルノである」と。また別の弁護士はいった。「これはビデオに出ている当事者の個人的な問題だ」と。だから、われわれが議論するに値しないということだろう。さらに別の弁護士はいった。「いったいなぜこのようなポルノがつくられるのだろうか」。矮小化と個人化、そして抽象化――典型的な「男性的」反応である。

私は、犯罪の記録を目撃したときに、人は何をすべきか、法律家には何ができるか、をめぐって切迫した討論がなされると確信して疑っていなかった。それゆえ、上記のような質問が出されたとき、あ然とせざるをえなかった。暴力ポルノが存在すること自体よりも、両性の平等委員会が主催する人権セミナーに参加する弁護士から出された上のような発言に、より大きな危機感を覚えた。このときの経験をもとに、杉田氏と協力して、ポルノグラフィ、そして売買春を批判するための「ポルノ・買春問題研究会（以下「ＡＰＰ研究会」、www.app-jp.org）の立ち上げを呼びかけた。一九九九年暮れのことであった。

本書はそれ以来、ＡＰＰ研究会のもとで私がポルノ・売買春の問題に取り組んできたことの産物である。実質的には、本書はＡＰＰ研究会との共著である。ＡＰＰ研究会が存在し、続いていなければ、私がこの問題に取り組み続けることは不可能であった。また本書の内容のきわめて多くを、ＡＰＰ研究会での調査・活動・議論に負っている。

ＡＰＰ研究会は、研究における運動の重要性、運動にとっての研究の重要性を常に自覚しながら、これまでその両方を追求してきたし、これからもそうするであろう。七年にわたるＡＰＰ研究会での活動をつうじて、多くの同志と出会い、少なくない同志を失った。この活動は、幸福よりも不幸を、喜びよりも苦悩を、より多くもたらしたかもしれない。しかし、はっきりと充実感を感じられてきたことが二つある。一つは、さまざまな機会にＡＰＰ研究会メンバーで共同して報告をし、熱心に耳を傾けてくれる主催者・参加者と実りのある討論を交わすことが何度となくできたことである。

そしてもう一つは、ポルノグラフィ・売買春の中にいて、今はそれらに反対の立場から活動を始めた人々がＡＰＰ研究会に期待を寄せて参加してくれたことである。この運動と理論の大先達であるキャサリン・マッキノン氏が、ＡＰＰ研究会と二〇〇二年一月に持った小さな会合で、私たちからサバイバーとの連携についてアドバイスを求められて答えたことが今でも思い出される。「最初の障壁は、サバイバーがあなたがたを発見し、あなたがたが彼女たちを発見することです。つまりお互いに発見しあうことです。……［しかし］あなたがたが本当にサバイバーに提供しうる何かを持っているならば、彼女たちがあなたがたを見つけるうえでの障害は何もないでしょう」。だがマッキノン氏が「同じく重要」として指摘した「サバイバーに対する敬意」については、少なくとも私にはまだまだ学ばなければならないことがあるし、「この問題に関する彼女らの専門的判断に代わるものはない」「わたしたちの〔運動の〕最良のオーガナイザーはかつて売春を行なっていた女性たちです」（ポルノ・買春問題研究会『マッキノンと語る――ポルノグラフィと売買春』不磨書房、二〇〇二年、二七〜二八頁）という状況をつくりだすには、いまだいたっていない。

本書の目的は、七年前にAPP研究会での活動を始めたときの目標と変わらない。すなわち、性差別社会にあって、今は隠され、周辺化され、否認されているポルノグラフィの被害の事実を明らかにし社会に公表すること、そのことによって、反ポルノグラフィ、反売買春の運動を、自らその一員として強化すること、そして最終的にポルノグラフィ、売買春をめぐる（法を含めた）政策の変更を迫ること、このことである。

いわゆる「男女共同参画社会」を画餅に帰すのではなく、本当に実現しようとするならば、何よりもポルノグラフィ・売買春を放置しておくことは絶対にできないであろう。ジェンダーの視点からする性に関する人権の再定義・再認識を社会的規模で促したうえで、ポルノグラフィ・売買春に対する新たな法規制を創造することが不可欠である。

新たな法の創造や法改正が一朝一夕で実現するなどとはつゆほども思っていない。しかし、スウェーデンの買春者処罰法だけでなく、隣国の韓国では、画期的な「性売買処罰法」「性売買防止法」が成立している。国際的に視野を広げれば、売買春規制法の刷新・強化が不可能ではまったくないことがわかる。これに対して、ポルノグラフィの実効力ある規制は、はるかに困難であろう。それは世界中のどこの国・地域においても実現していない。しかし、それだけに一九八〇年代アメリカの地方都市で反ポルノグラフィ公民権条例が議会を通過し、住民投票で可決された歴史的事実から――それが違憲判決を受けた教訓を含めて――多くを学ぶ必要がある。

本書は、これまで公表してきた次の諸論稿を下敷きにした。執筆の機会を与えてくださった方々にお礼を述べたい。

①「権力・ポルノグラフィ・セクシュアリティ」『アディクションと家族』一七巻四号、二〇〇〇年

②「マッキノン＝ドウォーキン条例の意義と日本の課題」キャサリン・マッキノン＆アンドレア・ドウォーキン『ポルノグラフィと性差別』青木書店、二〇〇二年

③「ポルノグラフィと法規制――ポルノの性暴力にジェンダー法学はいかに対抗すべきか」『東北大学二一世紀COEプログラム研究年報』第二号一、二〇〇五年

④「米国における反ポルノグラフィ公民権条例――違憲判決の検討を中心に」齊藤豊治・青井秀夫編『セクシュアリティと法』東北大学出版会、二〇〇六年

⑤「ポルノグラフィ」浅倉むつ子・角田由紀子編『比較判例ジェンダー法』不磨書房、二〇〇七年

⑥「ポスト・ジェンダー期の女性の性売買――性に関する人権の再定義」『社会科学研究』五八巻二号、二〇〇七年

本書は各方面からの批判を招くだろう。とりわけセックスリベラル派からはお馴染みの批判を受けるにちがいない。またフェミニズムで有力な潮流となったセクシュアリティをつうじた「女性のエンパワーメント」論とでもいうべき立場からも批判されよう。本書がさまざまな点において不十分であることは、筆者自身よく認識している。それら不十分な点を厳しく衝く、真摯な批判を期待している。その批判が、ポルノグラフィにおける性差別と人権侵害とに対決する目的を共有する限り、実りある論争となるだろう。

あらためて、ポルノ・買春問題研究会のすべてのメンバーおよび協力者に感謝の意を表したい。とくに現在のスタッフメンバーには、単なる運動上の同志以上の人間的共感を抱いている。一人ひとりのお名前を挙げたいところだが断念せざるをえない。しかし、研究会活動の苦楽を長く共に味わってきた森田成也氏には、名前を挙げて感謝したい。もはやすべてをそれと自覚できないほど、本書の中の多くのアイディアを森田氏に負っている。

本書でマスメディアへの批判を展開したが、少数ながら私たちの活動と主張に注目をしてくれた記者の方々がいることも事実である。そしてそれぞれの方が、現場で記事やニュースを報道するためにたたかってくださったことに感謝したい。快適な研究環境を提供してくれている福島大学行政政策学類の同僚、とくに法学専攻スタッフの方々にもこの場を借りて謝意を述べたい。異端のテーマに取り組んでいるにもかかわらず、嫌な思いをしたことが一度もないのは非常に得難いことだと思う。そればかりか出版にあたり福島大学から学術振興基金の助成を受け、福島大学叢書として出版させていただく栄に浴した。学術振興基金運営委員会ほか関係者の方々に厚くお礼を申し上げる。

最後になったが、明石書店編集部の渡部亜矢さんと兼子千亜紀さんに、大変お世話になった。依頼があって一年延ばしてしまったが、根気よく励ましていただき、また貴重なアドバイスを数々いただいたことに、心から感謝している。

二〇〇七年一月

著　者

*本書は、日本学術振興会科学研究費補助金二〇〇五―二〇〇六年度基盤研究（C）「インターネット時代のポルノグラフィの実態および法規制と『表現の自由』の比較法研究」（研究代表・中里見博）の研究成果に基づいている。また出版にあたり、福島大学学術振興基金の助成を受けた。

福島大学叢書について

歴史的に見ると大学は永年にわたって人類知のトップリーダーでした。しかし、21世紀のこんにち、自然・人文・社会科学などの分野において、人類知は大学の中だけにとどまらず、大学外の様々な方面に広がっているかのようです。大学とその役割の限界を指摘する声も聞かれるようになりました。しかし、わたくしたちは大学が教育と研究とに占めている位置は依然として大きいものと考えています。

ただ単に膨大な知識を大学に集中し、博識を誇ることだけではなく、人類の知を総合的に受け継ぎ、分析を加え、若い世代をはじめとする多くの人々に引き継いでゆくことにおいて、大学はまだその果たすべき役割を求められているのです。

福島大学は創立以来半世紀以上、主として人文、社会科学の面で、教育者、研究者、公務担当者、経済人等を多く世に送り出すとともに、研究面でも研鑽を積んできました。2004年には共生システム理工学類が創設され、自然科学分野の教育、研究にもよりいっそうその翼を広げました。

わたくしたちは福島大学が永年蓄積し、分析検討し、展開してきた人類の知を「福島大学学術振興基金」の助成により、叢書として刊行してきました。今回、これまでの刊行事業を質、量ともにさらに発展させ、活字のかたちで地域に、日本に、世界に知の重要性を訴えかけて行きたいと念じています。

2007年１月

福島大学学術振興基金運営委員会

福島大学叢書新シリーズ　5
ポルノグラフィと性暴力
新たな法規制を求めて

2007年 3 月31日　初版第 1 刷発行

著　者　　中里見　博
発行者　　石井　昭男
発行所　　株式会社 明石書店
〒101-0021　東京都千代田区外神田 6-9-5
電　話　03 (5818) 1171
F A X　03 (5818) 1174
振　替　00100-7-24505
http://www.akashi.co.jp
組版／装丁　明石書店デザイン室
印刷　株式会社文化カラー印刷
製本　本間製本株式会社

(定価はカバーに表示してあります)

◎著者紹介

中里見 博（なかさとみ ひろし）
1966年福岡市生まれ。名古屋大学大学院法学研究科博士後期課程退学。
福島大学行政政策学類、徳島大学総合科学部を経て現在、大阪電気通信大学共通教育機構教授。

【主な著書・訳書】
キャサリン・マッキノン＆アンドレア・ドウォーキン『ポルノグラフィと性差別』（共訳、青木書店、2002年）
『フロンティア法学』（共著、法律文化社、2003年）
『憲法24条＋９条――なぜ男女平等がねらわれるのか』（かもがわ出版、2005年）

福島大学叢書新シリーズ 5
ポルノグラフィと性暴力【オンデマンド版】
新たな法規制を求めて

2008年12月15日　発 行

著 者　中里見 博
発行者　大江 道雅
発行所　株式会社 明石書店
〒101-0021　東京都千代田区外神田 6-9-5
電 話　03（5818）1171
ＦＡＸ　03（5818）1174
振 替　00100-7-24505
http://www.akashi.co.jp/
組版／装丁　明石書店デザイン室
印刷／製本　株式会社 デジタルパブリッシングサービス

（定価はカバーに表示してあります）　ISBN978-4-7503-9043-7

サイバーハラスメント

現実へと溢れ出すヘイトクライム

ダニエル・キーツ・シトロン 著
明戸隆浩、唐澤貴洋、原田學植 監訳　大川紀男 訳

■四六判／上製／408頁　◎4500円

サイバーストーキングやリベンジポルノなど、ネット上のヘイトクライムを広く対象とし、ハラスメント被害の様々な事例を分析するとともに、いかなる法的・社会的対応が可能かを提起する。仮想空間／現実空間の境界の消失点を見定めた名著の邦訳版。

● 内容構成 ●

序　論
第I部　サイバーハラスメントを理解する
第1章　デジタルヘイト
第2章　ネットの利点が欠点に変わるとき
第3章　社会通念がもたらすもの
第II部　前へ進む
第4章　公民権運動の過去と現在
第5章　法にできること、法がすべきこと
第6章　ハラスメント加害をなくすための法改正
第7章　サイト運営者と雇用主を見据えた法改革
第8章　「ネットを壊すな」——言論の自由からの挑戦
第9章　シリコンバレー、親たち、そして学校
結　論

ヘイトクライムと修復的司法　被害からの回復にむけた理論と実践
マーク・オースティン・ウォルターズ著
寺中誠監訳　福井昌子訳　師岡康子論考　◎4600円

ジェンダーについて大学生が真剣に考えてみた　あなたがあなたらしくいられるための29問
佐藤文香監修　一橋大学社会学部佐藤文香ゼミ生一同著　◎1500円

兵士とセックス　第二次世界大戦下のフランスで米兵は何をしたのか？
メアリー・ルイーズ・ロバーツ著　佐藤文香監訳　西川美樹訳　◎3200円

ジェット・セックス　スチュワーデスの歴史とアメリカ的「女性らしさ」の形成
ヴィクトリア・ヴァントック著　浜本隆三、藤原崇訳　◎3200円

図表でみる男女格差　OECDジェンダー白書2　今なお蔓延る不平等に終止符を！
OECD編著　濱田久美子訳　◎6800円

見えない性的指向　アセクシュアルのすべて　誰にも性的魅力を感じない私たちについて
ジュリー・ソンドラ・デッカー著　上田勢子訳　◎2300円

男性的なもの／女性的なものI　差異の思考
フランソワーズ・エリチエ著　井上たか子、石田久仁子監訳　◎5500円

男性的なもの／女性的なものII　序列を解体する
フランソワーズ・エリチエ著　井上たか子、石田久仁子訳　◎5500円

〈価格は本体価格です〉